集 集人文社科之思 刊 专业学术之声

集 刊 名：鼓浪屿研究
主办单位：厦门市社会科学界联合会
　　　　　厦门大学人文学院
　　　　　厦门市社会科学院

顾　　问：吴子东
主　　编：潘少銮
副主编：李　桢

Journal of Gulangyu Studies, Vol.16

第十六辑

集刊序列号：PIJ-2018-301
中国集刊网：www.jikan.com.cn
集刊投约稿平台：www.iedol.cn

鼓浪屿研究

JOURNAL OF GULANGYU STUDIES, Vol.16

（第十六辑）

厦门市社会科学界联合会
厦门大学人文学院
厦门市社会科学院 主办

潘少銮 主编

鼓浪屿国际研究中心 编

社会科学文献出版社
SOCIAL SCIENCES ACADEMIC PRESS (CHINA)

目 录
CONTENTS

华侨精神世界探源

——基于侨乡与侨居地的田野调查分析

陈衍德[*]

摘　要： 本文的主旨是通过研究侨乡与侨居地的关系，探讨华侨以侨乡为归宿的精神世界。具体以侨乡闽南和侨居地菲律宾为例。本文以非传统方式展开论述，理性分析中交织着感性体验。据以分析的主要材料——访谈录，也是独家的，乃笔者在闽南、菲律宾采访所得。希冀本研究较前人更深入些，得出的结论也更能契合历史的真相。

关键词： 侨乡　闽南　侨居地　菲律宾　精神世界

一　引言：追寻逝去的一代人和一个时代

一段历史归根结底是由一个个鲜活的人和由这些人组成的一代人的经历构成的。宏大的历史叙事固然重要，但如果缺失了这些鲜活的个人，以及由他们组成的一代人，就无法描述历史的细节。而没有细节的历史是苍白的、概念化的、经不起推敲的。那么，什么才是真正的历史？那就是：宏观与微观缺一不可，概念与具象互补融合。

从 19 世纪末叶到 20 世纪中叶，与苦难和战乱相伴的那一代华侨，随着那一个时代的终结，渐渐消失在历史的尘埃中。然而，现今遍布全球的海外华人，正是踏着这些先辈的足迹前行的。为了不忘记这些先辈以及他们的那个时代，我们有责任复原那一段历史。物质的历史固然重要，精神的历史更不可或缺。让我们循着留在后人心中的那些先辈的足迹，去寻找他们的精神归宿，去体验他们的心路历程。

侨乡是那一代华侨的出发点，也是他们的归宿。他们奔赴海外后，侨乡成为他们最重要的精神寄托。移民链条的起始点在侨乡，精神纽带的始发地也在侨乡。连接侨

---

* 陈衍德，厦门大学历史学教授、博士生导师，研究方向为中国社会经济史、华侨华人史等。

乡与海外移居地的一根根线，具有移民链条和精神纽带的双重性质。就后者而言，那个时代的华侨的精神世界是单纯的，侨乡的一草一木是他们的精神慰藉，对故乡亲人的惦念、对往事的记忆，深深影响着他们在海外的生活。然而，这一切随着那个时代的结束，都烟消云散了。20 世纪下半叶的新华侨移民，再也没能重复先辈的心路旅程。追寻，就从此处开始。

二　激荡华侨精神世界的波澜始于侨乡

华侨奔赴海外主要从事的是经济活动，华侨史在很大程度上应属于经济史范畴。然而，从事华侨史研究的学者，鲜有将其与中国经济史全面结合起来进行探讨的。而从事中国经济史研究的学者，也鲜有将华侨史纳入其范围的。当然也有例外。著名经济学家陈序经，便是例外之一。他在《南洋与中国》一书中说："世界上没有一个国家像中国之于南洋的关系那么密切.' 他又指出："因为了地理上的密切的关系，历史上的长期的交通，又因为闽粤两省的土瘦人稠，南洋的土肥人稀，以至于初期的殖民地政府的鼓励，与中国国内的政治上以至风俗上的种种原因，所以国人之到南洋的，至为繁多。"①

经济活动将侨乡与侨居地连接了起来，而从事这些活动的是人，是移民，亦即华侨。经济活动在某种意义上就是为生存竞争，它是优胜劣汰的，是严酷的。然而人的神经无法长期紧绷，每个人的内心都有柔和的一面，这样才能达到平衡。侨乡在华侨心目中就象征柔和的一面，尽管它也是竞争的动力与源泉。侨乡之所以起到平衡心理的作用，是因为早期的华侨在故乡备尝艰辛，个人与家庭的付出无法得到相应的回报，而相同的付出在海外却获益更多，但与亲人的别离这样的代价是难以补偿的，唯有对家乡的思念能缓解如此的不安与焦虑。所以，侨乡在华侨内心深处具有无可取代的地位。

"华人社会的第一代移民在原籍故乡生长，亲身尝试过中国农村穷困的生活，因而对故乡贫瘠的土地，古老简陋的住屋，留下不可磨灭的印象。童年的记忆加上异国乡愁，使上一代华人对故乡产生一份特别深切的感情，也促成其与中国坚牢不破的认同。"② 贫穷使人际关系密切，富裕则使人们相对疏远。这也许是中国社会的特质。对故乡的依恋，归根结底是对亲人与乡人的依恋。即便在遥远的异国他乡，对亲人与故土的思念

---

① 陈序经：《南洋与中国》，岭南大学西南社会经济研究所，1948，第 5、36 页。
② 〔菲〕施振民：《童年与故乡》，载汪玉华编《华人移民：施振民教授纪念文集》，菲律宾华裔青年联合会、拉刹大学中国研究室，1992，第 10 页。

却日夜萦绕于怀。没有经历过那种贫困境遇中的生离死别的人们，是无法体会这种刻骨铭心的感情的。最终，这种感情化作了奋斗的动力。

当时无论是侨乡还是侨居地的社会环境都是恶劣的。在中国，以农为本、安土重迁的传统与意识绝不鼓励人们移民海外，对自发的出洋者则视其为贱民、异类，甚至视同盗匪、叛逆。直至晚清以前，中国统治者对保护本国侨民一无所知，或者根本不承认海外侨民也是本国公民。在侨居地，除了土著对华侨排斥之外，西方殖民者当局则纯粹将其当作廉价劳动力，或者视其为提供商业利益与生活方便的工具。平时的榨取自不待言，还时不时掀起排华风潮。在如此严酷的内外环境下，为什么大批沿海贫民仍然源源不断涌向南洋？从宏观上说，"中国的真正资本主义处于中国之外，譬如说在东南亚诸岛"①。从微观上说，正是这些移民为生存本能所驱使，为了摆脱自身及家人的不幸，寻找一个相对自由的天地去碰运气。经过苦苦的心灵挣扎之后，他们便义无反顾地出行了。

华人的候鸟式移民最能表现侨居地与侨乡的紧密关系。在交通不便的时代，往返两地费时费力费钱，但他们仍乐此不疲。为何如此？时至清末民国，大多数华侨仍未将侨居地视为永久居留处，他们的心理天平仍然倾斜于家乡，那里有他们的眷属和亲人，他们在海外拼搏的最终目的是荣归故里，终老家乡。20世纪30～40年代，南洋华侨的女性人数开始增多，携眷生子的现象也不再少见。然而，对故土的眷恋依然如故。返乡探望父母、娶妻，回乡建房置业，送子回乡读书，等等，不一而足。再者，还有连锁式移民，亦即先期出洋者站稳脚跟后，回乡将亲友、同乡带往彼处，后来者也效法先行者，再接着牵引更多的人前往，终至形成一定数量的乡亲聚居一处的状况，形似故乡的"飞地"。除了络绎不绝的人员往返，还有大量侨资投资家乡，巨额侨汇挹注家乡。所有这一切，都源于以侨乡为中心的精神波澜荡起的涟漪。

三　访谈录：点滴真相汇聚历史长河

把握精神世界固然比把握物质世界更不容易，但精神的历史是人类历史不可或缺的一部分。人性中有渴望他人理解的一面，这给史学工作者提供了探索人们真实内心的机会。田野调查中的访谈，只要获得受访者一定程度的信任，就或多或少可以从中窥探其内心世界，更不必说其生活经历了。个别的访谈意义有限，系统的访谈则有助于复原历史的细节，辅之以其他资料，历史的真相有可能浮出水面。

---

① 〔法〕费尔南·布罗代尔：《资本主义的动力》，杨起译，三联书店，1997，第49页。

笔者于 1991~2002 年对菲律宾侨居地的华侨华人与闽南侨乡的归侨侨眷做了数次系统性的采访。其中，采访了厦门市郊（民国时期的禾山乡）的归侨侨眷 23 人（其中 1 人为返乡探亲者）；厦门市区的归侨 3 人；泉州市区的归侨 9 人（其中 2 人为侨务工作者）；菲律宾马尼拉、宿务的华侨华人 68 人（1992~1993 年）[①]；宿务的华侨华人 11 人（2002 年）；达沃的华侨华人 6 人（2002 年）。总采访人数为 120 人。仅 1992~1993 年对菲律宾华侨华人的访谈记录即达 10 万多字。这些采访大多数为单人单独进行，少部分是数人同时进行。这些来自田野调查的第一手材料成为笔者从事华侨史及侨乡研究的核心资料。30 多年来，笔者在专著和论文中使用了其中的许多访谈录，但更多的访谈录则从未使用过，也从未对这些资料进行过整体分析与分类比较。本文将对其进一步挖掘利用，并进行宏观与微观的分析。

本文的主旨是通过研究侨乡与侨居地的关系，探讨华侨以侨乡为归宿的精神世界。围绕着传统文化在侨乡与侨居地的传承延续，以及侨乡与侨居地在文化方面的互动。本文将以访谈录为主，辅之以其他资料，对 1949 年以前的闽南侨乡如何成为菲律宾华侨的精神依托这一主题，进行比较深入的探究。首先从教育入手。教育包括狭义与广义两个层面。狭义教育指学校教育；广义教育则涵盖了家庭教育及社会氛围。通过学校、家庭、社会三管齐下的探析，一窥华侨在多重教育下，其精神世界的真实面貌。其次通过各种移民形态下表现出来的文化继承与传播，以及侨居地对侨乡文化的吸纳与反哺，来研讨侨乡在本源性的文化传统与外来性的文化养料的双重作用下，如何形成独特的精神风貌并成为海外华侨的心灵家园。当然，在论述过程中二者不免有所交叉。

四　侨乡：传承文化的菲华教育之源头

（一）教育牵两地，文化长存续

广义的教育是由学校、家庭、社会三者组成的有机整体，缺一不可。19 世纪末 20 世纪初，马尼拉中西、怡朗华商、宿务中华三所华校相继诞生。到了 20 世纪 30 年代，华校几乎遍及菲律宾各地。然而，在菲律宾土著文化的汪洋大海中，华校就像一个个文化孤岛，无法阻止华裔年轻一代的菲化。不过，历史是如此的诡异，正是在这一时期，内忧外患频仍的中华民族却迎来了民族意识的大觉醒，并波及全球华人。菲华教育

---

① 68 人分类如下：厦门禾山籍 28 人（其中在马尼拉居住者 20 人；在宿务居住者 8 人）；除厦门籍之外的闽南籍 14 人；南安苏氏家族 6 人；20 世纪 70 年代赴菲的知识化新移民 12 人；菲华宗教界人士 8 人。

也因此出现转机。此前早已存在的中菲混血儿阶层，本来已从华人社会脱离出去，此时却出现了转向。菲华学者施振民这样论述："由于华人眷属都留在故乡，他们很自然地对家乡和祖国特别关切。国族思想的高涨，更使华人以中国的强盛为其将来的寄望，对日抗战将民族意识扩张到极点。一向同化于菲人社会的中菲混血儿，在华人文化的新环境中，开始接受华校教育转而华化。"[1] 混血儿尚且如此，更遑论纯粹的华人后裔了。

当然，此间华文教育在菲律宾的复兴，还与菲华社会的特点有关，追根溯源，还须从闽南侨乡寻找原因。第一，早在清末民初，闽南侨乡的教育事业即已兴起。南洋各地华侨资助侨乡教育是一致的。菲律宾的特别之处是，菲、闽两地的华文教育产生了联动。与南洋其他地方不同，美菲当局禁止华工入境，只有商人与文化人才能赴菲。商人要培养后代能写会算以便接班，文化人正充当了师资。第二，菲律宾华人移民85%来自闽南，没有如新马那样的方言群区别，连粤籍华人也学会了闽南话。在国语不普及的年代，闽南语作为教学语言，起到了补充国族母语的作用。第三，菲华社会祖籍地的高度一致，还导致以乡村为单元的同乡组织的发展远超南洋各地华人社会，这些同乡会最初不少是由资助家乡兴学办校的旅菲乡侨校董会转变而来的。这样，侨乡与侨居地的教育便有了关联性。在此背景下，一些老华侨已不满足于让子女在菲律宾上华校，而是将后代送回家乡读书，让他们在学习中文的同时，接受故土文化的浸润。这对在异国他乡延续中华传统文化，不能不说是一种远见卓识。

（二）返闽与在菲，习文两相宜

下面对受访者早年的读书情况进行一番梳理。在20位居住于马尼拉的厦门禾山籍人士中，有8位出生于菲律宾，其中4位在儿童时代曾返乡读书；12位出生于家乡者，其中6位在出国前在家乡读过书。除了这10位在受访时明确说自己曾在家乡读过书之外，至于其余的人，从口述中也可以得知一些与读书相关的信息。这当中，薛女士（1921年生）幼年即赴菲，之后返乡约10年，再赴菲后就读于华校，战时结识了两位避难的先生，跟他们学会了读《古文观止》。[2] 据此可知，她有相当的中文功底，不排除在家乡也读过书。黄先生（1922年生）16岁赴菲律宾苏禄省和乐市，20世纪60年代曾先后出任苏禄中华商会正、副会长，以及苏禄华校同仁中学（附设小学）董事会的董事、副董事长、董事长。[3] 除非具备相应的文化水平，否则他无法胜任这些职务。

---

① 〔菲〕施振民：《菲律宾华人文化的持续：宗亲与同乡组织在海外的演变》，载洪玉华编《华人移民：施振民教授纪念文集》，菲律宾华裔青年联合会、拉剌大学中国研究室，1992，第241页。

② 采访陈功勋、薛爱治夫妇记录，1992年6月14日，马尼拉市。

③ 采访黄锦狮记录，1992年6月29日，大马尼拉地区描仁瑞拉镇（Valenzuela, Metro Manila）。

其赴菲前在家乡的少年儿童时期，几乎肯定受过教育，从而打下了文化基础。何先生（1927 年生），是土生土长的菲律宾华裔，从未到过中国，但无论外表还是气质都具有十足的中国味，原来他在菲律宾接受了完整的中小学华文教育，并从父母那儿得知了许多家乡的信息，对中国地理尤感兴趣。[①] 笔者感到他对华文的掌握与对中国的了解丝毫不亚于在家乡读过书的那一代华侨。从以上三例可知，童年在家乡读书的经历十分重要，但赴菲后（或在菲出生后）通过相关途径同样可以获得源于家乡的知识与传统。

在 8 位居住于宿务的厦门禾山籍人士中，有 5 位出生于菲律宾，3 位出生于家乡。5 位华裔中，最值得一提的是吕先生（1915 年生），吕氏家族企业传至他已是第三代，他也是在菲出生的第一代。他说了一句话令笔者始终难忘的话："祖父和父亲知道我奠定了读、写中文的基础，才让我去读英文学校。"[②] 陈先生（1921 年生）11 岁返乡读书 5 年，基本上读完了小学。叶女士（1926 年生）华文极佳，长期担任宿务东方学院院长。她的兄长叶先生（1923 年生）说，东方学院的前身中华学校，教师大部分为厦门人。5 人中仅有黄先生（1927 年生）菲化较深，只会讲闽南话，不识中文。3 位出生于家乡者，学历最高的为陈先生（1915 年生），1933 年毕业于集美学校中学部。何先生（1926 年生）赴菲前曾在家乡读了几年私塾。而李先生（1928 年生）虽未谈及读书之事，但他在多个华人社团任职，时任笔者在宿务采访的重点社团厦禾公会的会长，中文水平显然不低。[③] 虽然宿务与菲华文化中心马尼拉难于比肩，但仍给笔者留下了浓厚的华文教育氛围之印象，其源头自然还是来自闽南家乡。

在 14 位居住于马尼拉的闽南籍（厦门籍除外）人士中，有 6 位出生于家乡的人赴菲前读过书（2 人读私塾；2 人读小学；2 人小学毕业后进入中学但未读完）；2 位在菲律宾出生的人返乡读书。另有 2 位出生于家乡的人，幼年即赴菲，但其中郑女士（1931 年生）的夫君曾于 9 岁返乡就读于厦门鼓浪屿英华学校；陈先生（1934 年生）的父亲毕业于晋江金井育英中学。其余 4 人的情况分别是：吴先生（1924 年生）曾考上国民政府公务员，其文化水平当在中学毕业以上；李先生（1920 年生）幼年赴菲，在菲学中、英文，曾当过华人的家庭教师；蔡先生（1923 年生）少年赴菲，社会活动家，曾任南甘马仁省那牙市华英中学校董会董事长，中文水平不低，赴菲前应有一定基础；黄先生（1935 年生），菲律宾土生华裔，少年时读过华校，青年时到马尼拉读大学。[④]

---

① 采访何明皎记录，1992 年 5 月 29 日，马尼拉市。
② 采访吕希宗记录，1993 年 1 月 11 日，宿务市。
③ 采访李恒国、何贵良、叶汉民、叶淑英、陈耀珍、陈水池、黄泰岳记录，1993 年 1 月 8—12 日，宿务市。
④ 采访郑丽真、陈本显、吴玉平、李忠谋、蔡文春、黄集顺记录，1992 年 4 月 12 日及 20 日；1993 年 1 月 24 日及 3 月 2 日；1992 年 7 月 17 日；1992 年 9 月 1—2 日；1992 年 12 月 21 日；1993 年 2 月 17 日。采访李忠谋于武六干省瑾银道社（Guiguinto, Bulacan），其他五人采访地点均在马尼拉市。

上述 14 位的社会经历多与所受华文教育有关。高先生（1912 年生）与妻子均在漳州读过中学（未毕业），先后赴菲到中西学校任教。其妻的姑父为该校校长颜文初，虽有此层关系，但毕竟能胜任工作。许先生（1908 年生）在家乡虽只读私塾，但赴菲后在华侨中学读过书，此后多有文章在华文报发表，并编写了数本家乡的乡土读物。上文提及的曾为公务员的吴先生，抗战后期还入伍加入青年军，战后初期参加过国民政府军委会江西干训团的学习，赴菲后受聘于中西学校，任童子军教练，直至任该校训育主任。曾先生（1930 年生），国内抗战期间就读于泉州的中学（未毕业），后到乡镇小学教书。赴菲后相继在宿务、碧瑶（Baguio）、马尼拉的华校任教，还当过小学校长。[①] 此数例表明，在家乡所受教育及相关经历，为其在菲的职业生涯或专长发挥起了至关重要的作用。

以上从 42 位受访者的谈话记录中，有选择地介绍了 20 世纪 20~30 年代菲律宾华侨华裔少年儿童的读书情况。返乡读书者在接受本土教育的同时，还接受故乡文化的熏陶。在菲就读于华校者，除接受源于故土的教育资源外，同时受到源于民族文化传统的家庭氛围的浸染。他们日后的生活道路，与这些经历息息相关。

（三）侨乡兴教热，海外助学忙

菲华社会对闽南故乡的教育事业给予了大力支持，办学经费自不待言，在办学方式及理念方面，也由海外输入了新形式与新思想。这种良性的双向互动，既对闽南本土的文化更新变革起了推动作用，也对菲华社会的文化延续产生了深远影响。

下面从闽南侨乡的办学本身，阐述文化源头如何接受外部反馈，形成侨乡与侨居地的联动互补，从而适应了新时代的发展变化，使连接菲、闽两地的精神纽带绵延不绝。

在厦门禾山的归侨侨眷访谈录中，多有反映民国时期该乡的教育事业发展情况的。该时期禾山乡办学的普及度之高，在 23 位受访者的谈话中，是众口一致的，按他们的说法，几乎是村村有小学，而且无一例外地全部由华侨出资办学。更重要的是，办学质量的提升是前所未有的。其中有四所学校——益济学校、祥店小学、禾公小学和云梯学校——特别值得一提。

侯卿村（今后坑村）的益济学校由本村旅菲华侨叶兆君创办。受访者叶先生（1920 年生）是中菲混血儿，十一二岁随父返乡就读于该校，他说：

---

① 采访高振英、许龙宣、曾天赏记录，1992 年 5 月 14 日；1992 年 7 月 15 日；1992 年 8 月 11 日。采访地点均在马尼拉市。

叶兆君在创办农牧公司的同时，又积极兴办教育，设立了私立侯卿小学堂董事会，以叶长庚为董事长。农牧公司的利润成为办学经费的来源。我在该校念书时，该校分低、中、高三个班。低班四五十人；中班三四十人；高班十几个人。全校共有学生一百人左右。不仅本村，而且周围村社的孩子都到该校来念书。当时该校设校长一人（姓苏），国语教师一人，数学教师一人，音乐教师一人（姓林），美术教师一人，体育教师一人，共有教职工六人。①

五位教师中美术、音乐和体育就占了三位，足见其办学理念是培养身心全面发展的人才。叶先生说他返乡是因为其父的原配没有生男孩，故让他回乡担起延续香火之责，因此他再未返菲。他在该校读了两年半书，就辍学务农了。因他学习成绩好，校方曾想说服家长让他继续读书，并可减免学杂费，但未能成功。因而他叹息未能多读些书。言谈之间，可以看出他还是得益于当年的教育的。

关于祥店村的祥店小学，受访者黄先生（1928年生）说，该村是民国时期禾山乡有名的富裕村，大部分家庭都有人在南洋（主要是菲律宾）经商或受雇于商家，留在村中的人多靠侨汇生活。他对祥店小学有如下介绍：

民国三年（1914年）本村姓黄的人们创办了祥店小学，由侨居菲律宾的本村人出钱。本村黄姓的小孩，凡贫困者均可免费就读，每人每年还可领四次助学金，每次四元（银元，下同）。祥店小学是私立的六年制小学，开设有国语、三民主义（政治）、地理、历史、自然、卫生、算术、说话、画图、音乐、体育等课程。其师资水平是比较高的，大部分是中专毕业以上的水平，其中有的是商专毕业的，最低水平是幼师毕业。普通教师的月薪是二十六元五角，校长的月薪是三十二元。而当时五元钱可买一百斤大米，一元钱即可买五斤肉。所以教师的薪水是相当高的。②

11门课程堪称完备，涵盖了德智体美劳各方面。高水平的教师保证了高质量的教学，高薪则是尊师的物质体现。这些现代化学校的必备条件，这所小学都具备了。对家庭贫困的学生给予优待，则体现了教育的公平理念。

吕厝村的禾公小学没有留下创建人的具体姓名，但村民们都知道那是南洋的乡侨出资兴办的。受访者吕先生（1920年生）曾旅居新加坡10年，因家中无其他男性后裔

---

① 采访叶清河记录，1991年11月29日，厦门禾山后坑。叶兆君又名叶朝君，侯卿小学堂即益济学校的俗称。
② 采访黄安国记录，1992年1月13日，厦门禾山祥店。

而返乡接续香火。他与菲律宾宿务吕氏家族（前文曾提及）是同宗。他这样谈论这个旅菲家族对禾公小学的贡献：

> 吕希福对家乡公益事业的贡献之一是对本村小学的赞助。本村小学原名禾山高等小学校，很早就创办了，我小的时候就有了，后改名禾公小学。这所小学是旅居海外的吕厝人集资创办的。1948年吕希福回乡整顿学校，原计划除设小学部外还要办中学部，后来中学未办成。此后吕希福每个月自菲寄钱给学校，以维持其各种开销。整顿后的小学，本村吕姓子弟入学一律免费；全校十三位教员每人每月薪金为二十三美元。当时就读于该校的学生，除本村的孩子外，江头、后埔、乌石埔、屿后等村的孩子也来就读。禾公小学一直到1956年才由私立变为公立。①

吕希福是笔者在宿务采访的吕希宗之兄，当时已去世。多亏这位家乡的吕永在先生的讲述，为他在历史上留下了些许声名。由此可以推测禾公小学的曲折经历：当海外乡侨多已凋零，战后遭受破坏的学校难于维持之际，吕希宗代表吕氏家族出手拯救，慷慨解囊大力资助，又让这所私立学校恢复生机并延续多年，造福了禾山乡的众多学童。

关于前埔村的云梯学校，受访者林先生（1925年生）说，本村人林云梯12岁赴菲做小生意，一战期间经营布业发迹，在家乡建造自家大厝的同时，还大兴土木营建学校，建成禾山乡最壮观的校舍，并以自己的名字为校名，他去世后由长子林珠光继续维持学校运营。

> 林氏父子对家乡的最大贡献是营建并维持云梯学校。林云梯健在时学校就开始营建。建校用的石料许多是用船从泉州运来的。当时交通不便，没有路，有的石料重达几千斤，硬是由民工抬到建校地点。花了六七年的时间才把学校建成。学校建成时我尚未出生。云梯学校规模宏大，是西洋式的楼房，学校设备一应俱全，实验室、运动场、草坪花园等都有专人管理。本村的孩子全部就读于此校，我也不例外，厦门沦陷前我已读到小学（课本第）七八册。当时全校有学生四五百人。禾山的许多孩子，甚至有些内地的孩子，都就读于此校。所有入学者一律免费就读。学校原设有中学部和小学部，到我就读时只剩下小学部了。②

---

① 采访吕永在记录，1992年2月13日，厦门禾山吕厝。
② 采访林永周记录，1992年2月20日，厦门禾山前埔。

令人痛惜的是云梯学校的校舍毁于日寇炮火，笔者也找不到该校的照片，但可以从那个时代华侨建造的中西合璧式的楼房想象它的富丽堂皇。云梯学校可能是禾山乡唯一的大规模自建校舍的学校，容纳学生的人数可能也是首屈一指的。由于林氏父子两代财力雄厚，而且不惜投入巨资建校并运营，其现代化的程度也是可想而知的。

厦门禾山籍在菲华侨对故里兴教办学不遗余力地付出，已如上述。下面再以晋江为例，简述泉州地区的教育事业，如何得到在菲华侨的大力支持。晋江是中国著名侨乡，且大多数晋江人出洋均赴菲律宾。他们对故里办学一向倾注极大热情。其特点是多以同乡会集体努力的形式进行。兹举一例于下。

1924年，晋江围头村的赴菲华侨即组织了菲律宾岷里拉围江同乡总会与宿务围江同乡会。而早在1920年，围头村即建起了本村小学，但只收男生。不久后又建立女校。至1924年，男女校合并。这一切的背后，都有菲律宾华侨及同乡会的支持。而建校后的运营，也在很大程度上依赖菲律宾的侨汇。一位笔名为"涵"的晋江华侨，在《围江教育的进程》一文中述说了学校的种种经历：

> ……校务始上轨道，学生已达二百多名。课程即插有英文科目，曾有童军用具，乐器等设备，为学生注射防疫苗及话剧公演等课外活动。以一间乡村小学插有英文，晋（江）南一带或恐是绝无仅有……

> 乡校的存在，不只是我乡的文化中枢，使子女们接受新教育、新知识，是子弟们沟通声气的机构，甚至推动了移风易俗的巨轮，使围乡风气由此步随时代潮流，使一切不致落后，甚至处处比邻近跨前了一大步。

> ……校务蒸蒸日上，惜好景不长先盛后衰，后一部分教师离校他就，兼侨汇失却接济……至校务委顿不振……经一番刷革，始把一间死气沉沉的乡校，再蓬勃复兴起来……因年轻校董、少年教师在把执校政权柄，由斯校中几成为青年人的天地。于是有抗日壁报、壁画、歌剧、话剧、校庆游艺会等课外活动。体育则举行校运男女田径运动会……

> 围校经济来源取自数方面，一部由码头入息赞助，乡公产海礁上的产品……的收入……大部还是依靠海外侨汇的支持，昔日曾有一个时期由旅岷乡会、宿务乡会，及吴道盛个人，三个单位轮流各负担一年经费。①

通过此文，读者可以想见建校与办学的艰难曲折。倘若没有来自海外强大的经费

---

① 《菲律宾岷围江同乡总会、宿务围江同乡会金禧特刊，1924—1974》，1974，马尼拉，第79~80页。

支撑，不要说维持日常教学，就连那些丰富多彩的课外活动也无从谈起。菲律宾华侨认识到办学的意义不仅在于培养家乡人才，而且在于改革故土习俗，还会起到促使闭塞的社会对外开放的作用。只有深爱家乡之心才会产生这些认识。

进一步的分析表明，接受笔者采访的口述者的父辈，以及文献记载中大致相同的一代人，其对家乡的感情已经开始了向理性的升华。除了上述对发展家乡教育事业的多重意义之认识外，他们还从自身的经历中认识到，缺少文化会给在国外的华人的生存发展造成诸多不便与不利，因此希望下一代具备一定的文化水平。再则他们也不希望下一代忘却家乡的文化之根，故而除了现代文化知识之外，传统文化也是必须承续的。总之，下一代应该是兼具现代性与传统文化的有知识的青年。他们对家乡的爱，从空间上看，已不局限于故乡本土，从时间上看，也已着眼于未来。

五　侨乡与侨居地的互动：精神与社会纽带的一体两面

（一）延伸与折返：以侨乡为原点的移民链条

家庭-家族-宗族环环相扣的血缘组织，与聚族而居的地缘组织相重叠，成为闽粤两省乡村社会的特点。"在福建和广东两省，宗族和村落明显地重叠在一起，以致许多村落只有单个宗族"，虽然其他地区也有这种情况，"但在中国的东南地区，这种情况似乎最为明显"。① 近代闽粤移民占中国海外移民的绝大多数，除了沿海的地理优势以及悠久的海外贸易传统之外，乡村社会的这一特点是决定性的。其理由不言而喻：高度重叠的血缘与地缘关系，共同派生出连锁式移民与候鸟式移民，并且这两种移民形式的链条共同组成了侨乡与侨居地之间的坚固纽带。

1991~1992 年笔者对禾山 12 个自然村的调查结果显示，各村村民的姓氏确实高度一致。其中以一姓占绝对多数的村落最多，如殿前村、寨上村的陈姓；莲坂村、后坑村的叶姓；祥店村的黄姓；前埔村的林姓，等等。有的村名直接反映了本村村民的主要姓氏，如何厝村（何姓），钟宅村（钟姓），吕厝村（吕姓），等等。少数村落以一姓为主另一姓居次，如仙岳村以叶姓为主，陈姓居次。各村中极少数的他姓者大都是 1949 年以后迁来的。其中江头村比较特殊，是杂姓村，因其为禾山镇行政中心所在地，但那也是 1949 年以后的情况。再者，施振民也说："在闽南的单姓村很多，所以（菲华）不少同乡会实际上是一个世系群或小氏族的团体组织，而兼有地

---

① 〔英〕莫里斯·弗里德曼：《中国东南的宗族组织》，刘晓春译，上海人民出版社，2000，第 1 页。

域及血缘两种特性。"① 施氏所列菲华同乡会总表中，凡一姓占一乡80%以上者，或以姓氏为基础组成同乡会者，多达150个以上，而杂姓村的同乡会则不到30个。② 前者是后者的5倍以上。总之，单姓村普遍存在于闽南乡村，从而地缘、血缘关系之重叠，是毋庸置疑的。

此外，共同使用同一种方言，也强化了移居菲律宾的闽南人对家乡高度一致的向心力。"方言群不是一个具体的及正式的地域组织如会馆，而方言群认同则是有关社群其心目中共同享有的一个意识。"③ 共同使用闽南语使菲华社会有了共同的家乡文化背景，排除了因其不同而产生的矛盾（粤籍比例太小，无法与闽籍抗衡，因而选择了融入而不是对抗）。在新马地区，"当操相司方言的中国人在社会生活中，一面组成各类团体，而又一面拒斥操别种方言的中国人参加这种团体时，方言群认同便在运作中"④。菲律宾华侨则无类似的对立，尽管闽籍、粤籍人士分属不同的同乡组织，粤籍华侨与其家乡的固有关系并不能改变闽南侨乡在菲律宾华侨与故土的关系中占主导地位这一实质。

那么，在多重交织的紧密关系中，以闽南侨乡为原点而延伸至侨居地菲律宾，再从菲律宾折返闽南的移民链条，便时时强化着两地的社会与文化关联性。就精神层面而言，海外侨民对侨乡亲人、族人的责任感是维系这种关联性的基础。虽然分家析产是中国家族制度的常态，但"新析分的家户至少是一个与新近去世的祖先有关的祖先崇拜单位的可能成员，而且某种特别的经济合作形式会在他们之间形成"。换言之，"新的家户的建立，因而也成为新的独立经济单位，并不妨碍这些家户可能继续在经济上以某种方式相互协作"。⑤ 这就解释了为什么海外华侨如此热衷于牵引家乡亲人乃至族人前往他们已经适应了的侨居地谋生，因为这也是一种经济互助形式，而且是一种建立在责任感基础上的互助形式。伸手相助之人，或许以前也是接受帮助之人，也是某个族人牵引他至侨居地的。单身男性移民将未成年子弟带至菲律宾，大多亲自返乡。虽非至亲者欲赴菲，相助者也不乏返乡携其而来。此乃穿梭不绝的移民链条的形成动因之一。进一步的分析表明，孝道与崇祖共同成为其不竭的精神动力。为报答先辈的养育之恩，后来者有责任和义务对同一祖先的同辈与晚辈伸出援手。这就是"祖先崇拜单位"一词所含的分量。"孝道一直被当为华侨生活的第一道德纲

---

① 〔菲〕施振民：《菲律宾华人文化的持续：宗亲与同乡组织在海外的演变》，载洪玉华编《华人移民：施振民教授纪念文集》，菲律宾华裔青年联合会、拉刹大学中国研究室，1992，第190页。

② 〔菲〕施振民：《菲律宾华人文化的持续：宗亲与同乡组织在海外的演变》，载洪玉华编《华人移民：施振民教授纪念文集》，菲律宾华裔青年联合会、拉刹大学中国研究室，1992，第209~214页。

③ 麦留芳：《方言群认同——早期星马华人的分类法则》，中研院民族学研究所，1985，第15页。

④ 麦留芳：《方言群认同——早期星马华人的分类法则》，中研院民族学研究所，1985，第3页。

⑤ 〔英〕莫里斯·弗里德曼：《中国东南的宗族组织》，刘晓春译，上海人民出版社，2000，第30、32页。

目";"华侨家庭生活的第二道德纲目是崇祖,即崇拜祖先。崇祖与孝道属同一精神范畴";"华侨将家视为祖先的延长遗产,相信其将不断保佑后代子孙的繁荣,为报答祖先恩德,于日常生活里,当时时心存报本返始之念"。① 家乡是祖坟的所在地,此点绝不可小觑。这也隐含了侨乡作为移民链条的原点与归宿的深厚意蕴。

(二) 洋风东渐:旅菲返闽者带来新气息

在新旧交替、风云变幻的民国时期,中国东南沿海侨乡的社会文化也处于不断变迁的激荡之中。近代以来,虽然传统的乡土文化仍无处不在,但深受海外影响的侨乡,却得开放风气之先,较他处的社会前进了一步。海外与本土的互动,是贯穿其中的一条主线。闽南侨乡与菲律宾侨居地的关系,相较于他处侨乡与南洋侨居地,更具有地理上接近、交通方便的优势。菲律宾与闽粤之间的海路距离较短,轮船时代的到来,终结了帆船渡海的缓慢与风险,促进了人员往来。时人称旅菲返乡者为"吕宋客"。一位"吕宋客"回忆道,其父辈乘帆船赴菲,航程要一个月,遇到大风浪更有葬身海底之虞。到他本人于 1915 年首次赴菲时,乘轮船从厦门至马尼拉仅需 72 小时。在侨居菲律宾的 33 年中,他多次往返于菲、闽两地之间。②

各式各样的旅菲返闽者不断带来各种新气息,促进了闽南侨乡的社会发展。侨乡的社会进步首先表现在生产方式的改进。马尼拉的郑女士在受访时说,他的公爹洪应士 (出生于菲律宾,祖籍南安) 于 1935 年前往漳州创办了"四维农场",除种植水稻外,更多的是种植水果,如柑橘、柚子、龙眼、荔枝等,还有水产养殖,具有相当规模。郑女士说:"前几年我回国时特意去看了农场旧址。我租了一辆出租车,走了半个多小时尚未走到尽头。"四维农场以公司形式向政府进行了登记注册,显然是不同于旧式农业的新式经营。郑女士的夫家洪氏家族,还与一个姓李的家族在厦门合开了一家经营百货的股份公司。洪应士在菲律宾另设公司销售四维农场的产品。③ 这是侨乡通过华侨接受新的生产经营方式的一个鲜明事例。

另一个在农业领域引入新的生产方式的例子出现在厦门禾山乡。受访者后坑村的叶先生说,本村人旅菲华侨叶兆君的家乡观念很强,"在他倡导下,民国十六七年间,开始筹办'侯卿农牧股份有限公司',民国二十年正式开业。叶兆君名下的股份占了一半以上。以旅菲华侨为主的海外后坑人也多有入股者,有的汇钱来入股,有的则以土地折钱入股。到后来几乎全村的人都入了股"。公司拥有约 100 亩土地,以种植果树为主,包括

---

① 吴主惠:《华侨本质的分析》,蔡丰茂译,台北黎明文化事业公司,1983,第 136 页。
② 赵祖培:《我是吕宋客》,载晋江地区华侨历史学会筹备组编《华侨史》第 2 辑,1983,第 135~139 页。
③ 采访郑丽真记录,1992 年 4 月 14 日,4 月 20 日,马尼拉市。

梨、水蜜桃、李、龙眼等。另外还种植花生等农作物。"公司初创时，总资本仅有数千银元。开始经营并不太好，但仍有收入。抗战前发展至全盛，拥有资本数万银元。"① 新式经营性农业出现的意义，在于突破了传统的旧式经济领域，从而推动了社会进步。

旅菲华侨对闽南工商业的投资，前人多有论述，笔者不再重复。但值得一提的是，即便是经济实力不强的在菲华侨，一旦家乡有所需求，就毫不吝啬地出手相助。如晋江县英林乡的旅菲华侨，出国时间晚，经济较为薄弱。其同乡会——旅菲英林同乡会总会，迟至1947年方成立。但甫一成立，便刻不容缓地出资改善家乡的经济社会面貌。

> 英林总会首次的捐款协助兴建英林菜市及街店楼房，并定下计划，把菜市及街店的租金收入，充作兴办英林英华小学办学经费。因当时英林地区华侨经济比较薄弱，在筹款中碰到不少困难。后来六桂堂宗亲总会主要成员洪采年（南安霞美人）给予不少帮助。②

成立于1930年的旅菲六桂堂宗亲总会，是洪、翁、方、江、龚、汪六姓的联宗会，而英林乡以洪姓为主，该会出手相助，自视为理所当然。菲华社会中同乡会与宗亲会之间千丝万缕的关系，亦由此可见。然而这也反映了闽南乡侨在资助家乡方面，实际上是不分彼此的。

另一个特殊的例子是闽南侨乡对菲律宾商业的反向投资。细究起来，实乃侨乡受益于侨居地之后，其所产生的双向获益的互动。记载该例的档案如下：

> 案准晋江县第一区青阳镇保联主任庄志夫函开："案据敝处辖属313保保民庄令（即庄万里）来处称：'窃令在菲律宾岷尼剌合资创设庄鳅公司（即庄万益公司），历有数年。始创之际，规定凡公司所有簿记必经居住国内之股东审查手续完成之后方寄还公司收藏，屡经举行，未尝变异。不意于民国二十四年12月1日（1935年12月1日）簿记放置于晋江县第一区313保（即三光天乡）之屋宇，毗邻猝然失火，一时热焰冲霄，势极猛烈，波及令之屋宇，遂惨罹池鱼之殃，所有由菲寄来审查之帐（账）簿，及珍贵物品，毁尽无余……'"③

---

① 采访叶清河记录，1991年11月29日，厦门禾山后坑。
② 洪祖良：《海外英林总会及其造福桑梓的功绩》，载晋江地区华侨历史学会筹备组编《华侨史》第3辑，1985，第137页。
③ 《厦门市政府关于为晋江庄令之驻菲庄鳅公司帐簿被焚出具证明致美国驻厦领事馆公函（1937年6月23日）》，载汪方文主编《近代厦门涉外档案资料》，厦门大学出版社，1997，第638~639页。

据该公函称，庄氏在菲公司有中国国内投资人士参股，笔者推测这些国内股东应多来自闽南侨乡。如果此说成立，说明当时闽南侨乡对海外投资已有所兴趣，并付诸行动。这不啻是一种由侨资在侨乡引发的外向型经济之萌芽。

以往论者多侧重于侨乡受益于海外，笔者则要强调两地关系是双向受益的，而且其源头在侨乡。再者，如果侨乡社会自身不具备一定的条件，也无法接受海外的新鲜事物。这也是在侨乡与侨居地的关系中，前者更具有根本性的缘由。

（三）侨乡社会变革：内外力交相推动的结果

如果说洋风带来的新气息对侨乡所起的作用主要还是物质层面的，那么接下来必然要出现的对侨乡社会的触动，在某种程度上就具有了认知层面的意义。在 20 世纪最初几十年国内外形势的影响下，中国东南沿海原本较内陆更文明开化的风气进一步提升了。而菲律宾的宗主国从西班牙变成美国，也给菲华社会接受自由民主思想提供了契机。当两地经磨合找到共同点，进而内外力量交相呼应之时，侨乡社会变革便有渐起之势。当然，深植于乡土的优良传统，不仅未被革除，而且能为新风气添加营养，此点已为有识之士所认同。兹举以下数例述之。

例一。晋江县大仑村在清末民智渐开之际，设立了新式学堂——仑峰小学，可惜只办了几年就停办了。辛亥革命后闽南办学之风重起。旅居菲律宾的大仑村人一直心怀桑梓，此时更感到家乡教育不可久废，便聚集商议重开学校，并筹资捐款，以促其成。经海内外乡亲商量一致，原仑峰小学改名青山学校，并在菲律宾和本村分别成立了青山学校校董会。而在菲负责经费筹措的校董会，便是旅菲仑峰同乡会之滥觞。1927 年，大仑村的有志青年又组织了"仑峰改进社"，从事村里的成人教育、文娱体育活动以及卫生防疫等工作。该团体在移风易俗方面多有作为，在晋江南部一带颇有名气。但改进社与校董会产生了矛盾，前者趋新潮，后者较保守。这也影响到在菲的乡侨，甚至也有了相应的组织上的对立。到 1940 年，在菲的校董蔡孝瑜力排众议，奔走呼号，促成两派的团结，将校董会与改进社两个团体合而为一，成立了旅菲仑峰同乡会，从此齐心协力支持家乡的改革，并带动了家乡的和谐。至此，两地乡贤化拒斥为融洽，合力推动了家乡的社会进步。[①]

例二。20 世纪 30 年代，一位在菲律宾出生的南安籍华裔青年苏秀康，回到闽南侨乡读书。在中学读书期间，便利用假期回到家乡南安苏厝崎，想方设法办起小学。

---

① 陈衍德：《集聚与弘扬——海外的福建人社团》，湖南人民出版社，2002，第 50~51 页。

　　……（他）念过泉州市晋中、培元两所中学。在求学的过程中，寒暑假回到家乡，给他感触最遗憾的，是自己的家乡没有正规学校，一批适龄的青少年儿童，求学无门，使他们到处流浪，沾染上许多不良习惯，丧失了宝贵的青春，甚觉可惜。曾有一年的暑假中自己当老师开班上课，教育失学的青年，思想不忘建校，积极倡议创办学校，得到了乡亲和乡侨的热情支持，终于在一九三四年成功地办起芦山小学，一面向海外乡侨筹集教育经费，一面着手修整校舍，征集课桌椅，聘请校长、教师。在他的积极努力下，芦山小学在短短的几个月中正式开始上课了……①

　　苏秀康后来考上福建协和大学（今福建师范大学），继续深造。毕业后他在家乡留了下来，曾任南安县南星中学校长。1948年又出任晋江县政府教育科科长。1949年返菲后苏秀康仍继续从事教育事业，终生为此付出全部精力。从其当年办学的动机，可以看出他忧虑的不仅是青少年失学，而且担心这些因失学而在社会上浪荡的孩子，将来可能成为对社会有害无益之人。他对家乡精神风貌的用心，可谓深谋远虑。

　　例三。有一位许先生，笔者采访他时，他已届耄耋之年，但仍精神矍铄。他12岁赴菲，之前在家乡读过私塾，抵菲后在马尼拉华侨中学读过两三年书。他说："我读的书虽然不多，但经商之余喜欢写些文字。在与一些老一辈或同辈的华侨的接触中，听到什么有关家乡的掌故、谚语，就赶快记下来，有的还写成文章，在华文报纸上发表。"许先生热心公益，交游广阔，见多识广，对故里民间传统尤感兴趣，并以一己之力挖掘存留，以示后人。他在菲六七十年，频繁地回乡探望家人及乡亲，对祖籍地晋江县龙湖乡的感情尤深。他说："许多华侨都是每隔两三年就回家一趟，在家乡待的时间多则一年，少则数月。我结婚那次住了一年，以后我也是每隔两三年回去一次。"他31岁那年将妻子接到菲律宾，但仍常回乡。在交谈中他几次提及父亲，父亲在菲、闽两地的经历对他影响很大。他对家乡社会风气的关注，显然与父亲的潜移默化有关。可以想象，当他还年轻的时候，风云变幻的闽南家乡是如何牵挂着父子俩的心。改革开放之后，他还建言献策，慷慨捐输。笔者仿佛从他身上看到父辈的投影。临别时他送给笔者两本自编的闽南乡土文化小册子，虽是小书，却有沉甸甸的感觉。②

①　苏佳种：《两位大学生的两颗不平凡的心》，载《菲律宾武功苏氏宗亲会成立五十五周年暨武功大厦落成典礼特刊》，1996，马尼拉，第208页。
②　采访许龙宣记录，1992年7月15日，马尼拉市。许龙宣编写的两本书是：《晋江地方掌故》（泉州历史研究会印行，1985年）、《分类注释闽南谚语选》（泉州市文管会印行，1986年）。

例四。20 世纪 30 年代，社会学家陈达在田野调查中对闽南侨乡文化的变化有了新发现：

> 厦门祥店村黄家祠堂有匾曰："法学博士"。我认为甚奇特，询问原委。得以下的答案：村人黄开宗，自幼离乡赴美，工读甚勤，系芝加哥大学 1920 年法学博士，归国后曾在厦门大学任教，村人引以为荣，立匾记之。匾额是我国旧文化的一部，所以表扬功名，纪念勋德者。此次所见，系拿新"功名"用旧方法来表示崇敬的意思，足见闽南乡间原有的民风渐起变化，这些变化当然是受迁民的影响。①

旧时以做官、发财为荣，此时则以读书、育人为荣，民风的确在变化，从重权位、财富，到重教育、人才，这样一种从物质到精神的飞跃，当然有移民引入新风气的功劳，但也是传统的注重品学、重教兴学在新时代的发扬光大。而用旧形式来表达新内容，则可谓"旧瓶装新酒"。

本文立足于微观历史的研究，故未将这时期菲律宾华侨发起的闽南"救乡运动"，以及与此相伴随的"革新政治""闽人自治"② 等重大事件纳入讨论范围，但它们仍可以作为衬托侨乡社会变革的大背景。虽然闽南侨乡的社会变革是弱小的，但也不能因此抹杀其历史地位。从"华侨是革命之母"这一大历史的角度来看，它顺应了侨乡社会进步的内在要求，力图由外力来推动家乡的精神文化建设，实现良好社会风尚，值得肯定。再者，不彻底排拒传统，而是汲取其精华，使其助推变革，也十分难能可贵。

总之，体现在无数移民链条中的菲、闽两地的不绝如缕的纽带，具有社会与精神一体两面的性质。人员与物质的交流往返固然重要，但认知层次上的互动，则彰显了侨乡与侨居地追求共同目标的心灵境界，似更高一筹。

六　侨乡闽南与侨居地菲律宾：经济—文化的双重循环

施振民说："……菲律宾华人……一般都是将家属留在故乡，按月汇款接济，儿子在十几岁时再以'商人子'身份渡菲随父学习生意，长成后返乡结婚，妻子仍然留在故乡。至父亲告老返乡或客死菲岛遗骸归葬，结束一生旅居生涯，也完成了一

---

① 陈达：《浪迹十年》，商务印书馆，1946，第 8~9 页。
② 陈衍德：《集聚与弘扬——海外的福建人社团》，湖南人民出版社，2002，第 57~60 页。

次家族循环。"① 这是一种经济—文化的双重循环。早期人口迁移理论认为，原住地的推力和迁入地的拉力是起决定性作用的，而它们基本上都是经济因素。但是，为什么具体的个人对是否迁移会有不同的选择？这就牵涉到文化问题。换言之，人的能动性以及背后的文化驱力，与客观环境相结合，才产生迁移行为。

就晚清至民国自闽南迁移至南洋的人们而言，"可说由于华南区域在经济上不能自给自足"而外迁。文化上，其个性"表现于保守和自信的精神作用上"。追溯保守主义—个人主义—利己主义的衍生链条，不可作完全负面的理解。那是一种"为了客观性的自我保护本能的目的和自信心理所致的内在条件"。因为在严酷的环境下不如此不能生存。然而也由此"可看出平等思想的来源和政治上之自治精神作用"。如果说"小我"的"基础在于悠长的中国历史文化上，这种传统性为华侨所自觉"，那么平等、自治等现代性的"大我"，便得之于海外的新思想。如此则华侨在迁移过程中也完成了由农民到市民的转变。②

传统的乡土中国是一个熟人的社会（闽南自不例外），海外宗亲与同乡中也很少互不认识的（菲华社会尤甚），因此，牵亲带故的移民网络便很容易在关系本位的社会格局中产生。叶贞良先生（1932 年生）在受访时讲述了他的家族背景。他的祖父早年从家乡禾山岭下移居菲律宾怡朗，那时"岭下人有好些是到怡朗去的"。其祖父在菲、闽两地维持着"两头家"，曾将番婆所生之子（其父之异母弟）带回家乡读书。其母黄氏是禾山祥店人，其家族移居菲律宾杜马盖地（Dumaguete，又译为朗曼艺地、郎吗倪地）有几代人了，有庞大的生意。那里"有许多禾山人"。叶贞良先生的一番话虽语不惊人，却仿佛带来一声声悠长的历史回响：

> 我大约一岁时，因母亲云世，外祖母就把我接到她家去，并把我（从宿务）带回禾山祥店。当时我的祖父、祖母也都在禾山岭下。所以我有时候住祥店外祖母家，有时候住岭下祖母家，来来往往，就这样在家乡一直住到七八岁……
>
> 我的祖母姓何，是厦门禾山何厝人。我小时候常跟祖母在一起，经常听她讲有关故乡的人和事……我的外祖母姓叶，是厦门禾山双涵人。我小时候在宿务念书的时候，放假了就常去朗曼艺地外祖母家。
>
> 禾山人来菲大部分都在南岛，比在马尼拉多得多。为什么这样？因为禾山人

① 〔菲〕施振民：《菲律宾华人文化的持续：宗亲与同乡组织在海外的演变》，载洪玉华编《华人移民：施振民教授纪念文集》，菲律宾华裔青年联合会、拉刹大学中国研究室，1992，第 186 页。

② 本段文字引用、参考了吴主惠《华侨本质的分析》，蔡丰茂译，台北黎明文化事业公司，1983，第 193 页的相关论述。

早年就多去南岛，后来的人多靠亲戚、乡亲牵引来菲，自然也就多去南岛了……除了宿务、怡朗、朗曼艺地之外，在棉兰老也有不少禾山人……①

叶贞良先生的父母都受过良好的教育，父亲曾就读于当年设在上海的暨南大学，母亲曾就读于厦门鼓浪屿毓德女中。他本人则毕业于菲律宾马波亚学院（Maoua College）。这是一位温文尔雅的绅士。无论是在家乡还是在侨居地，孩童时代的他都身处温馨的家庭氛围、厚重的故土情结中，这形塑了他的精神气质，影响了他的一生。而他的父系与母系的先辈们，也正是勇赴海外艰苦创业的那一代代移民。他的家族史，便是一幅浓缩了经济—文化双重循环过程的画卷。

另有一例，是笔者在菲期间频繁接触过的苏氏家族。其祖籍地是南安县石湖边乡。20世纪90年代苏氏家族在菲的中心人物苏老先生（1912年生）是马尼拉崇基医院院长，他于1941年毕业于圣托马斯大学（University of Sto Tomas），获医学博士学位。追溯其先辈，祖父、父亲都是家乡有名望的中医。1920年其父南渡菲律宾，于马尼拉行医并开设鹤寿堂药房，1923年组织菲律宾中华医学会，1937年成为菲律宾武功苏氏宗亲会创会会长。自然而然地他成为此间菲律宾苏氏的中心人物，直至1948年返乡病故。其长子苏维羿先生不仅完成了这一医师世家从传统中医到现代西医的转变，而且继承了其父的家族乃至宗族的中心人物地位。苏维羿先生一如其父提携兄弟子侄，帮他们南渡菲律宾，助其学有所成，而后或从医或经商，成为家境殷富、地位高尚的人物。从中同样可以看到经济—文化的双重循环。为什么这样说呢？在菲华社会，经济实力—社会能量—话语权的逻辑演进具有必然性（在南洋各地的华人社会中何尝不是如此）。然而，在这一逻辑演进中有一项要素不可或缺，那就是道德—文化力量。苏维羿先生的夫人在受访时说："他的父亲教导他：'未学医时先学德。'所以他对病人很好，经常免费送药给病人。"②苏维羿先生的一位胞弟在受访时讲述了一则其父早年的故事：

父亲21岁开始行医，名声渐著，每年收入约八百块银元。但他好交往，好施舍接济人，所以入不敷出，累年积欠人家三千块银元。父亲与地方军阀许卓然有交情，一次许战败，父亲让他躲在家里……后来许得势，成为地方上的实际统治者，让父亲去溪尾（镇）当盐务局长，那是一个肥缺。父亲左右为难，去则与贪官为伍，也

① 采访叶贞良记录，1992年9月15日，马尼拉市。
② 采访苏维羿、陈淑仪夫妇记录，1992年12月28日，马尼拉市。

会沾上许的坏名声；不去则所欠债务无从偿还……他回家后问祖母是否可以去当盐务局长……祖母虽未读过书，但深明大义，一听此话，拿起一个碗就往地上摔了个粉碎。当时一个碗对小户人家来说也是可宝贵的，可见祖母气愤的程度。[①]

苏维罴先生的父亲不可能昧着良心违背母亲的意愿去赚取悖逆道德的钱财，他后来选择南渡菲律宾的主要动机也是赚钱还债，从而化解了利与义的矛盾。"富贵不能淫"则成了一代又一代苏氏族人的文化传统，无论行医还是经商，他们大都是正人君子。虽不可仅凭少数个案就下结论说富裕与道德必然并存，但道德文化对经济活动的约束力确实是存在的。在苏氏家族成员的事业发展链条中，无论是同代延展还是代际继替，可以说经济—文化的双重循不是可以切实感受到的。[②]

无论叶贞良先生还是苏维罴先生，都是他们所在姓氏宗亲会的积极活动分子。苏维罴先生的父亲是创会会长，苏维罴先生本人也曾任会长。叶贞良先生也是同一类型的人物，笔者就是在应邀参加旅菲南阳叶氏宗亲会的一次活动中认识叶贞良先生的。施振民说了一段寓意深刻且充溢情感的话：

> 个人的死亡是不可避免的自然现象，中国人一向将生命的延续寄托在下一代而非寻求个人的永生。可是大家都很清楚这一代在菲生长的华人子弟，根本不知故乡为何物，而且日益菲化，文化死亡的威胁比个人死亡产生更深刻的恐惧，他们必须给下一代知道他们的"根"，让他们互相认识以延续这份特殊的同乡关系，而要达到这个目的，最适当的办法是组织同乡会。同乡会至少将故乡的名称在海外移民社会保留下来。进一步，重新建立"故乡"的概念，使第一代移民有欢聚共语家常追忆童年的场合，也可使在菲生长的第二代有机会建立彼此关系。其动机可以说是感情的，基本上却是文化的。因为其目的在于追寻华人的根源，培养华人传统，并期望它能继续在异国的土地上滋长。[③]

施振民这番话最初发表于 20 世纪 70 年代，而其中所说的情形大致发生在更早的 20 世纪 30~40 年代，也正是第一代移民组织同乡会、宗亲会最多的年代。据笔者于 20 世纪 90 年代访菲期间的观察，同乡会、宗亲会欲让"在菲生长的第二代"不忘家乡的

---

① 采访苏金生记录，1992 年 7 月 16 日，大马尼拉地区计顺市（Quezon City, Metro Manila）。
② 陈衍德：《现代中的传统——菲律宾华人社会研究》，厦门大学出版社，1998，第 9~14 页。
③ 〔菲〕施振民：《菲律宾华人文化的持续：宗亲与同乡组织在海外的演变》，载洪玉华编《华人移民：施振民教授纪念文集》，菲律宾华裔青年联合会、拉刹大学中国研究室，1992，第 243~244 页。

"根"的努力基本上是成功的，这从笔者的采访中他们谈及许多父辈的事情这一点即可证实。当然其中情形不可一概而论，言论与行动也不一定完全相符。不过这对于在非常西方化的菲律宾社会中生活的华人来说，已经很不容易了。然而据笔者的观察，以文化为核心的"家族循环"，很可能接近终点了。

七 尾声：一去不返的移民模式与渐行渐远的家乡情结

"华侨性格之研究应以其母体即出生地为出发点"[1]，这一出发点就是侨乡。侨乡的变化对移民模式有决定性的影响。1949年中国发生巨变，闽粤侨乡与南洋侨居地开始了长达1/4世纪的隔绝。随着老一代移民的凋零，又没有新移民补充进来，南洋华人社会的主体逐渐变成当地出生的华裔，而且他们无法像其父辈一样常回故乡。本文所讨论的侨乡与侨居地的种种往来，便消失在历史舞台的深处，不复再现。即便1976年以后中国再次发生变化，闽粤等地与南洋及其他海外诸国的交往得以恢复，但已今非昔比。

"在菲律宾常听到老人家说，'我情愿把这一副老骨头埋葬在祖国的土地上'。我不大明白他们的意思。现在我脚踏着祖国的土地，亲嗅着故乡芬芳的气息，我渐渐明白那深刻的话意了。"[2] 这是一位侨居菲律宾10多年的华侨于20世纪40年代返回闽南家乡时写给友人信中的一句话。当下，无论是在菲律宾出生的华裔，还是近二三十年来的新移民，对故乡还有如此的感觉吗？在华裔心目中，"原来他乡变故乡"，原先的故乡则成了"祖籍地"。对新移民来说，那种故乡情结也已不复存在，他们已是随遇而安的"跨国华人"或"世界公民"。毕竟，20世纪下半叶以来，世界变化太大太快，原有的观念固然值得珍惜，但在现在的大多数人看来已不合时宜。只有那些仍然沉浸于历史余音中的人们，才会有怀旧的感叹。

本文结束前再摘引一段访谈录，述说者蔡先生（1925年生）于13岁时被送往菲律宾，此时中日战事已延烧至闽南，厦门已沦陷，没有人陪伴他：

> 我乘坐的轮船（从泉州沿海）起航后先开到厦门卸货、装货。我偷偷跑上甲板，看到了一个从未看到过的世界：繁忙的港口人来人往，当中还有一些洋人带着孩子在散步。我突然感到自己在这个陌生的世界里是多么孤独，不禁放声大哭，这是我离家后第一次哭泣。[3]

---

① 吴主惠：《华侨本质的分析》，蔡丰茂译，台北黎明文化事业公司，1983，第77页。
② 亚薇：《故国的召唤》，载施颖洲编《菲华文艺》，菲华文艺协会，1992，第390页。
③ 采访蔡青峰记录，1991年11月20日，厦门市。

　　当他说出此番言语时是眼含热泪的，看得出述说中的此情此景刻在他心中，伴随了他的一生。这就是故土，这就是家乡！当然，孩童对故乡的眷念是懵懂幼稚的，但随着年岁增长与阅历增加，心中的故乡开始清晰，真正的故乡概念浮现了，并融入了血液，融入了人生。

　　　　南渡匆匆别故乡，消沉无复少年狂。孤灯短梦家千里，落日浮云天一方。戎马间关多侘傺，烽烟黯淡总凄凉。望洋不禁兴长叹，大好江山溷犬羊。

　　这首诗正是遭逢乱世远赴海外者发自内心的悲叹，作者苏警予为世居厦门的南安籍诗人，抗战期间避居菲律宾，曾作《菲岛杂诗》。兹录其中一首《南渡》，以感知当年赴菲闽南华侨之心声，并以此为本文之结语。

南洋华侨捐助鼓浪屿学校之考察：
以雷一鸣、叶谷虚南洋募捐为例

施雪琴[*]

摘　要： 近代鼓浪屿文化教育发展与其跨国网络有密切关系。南洋华侨捐资兴学对鼓浪屿教育的发展产生了重要影响。下南洋募捐成为鼓浪屿学校的办学传统。本文以民国时期鼓浪屿闽南华侨私立女子中学校长雷一鸣、福民小学校长兼闽南职业中学校长叶谷虚赴南洋劝捐之记述为主要资料，考察民国时期闽南教育家下南洋劝捐南洋华侨办学之历史细节，以期加深对鼓浪屿历史文化血脉中的"跨国网络""南洋情结"与"华侨文化"基因的再认识。

关键词： 鼓浪屿　教育募捐　南洋华侨　雷一鸣　叶谷虚

　　鼓浪屿作为近代厦门对外开放的窗口，承载并浓缩了近代厦门汇通西洋、沟通南洋的历史。鼓浪屿是西洋文化荟萃、南洋华侨聚居之地，基督教文化与华侨文化无疑是鼓浪屿近代历史文化的核心。基督教文化与华侨文化都具有广泛的跨国网络，这种双重的跨国网络对近代鼓浪屿的社会经济与文化教育发展产生了极其重要的影响。在文化教育方面，教会与华侨网络的双重影响尤其明显，早期英华学校、毓德女校、养元小学、福民学校、私立闽南职业中学、闽南华侨私立女子中学等学校的创立与发展，无不折射了基督教文化与华侨文化双重网络的影响。网络一词，字面宏阔而缥缈，然其丝丝缕缕的细节却集中体现在昔日鼓浪屿华侨富商、名流贤达的经济社会交往中。20世纪20~30年代鼓浪屿教育界名人雷一鸣、叶谷虚游历南洋与劝捐华侨助学的历史片段，淋漓尽致地展现了鼓浪屿名人与南洋华侨社会交往的历史细节，从这些历史细节中可探析鼓浪屿社会与南洋华侨千丝万缕的勾连与鼓浪屿历史的多重跨国性特征。虽然鼓浪屿的跨国/跨境联系与互动已有诸多论述，但民国

---

* 施雪琴，厦门大学南洋研究院教授、博士生导师，研究方向为东南亚历史文化、东南亚华侨华人历史、中国与东南亚关系。

时期鼓浪屿教育家赴海外劝捐华侨支持办学之细节与社会网络之广泛，却少有文专题考察。所幸雷一鸣、叶谷虚二人有撰文记载数次赴南洋募捐办学基金的种种酸甜苦辣，① 今日读之，犹能窥视往昔闽南华侨分布南洋之广泛、体会华侨商况之艰难、了解华侨捐资助学之百态，以及劝捐奔波之劳顿。在其记述中，既有富裕华侨之慷慨解囊，也有普通华侨之热心引见；既有收获捐款之欣悦，也有遭到婉拒之难堪。雷一鸣、叶谷虚二人赴南洋筹款之时，恰逢乱世，国运不昌，内外困厄，诸事维艰，感之慨之，希冀拙文能呈现早期鼓浪屿教育家 "不辞梯山航海之艰辛，而渡万里重洋……广其舌，尽其心，到处募捐"② 之鳞爪！

雷一鸣首次南洋募捐：筹集闽南华侨私立女子中学办学基金

近代中国女校的创立与发展在□国教育史上有重要的社会文化意义，是传统中国向近代中国转型的重要标志。中国近代女校的创立与基督教的传播有直接的关系，教会是推动近代中国女子学校创办的重要力量，早期女校多数有基督教的背景，这已是学界的共识。鸦片战争后，伴随着西方的殖民扩张与基督教的传播，教会先是在中国香港、台湾、各通商口岸城市以及闪地一些城市开始兴办第一批教会女子学校。③ 福建作为东南沿海地区，与海外联系密切，基督教传播历史悠久，影响不可小觑，尤其是五口通商后，基督教在福建的传播更加迅速与广泛，教会办学也更加积极。④ 教会成为民国时期福建女子教育发展的重要力量。⑤ 有意思的是，在闽粤侨乡地区，教会学校也多依赖华侨侨眷捐资兴学。⑥

闽南华侨私立女子中学创办于 1920 年，虽然与教会没有直接联系，但其创办人雷一鸣，原籍南安码头镇，系厦门基督教青年会总干事。雷一鸣为筹款创办女校，两次亲赴南洋，时人称其 "乃不辞梯山航海之艰辛，而渡万里重洋，历数十海岛，广其舌，

---

① 雷一鸣：《本校史略》，载《闽南华侨私立女子中学六周年刊》，1926，第 1~6 页；叶谷虚：《为福民校友堂重游菲岛募捐记》，载《福民校友堂落成纪念刊》，1937，第 17~32 页。
② 曾文英：《本校落成及雷校长夫妇四十双寿征诗文集序》，载《闽南华侨私立女子中学六周年刊》，1926，第 10~11 页。
③ 熊贤君：《中国女子教育史》，山西教育出版社，2006，第 178、179 页。
④ 早期福建的教会女校有福州女塾（1850 年）、福州女童寄宿学校（1854 年）、福州文山女子中学（1856 年）、毓英女校（1859 年）、福州陶淑女子中学（1864 年）、厦门妇女圣经学校（1884 年）、厦门毓德女校（1870 年）、泉州培英女校（1890 年）、福建龙田妇女训练学校（1895 年）、福州华南女子文理学院（1908 年）。
⑤ 刘映钰：《民国时期福建女子教育的三类民间办学力量》，《福建教育学院学报》2000 年第 2 期。
⑥ 何丙仲：《鼓浪屿华侨》，厦门大学出版社，2017，第 171~176 页。

尽其心，到处募捐。竟得吾侨洋国人之血汗金钱以归，遂成立斯校于厦门"①。

雷一鸣两下南洋，不畏艰辛，访安南（越南）、新马、印尼爪哇、苏门答腊，以及暹罗（泰国）等地侨商，广其舌，尽其心，到处募捐，共筹集资金8万元。② 在雷一鸣亲撰的《本校史略》一文中回顾了办学缘起与筹款经历，历南洋46个城镇，备尝旅途奔波苦，终集细流汇鹭江，堪称劝捐兴学之翔实记载，值得细细品读。

"悯坤德坠落，女学不兴。毅然以培养师表群伦，启十闽女子之学识自命"，1919年5月，雷一鸣与同伴林秉祥、陈喜亭、黄梦良三人至上海，专门考察江浙女子教育状况，③ 深受震撼与启发，遂萌发了从上海赴新加坡募捐之意。在上海期间，雷一鸣经厦门太古洋行买办邱世定介绍，结识了上海太古洋行买办高实之，雷一鸣向高实之阐述了闽南女子教育的落后状况，以及意欲往南洋筹款兴办女学之志，得到高实之的赞同。高实之建议他先在上海募捐。募捐倡议发出后，数日内便募集到资金2900元。停留上海期间，雷一鸣遇到故人菲律宾华侨企业家马玉山④，并通过他的介绍认识了南洋兄弟烟草公司的简照南、简玉阶兄弟，得到简氏兄弟捐款1000元。

雷一鸣从上海返回厦门后，立即筹划南洋募捐筹款之行。1919年7月底他启程赴香港，聘请闽南华侨私立女子中学董事。8月初，他从香港搭乘法国轮船开启第一次南洋筹款劝捐之行，先过越南海防，后停留古城会安。中秋当日抵达西贡，得到其叔雷泉理、兄雷善源、故友黄道错接待。⑤ 此时安南已是法国殖民地，法国殖民政府不仅苛待华侨，并且禁止外人到此地募捐。⑥ 所以雷一鸣不敢公开宣传募捐，但西贡侨胞还是热心捐助，一月之间华侨捐助高达6000元，雷一鸣还敦聘热心的西贡华商20余人为女子

---

① 曾文英：《本校落成及雷校长夫妇四十双寿征诗文集序》，载《闽南华侨私立女子中学六周年刊》，1926，第10~11页。

② 《闽南华侨私立女子中学六周年刊·序言》，第2页。

③ 上海女校历史悠久，鸦片战争后，教会在上海兴办了裨文女塾、女塾、文纪女塾、圣玛利亚女塾、上海明德女校、女子日校、徐汇女校、上海清心女校、上海外国女童公立学校、上海工部局女校、中西女塾、晏摩氏女中、松江圣经女塾。熊贤君：《中国女子教育史》，山西教育出版社，2006，第178、179页。

④ 马玉山（1878—1929年），字宝洪，广东省中山市三乡镇乌石村人。清光绪二十六年（1900年）到菲律宾谋生，1902年在菲开办马玉山商店。1911年辛亥革命后，他回到广州，后在香港开办马玉山糖果饼干总公司，兼办糖果饼干制造厂。数年后又移至上海南京路抛球场（今南京东路河南路口）设立总公司，后相继在新加坡、广州、上海、北京、天津等地设分支机构，以"马玉山糖果饼干"畅销国内外。1921年6月，与严直方、劳敬修等合办中华制糖股份有限公司，集资千万元于上海吴淞镇购置厂房，开办制罐、纸盒、印刷、玻璃、木箱等生产项目，工厂获国民政府准予免征出口税10年。后在上海创办中国第一家大型机器制糖厂，提倡振兴和发展中国民族工业。为办好制糖业，其赴英国、法国、日本、荷兰、瑞士等地考察，借鉴经验。1929年8月，在上海重办马玉山糖果饼干制造公司，任司理兼中华制糖公司总经理。同年10月赴广西筹集资金，在广西平南病故。

⑤ 清末民初，南安码头镇雷氏家族多人迁移越南，根据2006年南安侨情普查资料，码头镇在越南的侨亲共有2698人。《南安华侨志》编纂委员会编《南安华侨志》，福建人民出版社，2021，第41页。

⑥ 雷一鸣：《本校史略》，载《闽南华侨私立女子中学六周年刊》，1926，第2页。

中学董事。

离开越南后，雷一鸣前往印尼。第一站是华侨聚居的商埠三宝垄。1920年春节雷一鸣到达爪哇三宝垄，三宝垄华侨富商日兴行老板黄奕住、信丰行会长郑俊怀派人到车站迎接。因荷兰人监视华人新客移民，雷一鸣随身所携带的女子中学筹款书信和印章引起了殖民当局的怀疑。他被荷兰警察拘押，后在华商郑俊怀的帮助下，由三宝垄市知事担保后才得以释放。

在三宝垄期间，首得黄奕住的日兴行捐助8000盾，建源行黄青云捐助10000盾，合仓行、魏嘉寿公司、锦茂行各捐3000盾。至1920年4月，雷一鸣在三宝垄共筹集资金33000余盾，托日兴行黄浴沂代为收汇至厦门。

雷一鸣离开三宝垄，前往泗水。泗水是印尼东爪哇的第一大城市，也是华侨聚居之地。雷一鸣抵达泗水后，首先拜访了中华商会会长李双辉。雷一鸣在泗水期间得到旅居泗水的泉州树兜村蒋氏家族华侨的大力帮助，共筹集捐款20000余盾，由李双辉会长收汇至厦门。此外，李双辉会长还介绍雷一鸣到爪哇岛的内陆城镇募捐。在爪哇岛的惹班（Mojokerto，印度尼西亚爪哇岛东部城市），华商黄心喜、杨连俊捐助700余盾；雷一鸣在梳老（梭罗）得到当地中华商会会长吴家连的热情接待，他热心召集华侨募捐，募集捐款达3000盾；在日惹（Yogyakarta）、三码望（Kutoarjo，又译库托阿焦）、芝拉扎（Cilacap），雷一鸣得到老友苏植机引荐，募集资金1000盾；后抵达雅加达，雷一鸣得到中华商会会长陈丙丁、福和行李之唐相助，三周时间募集资金9000余盾；在万隆，中华商会会长叶润池和江忠渊、叶祖恺、杨纯美积极向华侨宣传劝捐，募集资金达3000盾；在西爪哇的芝马墟（Cimahi）、牙律（Garut），中华会馆苏植芳捐600盾；但在苏加巫眉、茂物两地，所得捐助很少。

离开爪哇岛后，雷一鸣前往附近的苏门答腊岛。苏门答腊岛也是华侨聚居之地，分为南苏门答腊省、西苏门答腊省与北苏门答腊省。不少南安华侨旅居苏门答腊岛经商务工。雷一鸣的姐夫就是侨居直洛勿洞（Bandar Lampung）①的华侨，姐夫家族成员捐助了1600盾；后至巴东（Padang）②，当地中华商会劝捐9000余盾；当地华人甲必丹吴奕聪还亲自陪同雷一鸣赴巴东班让（Padang Panjang），得到当地华商洪恭怀捐助300盾；在武吉丁宜县（Bukittinggi）附近的小镇普地谷、巴亚公务也募集到数百盾；实武牙（Sibogal）中华商会陈会长、郑鸿猷捐助1000盾。雷一鸣后一路北上，抵达北苏门答腊省华人聚居的商埠先达（Siantar）、日里（Deli）、棉兰（Medan）

---

① 直洛勿洞，即班达楠榜，印度尼西亚苏门答腊岛南部楠榜省首府。
② 巴东，是印度尼西亚西苏门答腊省首府及最大的城市，文教、商业中心，也是苏门答腊岛第三大城市、苏门答腊岛印度洋岸最大港口。

等地，得到林健人、许赞元、欧水应三人介绍，居住在中华商会会所内，李丕树赞助 1000 盾；其他热心赞助者捐助 3000 盾；在民礼市（Binjai），雷一鸣的襟兄白约百捐款 500 盾。在亚沙汉市（Asahan），华侨林国治、杨章成、吴光坪三人捐助 1000 盾。

据雷一鸣自述，离开印尼苏门答腊岛棉兰后，乘船前往英属马来亚筹款。雷一鸣首次抵达马来亚的槟城，陈新政、邱明昶、林福全捐款 5000 元；在怡保，雷一鸣居住在福建会馆，后转吉隆坡，居实业俱乐部，筹款 3000 元；在芙蓉埠（Seremban），雷一鸣受到陈悦、李金接接待，寄居当地华商俱乐部，筹款 3000 元。雷一鸣再前往马六甲，受到当地侨领沈鸿柏、曾江水接待，华侨富商郑成快捐 3000 元，颜文其捐 1000元，曾江水捐 500 元，在马六甲共募捐 6000 元。

雷一鸣从马六甲转赴新加坡，得到林秉祥捐 2000 元；新加坡华商邱国瓦、薛武院、商号日兴行各捐 1000 元；黄奕寅、邱国瓦、陈喜亭、陈贵贱诸君共计捐款 16000元，7000 元由黄奕寅代收汇至厦门，其余的尚未经收。

这是雷一鸣第一次赴南洋劝捐筹款的经过，历时 1 年，行迹遍布安南、印尼爪哇岛、苏门答腊岛、马来亚等地 33 个城镇，沿途食宿均是华侨乡亲妥善安排，热心捐款者中既有黄奕住等赫赫有名的华侨巨富，也有名不见经传的普通华侨，他们捐资助学的善行义举使其英名存留于闽南华侨女子中学校史。1920 年秋天雷一鸣回到厦门，立即利用募捐所得资金租赁房屋开办三班高小，招收学生 50 余人。1921 年购入外清石皮仔 38 号，为临时校舍，学生此时达百余名。推选鼓浪屿名人林尔嘉为董事会总理，龚显灿为助理、邱汝劝、马厥猷为正副财政；其他董事人员 21 名。1921 年又购入高井栏张氏花园一地，面积有 2000 平方米左右，中秋节后，又向王氏购买临近的土地 7700 多平方米，总面积约 11000 平方米。后经周折，终于在 1924 年建成新校舍迁入。此时学生达 200 余人。为节省办校经费，雷一鸣亲自兼任校长。

表 1　雷一鸣第一次南洋募款所到地区（1919 年）

途经地区	城镇
安南（越南）	海防、会安、西贡
荷属东印度（印尼）	爪哇岛：三宝垄、泗水、惹班、梳老、日惹、三码望、芝拉扎、雅加达、万隆、芝马墟、牙律、苏加巫眉、茂物
	苏门答腊岛：直洛勿洞、巴东、巴东班让、普地谷、巴亚公务、实武牙、先达、日里、棉兰、民礼、亚沙汉
英属马来亚	槟城、怡保、吉隆坡、芙蓉埠、马六甲、新加坡

雷一鸣第二次南洋募捐

至 1924 年，闽南华侨女子私立中学已创办四年，并迁入了新建校舍，捐款用于办校经费、建筑费等，所剩无几，难以为继。1924 年秋天，雷一鸣再发赴南洋筹款之念，目的是募捐新款并催收以前未到之款项。首站还是安南，然而由于当地有不良华侨挑拨离间，向法国殖民当局告发，法国殖民政府怀疑雷一鸣有政治嫌疑，遂将他驱逐出境。雷一鸣只得转赴新加坡筹款，于 1924 年 10 月 10 日抵达新加坡。但此时新加坡华侨经济已呈萧条之境况，非昔日繁荣可比，筹款艰难。雷一鸣向当地华侨展示女子中学办学成效，并将华侨以前捐助学校的收支登记账簿公开展示，说明无欺诈之事。广大华侨虽对其表示欢迎，但无奈商况不佳，也难有大额捐助。在新加坡逗留一月期间，雷一鸣得到华商邱国瓦、薛武院、薛中华、侯西反、陈济民、王嘉禄、蔡嘉种、蔡多华、洪神扶、林志义等侨商，以及仁仁俱乐部、侨南俱乐部、中华商会的捐助，终筹款 2000 余元，立即汇至厦门救急。后雷一鸣转赴马来亚的峇株巴辖（Batu Pahat），得到泉洽春号族亲雷泉铁、雷源超，以及叶广顺、黄元恩、苏晋联等人的捐助，筹款 200余元。后雷一鸣又转至麻坡（Muar），得到谢乌梳、谢昭圆、曾焕庚、陈振打、刘贝秀、颜展诸君，以及基督教青年会车德源牧师的捐助。四天后雷一鸣又转赴马六甲，拜会邱仰峰、沈鸿柏、郑成快、曾汇水，向他们介绍了女子中学办学情况。邱仰峰祖籍也是南安，经营橡胶，重乡谊，留窄雷一鸣于米商公会；郑成快，祖籍永春，是马六甲的大实业家，热心公益，以前答应捐助 3000 元，这次先捐助 500 元救急，另外还赠送雷一鸣 50 元旅费。曾江水答应捐 500 元，但因为商况不佳，只能先惠若干。后雷一鸣与沈鸿柏一起去拜访的陈文模、林清江，以及云林阁（为马六甲的南音社），均有乐捐。

雷一鸣离开马六甲，1924 年 11 月至旺麦仔、除兰、芙蓉实业俱乐部，受到康校长（康镜波）、白成根、李金接的接待，收到一些新旧捐款，以及邱廉耕捐助的 200 元。11 月 9 日雷一鸣抵达吉隆坡，寄宿实业俱乐部，受到侯金陵、王景星、刘治国的接待，收回以前的捐款，并得到华侨侯乌麦、洪启读、周华燥的相继捐助。11 月 15 日雷一鸣到怡保，居福建公会，得到黄天定、刘玉水、雷家源的提倡，周文煌、杨宽裕、萧千楼、傅伯士诸君的相继捐助，成绩可观。数日后雷一鸣又在黄天定、萧千楼、雷家源的陪同下，赴老辖（Lahat）、甲板埠（Papan）、端洛（Tronoh）、吧力（Parit）、峇株华也（Batu Gajah）、古打华路（Kota Baru）、金宝（Kampar）、礁把（Chemor）、峇眼亚株（Bagan Datuk）、安顺（Teluk Intan）等地筹款，得到各处侨胞的乐捐。后雷一鸣又至和丰街场（Sungai Siput Utara）、永梧（Enggor）、瓜拉江沙（Kuala Kangsar）三镇，寓居江沙燕间俱乐部，经过吴凤书、戴季佑、林金坪三人介绍，得到邱能言、蔡长枝二君协助，获益良多。后雷一鸣至太平镇（Taiping），得到张礼记、刘毓麟、叶金萼、王鼎押、王鼎把等人的捐款，林三及会长从旁鼓吹捐助，成绩些许可观。

11月27日雷一鸣到槟榔屿，访问陈民情、邱明昶、林福全等侨商，重新组织女子中学董事会。聘请林如德、许晓山、白锡国、赵上赞、林辉煌、邱朝宗、庄永亨、周晋材、周温柔、苏标旗为董事。雷一鸣在槟榔屿期间又得到南安同乡会的赞助。尤其是林资源公司与庄清建公司捐助巨款。雷一鸣又在校董的引导下，得到橡胶公司、齐商公所各商号共捐2000余元。后与邱明昶计划，雷一鸣将以前存在和丰银行的3000元，在捐筹成5000元后汇到厦门购屋，做女子学校永久基金。1925年1月14日，雷一鸣从马来亚赴暹罗曼谷，得到洪清炎的接待与帮助，收到蔡合源号宜当、郭锦绿、陈鸿禧、密来、忠伟、南令等的捐款2000余泰铢，1月底返回槟城，半月后雷一鸣乘坐轮船返回新加坡，得到曾春水亲手捐助的100元，汇到厦门。三月初六，雷一鸣由新加坡乘坐轮船至香港回厦门，结束了第二次南洋募捐之行。雷一鸣第二次南洋募捐，历时半年多，这次主要是在马来亚华人聚居城镇募捐，既在商业城市劝募华商，又至华人聚居的偏僻小镇募捐，可见第二次筹款之艰辛。

表2　雷一鸣第二次南洋募捐所到城镇（1924—1925）

途经地区	城镇
安南	西贡
英属马来亚	新加坡、峇株巴辖、麻坡、马六甲、吉隆坡、怡保、老辖、甲板埠、端洛、吧力、峇株华也、古打华路、金宝、礁把、峇眼亚株、安顺、和丰街场、永梧、瓜拉江沙、太平、槟榔屿
暹罗	佛头榔（佛统）、盘谷（曼谷）

叶谷虚校长菲律宾募捐纪行

叶谷虚是20世纪上半期鼓浪屿知名教育家，生于1887年，原籍泉州市泉港区山腰街道叶厝村。1904年随其兄叶思忠到厦门。1907入闽南神学院学习，毕业后，开始走上了"矢志圣工，献身教育"的道路。叶谷虚1911年在基督教福音堂教会主办的福民小学担任教职，1912年出任福民小学主任，从1915年正式出任福民小学校长直到1937年。1920年受菲律宾华侨瑞隆兴行杨忠信资助，前往上海考察职业教育。叶谷虚受黄炎培"学以致用"职业教育理论的启发，回到厦门后在鼓浪屿创办闽南职业中学，由杨忠信担任董事长，叶谷虚兼任闽南职业中学校长。

　　为筹集福民小学所需之款与发展闽南职业中学的需要，叶谷虚多次利用假期到海外募捐。由于菲律宾华侨杨忠信家族是闽南职业中学的重要赞助人，菲律宾又是闽南华侨聚居之地，不少菲律宾华侨商人，包括杨忠信家族均在鼓浪屿建筑房屋，所以菲律宾成为叶谷虚向华侨募捐的主要地方。1923 年叶谷虚赴菲律宾，为闽南职业中学募集建校资金，受到杨忠信的热情接待，"设馆授餐，缁衣礼重，且屏置商务，偕出劝募，丈其素日之令闻，各侨胞翕然风从，不逾月而成绩斐然，盖已捐得万余金矣"①。可见在菲律宾募捐期间，叶谷虚得到杨忠信的鼎力支持，杨忠信不仅与叶谷虚一同拜访华商，而且还邀请马尼拉福建籍华侨富商，如李清泉、吴记霍、陈迎来、林珠生、杨孔莺、吕双合、李略褪、郑焕彩、胡诸群、桂华山等知名侨领，组建闽南职业中学旅菲董事会。在第一次赴菲筹款期间，叶谷虚与杨忠信还勾画了闽南职业中学发展蓝图，如计划在 1924 年杨忠信返厦期间，邀请在厦董事决议，将在马尼拉所得捐款先在鼓浪屿筑三层校舍一栋，作为闽南职业中学校舍。1925 年该楼建成，因为建楼资金完全是菲律宾华侨的捐款，因此该楼被命名为"菲律宾楼"；学校还设立滕竹、印刷、皮革及商业等数科；杨忠信为扩大校舍，还计划向驻厦闽军购买厦港火仔坡荒山，该地面积约 11090 平方米，背山面海，交通便利，办学条件极佳。但不幸的是杨忠信溘然长逝，闽南职业中学的发展受到严重影响。

　　1931 年，叶谷虚在福民小学任教已达 20 年，毕业学生已有数千人，但深感毕业生"迹散神离，母校之观念愈疏，颇堪建一纪念物，以继往开来"②。于是萌发兴建福民校友堂以凝聚校友之念，数月后纪念堂建成，但建设基金耗资巨大，导致学校入不敷出，不得已向鼓浪屿基督教堂会贷款 5000 元，每年需偿还利息 350 元，此笔巨款导致学校办学经费捉襟见肘，顿陷困境。于是，叶谷虚萌发了再赴海外募捐筹款的想法。1933 年 3 月，叶谷虚先随张之江将军赴香港，筹款厦洋 190 元，港币 1419 元，加伸水 171.8 元。1933 年，杨忠信的儿子杨永保从菲律宾返回厦门，叶谷虚向他提出赴菲筹款之事。杨永保当时加以反对，认为"菲岛各地市况萧条，百业停滞，诸侨胞朝不保暮，自顾靡暇"。但此时叶谷虚别无选择，还是执意前往。1933 年 7 月 8 日，叶谷虚从香港搭乘轮船赴马尼拉筹款。

　　1933 年 7 月 11 日叶谷虚抵达马尼拉，校友杨永徽、故友杨金灯登船相迎。叶谷虚下榻瑞隆兴行员工宿舍。杨丕钦、杨清月、杨贻店、杨清波、吴自芳、林莲池、张宏

---

① 叶谷虚：《为福民校友堂重游菲岛募捐记》，载《福民校友堂落成纪念刊》，1937，第 17 页。

② 叶谷虚：《为福民校友堂重游菲岛募捐记》，载《福民校友堂落成纪念刊》，1937，第 17 页。

英前来看望，侄女叶淑珍与三民学校校长叶甘如女士也来探视。此次募捐之行，虽然饮食起居得到华侨故友、亲友及校友的安排照应，但开口募捐，还是颇为艰难。叶谷虚在《为福民校友堂重游菲岛募捐记》一文中写道："每日晨起，早膳毕，遂行于道中，徘徊店外，恒终日而无所得。盖除商景冷落，百业凋敝，昔日繁华之区，如洲仔岸，比户而居者，尽是吾侨胞，今则闭户停业，已逾半数，间虽尚有少数强持门面，则日受亏损。此时欲向人募捐，难怪闻者瞠目而咋舌。"[①] 但他仍坚持"然既来此，必不能素手而归。仍需悍然不顾一切，始克有望"[②] 的想法，希望有所收获。于是，叶谷虚与杨永保商议，由他及瑞隆兴公司首捐，杨永保慨然应允。正在困难之际，在菲律宾经商的福民小学校友蔡超雄从外地赶来，向叶谷虚提议组织旅菲福民小学及闽南职业中学校友会来推动捐款，几天后便在马尼拉成立了两校校友会。推选黄源泉博士担任名誉会长，杨永徵任会长，许龙东任副会长，杨清波任司库，张宏英任司账，蔡超雄为中文秘书，杨谦德为西文秘书，黄必勇、林长龄为公关，许万雷、林莲池为事务，吴自芳任干事。校友会在《新中国报》《新闻日报》刊登广告，昭告成立，"希望诸校友眷怀母校，无不视其力之所能及，踊跃捐输"。7 月 27 日，旅菲惠（安）侨联合会也在环球酒家为叶谷虚设宴洗尘。

校友会成立后，马尼拉募捐告一段落。叶谷虚计划 8 月初赴外岛募捐，首站是怡朗。怡朗地处菲律宾中部米沙鄢群岛的班乃岛，19 世纪中期开埠，以产糖、稻米为主。怡朗开埠后，逐渐吸引华侨前去经商开发，19 世纪末期，怡朗城市中心地区的华侨人数已超过 2000 人，以男性为主。[③] 叶谷虚临行前，邝光林总领事为其亲笔书写了介绍信。抵达怡朗后，叶谷虚登门拜访怡朗名誉总领事叶昭明，怡朗中华商会主席蔡木山，侨商陈章富，故友王尚琴、杨忠纯、黄鼎铭，但均以商况不佳，募捐窘难见告。而且怡朗中华商会会所的墙壁上，还张贴有禁止外埠人士来此募捐的通告书，可见 1929 年经济大萧条之后，菲律宾华侨商业也遭受到严重影响。如此窘况，令人难堪。但故友杨忠纯、王尚琴还是搁置商务，相伴同行，挨户劝捐；校友吴国材转托其表兄陈振球同行，向怡朗最有实力的华侨商号永怡隆行劝捐，幸得其先捐为倡，共捐得菲银 475 元。在怡朗期间，叶谷虚还参观了中华商会、怡朗华商学校[④]、机器厂、教会学校，会见在怡朗的福民小学及闽南职业中学校友，也得校友捐赠。

---

① 叶谷虚：《为福民校友堂重游菲岛募捐记》，载《福民校友堂落成纪念刊》，1937，第 20 页。

② 叶谷虚：《为福民校友堂重游菲岛募捐记》，载《福民校友堂落成纪念刊》，1937，第 20 页。

③ Alfred W. McCoy & Ed. C. de Jesus, *Philippine Social History: Global Trade and Local Transformation*, Ateneo De Manila University Press, 1982, p. 310.

④ 该校为怡朗最早的华校，创办于 1912 年。

离开怡朗，叶谷虚前往仙葛洛埠（San Carlos）拜访校友杨湖侨、杨湖亲、杨南岳、杨信来，募集捐款 60 元。仙葛洛埠地处西黑人省，该埠居民不多，华侨中数杨氏族人较早来此经商谋生，此地华侨人数虽然不多，但也有华侨学校与国民党支部设立于当地。

后叶谷虚从仙葛洛乘轮船去描戈律（Bacolod），再乘汽车到郎吗倪地（Dumaguete）。拜访当地中华学校，以及校友吕添仝、蔡贻春。杨湖侨介绍叶谷虚认识当地知名华商吕肯构，请其帮助劝募。后叶谷虚再从郎吗倪地登轮赴宿务。宿务是菲律宾南部的重要商埠，早期闽南华侨众多，尤其是厦门籍华侨居多，厦门华侨在商业、实业和教育界的影响很大。[①] 叶谷虚住在瑞隆兴铁行宿务分店。瑞隆兴铁行行东兼经理杨启祥请林莲芳为向导，介绍叶谷虚拜访基督教中华青年会，访问总干事陈涤虑。

在宿务期间，叶谷虚经王泉笙、邝光林总领事的介绍，还拜访了国民党宿务党部常委刘谦祥、宿务名誉总领事吴天为，吴天为弟弟吴章安热情接待叶谷虚，商议募捐进行之策。吴天为也托中华学校校长刘春泽相助筹款。陈涤虑、刘春泽偕同访问吴天为总领事，请其先捐为倡。后叶谷虚又拜访宿务金顺昌号经理黄平洋，商议劝捐事。

因吴天为家族经营岛际航运船务公司，有船川走棉兰老岛各口岸，叶谷虚搭乘便船，希望到棉兰老岛劝捐，收集腋戎裘之效。此次棉兰老岛之行短暂，只到访了咬牙鄢（即卡加延德奥罗市）、伊里岸与棉三棉示，[②] 由林德源分店经理吴金石陪同叶谷虚拜访华商，由于时间仓促，拜访华商有限，且棉兰老岛华商经济实力微弱，故所得不多，次日叶谷虚便乘船返回宿务。

在宿务闲暇期间，叶谷虚与吴章安、王雨亭在午餐时曾倡议组建鼓浪屿游泳协会之事宜，二人均表示参与发起，表示愿意发函邀请其他住在鼓浪屿的华侨参加。宿务由吴章安负责发起，马尼拉由王雨亭负责发起，鼓浪屿则由叶谷虚负责。但此事后续如何，不得而知。

结束外岛筹款，叶谷虚从宿务返回马尼拉，在马尼拉停留期间，访问华侨善举公

---

① 早期厦门籍华侨富商如叶安顿家族，黄妈超、黄瑞坤、黄自来、黄太平家族，吕裕、吕音、吕希宏、吕希宗、吕希福家族等均是宿务知名华商。据统计，20 世纪 30 年代，菲律宾各地华侨商会厦门籍人士有 50 人，厦门籍华侨在菲律宾经济中所占的分量相当可观。陈衍德：《现代中的传统——菲律宾华人社会研究》，厦门大学出版社，1998，第 86~100 页。

② 咬牙鄢、伊里岸与棉三棉示均是棉兰老岛北部的商埠，是华侨早期移民棉兰老岛的聚居地。伊里岸的金门籍华侨较多，华侨在 1934 年就成立了兰佬华侨协会，1938 年，在伊里岸市兰佬中华商会倡议领导下，伊里岸的全体华侨筹资开办了兰佬中华小学，聘请集美师专的金门籍许伯阳老师为校长，该学校是伊里岸唯一的一所华侨学校。棉三棉示在 20 世纪初期就有华侨先贤谋生的足迹。在 20 世纪 30 年代该地有 20 多家华侨商店。后成立了中华商会，创办了光华中学。光华中学今天仍是棉兰老岛北部地区的一所华文名校。菲律宾棉兰老岛华侨社会历史，参见施雪琴《菲律宾华侨华人史话》，广东教育出版社，2019；杨天厚《菲律宾的出洋客》，金门县文化局，2012。

所、崇仁医院、全菲救国会、菲律宾大学图书馆、博物馆、基督教神学院及教会总机构，并受旅菲中华基督教会邀请在华侨基督教联合会讲道，叶谷虚自觉菲律宾之行"眼界豁然，精神上领益不浅"。

此次叶谷虚菲律宾募捐，历时 50 天，所得捐款，计厦银 1675 元，菲银 1830 元，另外加伸水计 1969.635 元，合计大洋 5474.635 元，还算可观。又得校友杨清波将漳嵩汽车公司股款 3000 元，捐充为闽南职业中学基金，以纪念其父杨忠权先生。杨永保、杨永徽昆仲将鼓浪屿电灯公司股份 5000 元捐赠作为闽南职业中学办学基金。杨永保的弟弟杨永隆，每年还拿出 400 元，设立"忠信奖学金"，奖励优秀学生。[①] 菲律宾瑞隆兴杨氏家族热心教育、慷慨输将的义举，在闽南职业中学的发展史上留下了浓墨重彩。

表 3　捐助福民小学和闽南职业中学的菲律宾华侨名单

地区	捐款人（商号）	捐款额
岷尼拉（马尼拉）	瑞隆兴公司、黄水胶、杨眷西、吴记霍公司、杨永保、杨清波、林珠光、聚兴公司、林贻店、杨谦德、李昭北、新泉隆、成记公司、王学佃、黄必勇、远胜公司、杨启泰、许良东、李文秀、梅峰信局、中华商业公司、许自德、源馨烟厂、中华青年会、因树叻锯木厂、戴正中、杨永徽、杨文索、施源发、黄联兴公司、杨金灯、陈双宾、郑汉琪、菲岛香烟厂、李成业公司、吕吾疑、杨清月、庄垂桔、庄秀武、许万雷、蔡建宁、薛敏老、李景岳、东方药房、林细庵、吴合成、苏桂水、杨荣绅、林莲池、俞云汀、柯孝父、黄源泉、林伦秀、李焕彩、许振谟、张宏英、蔡超雄、林长龄、王主恩、于长成、吴自尊、林恩典、王朝汀、杨文彩、王燃妙	厦银 1525 元，菲银 975 元
怡朗	永怡隆号、源兴号、藏成号、王尚东、建记号、泉隆号、吴国材、源远号、东方号、王焕东、源美号、东亚号、黄衍赣、和珍号、茂方号、朱簪水、和盛号、施妍谋、蔡莲芳、金协升、义成号、施家玉、白明杰、陈永照、周扶西、华新号	菲银 475 元
宿务	吕协珍号、林德源、金顺昌号、陈德寅、华兴号、联芳号、福泉南、吴达屋、荣泰号、马南川、林莲芳、杨启通、吴章安、吕家栋、博植公司、林自挑、新振美公司、叶燕冬、杨清和、源昌号	厦银 150 元，菲银 215 元
郎吗倪地（杜马盖地）	吕肯构、永瑞发号、吕填生、黄德煌、恒顺行、协益彬	菲银 37 元
仙葛洛	杨信来、王文泽	菲银 80 元
棉兰老	林德源分店、林应年、福义隆号	菲银 20 元

注：本表数据不全。

[①]　林希、蔡嘉鸿：《华侨捐助的厦门老校名校》，《鹭风报》第 1524 期。

叶谷虚在海外所获捐款，大部分来自菲律宾华侨，此外，还有香港的福建乡亲、缅甸华侨、越南华侨的捐款。用这些捐款，不仅清还了债务，还添建校友堂第三层的议事厅与教员宿舍。1935年春，在校友堂第三层阳台上又建设天桥，连通闽南职业中学校舍，至此，校友堂终告一段落，从购地到建成，历时整整十年，"募捐途程，间关万里，乐输赞助者，殆近千人。而一切费用，计17000余元"。[①] 华侨对福民小学、闽南职业中学两校的贡献有目共睹，值得铭记。

结　语

民国时期鼓浪屿雷一鸣、叶谷虚两位校长的南洋募捐之行，再次折射出近代鼓浪屿以华侨为纽带的多重跨国网络及其意义。纵观近现代闽粤侨乡地方教育的发展历史，华侨捐资办学，贡献巨大，泉州培元中学校长许锡安曾赞，"华侨是最热心学校建设的"，因此办学缺钱找华侨捐助，这几乎是侨乡学校筹集资金的一贯做法。雷一鸣、叶谷虚的南洋之行，故友、校友、亲友、教友所构建的纵横交错的社会网络为其南洋募捐提供了极大的方便，奠定了坚实的基础。没有这些千丝万缕的社会联系与华侨的桑梓深情，他们在南洋极可能是遭遇投亲无门、出行不便、食宿无着的困境，更遑谈募捐办学之伟业！分布在南洋群岛大大小小城埠的华侨，他们迎来送往，安排舟车食宿，陪同引导推荐，富商们慷慨解囊成百上千元，众贫侨乐捐三元五元，尽绵薄之力。聚沙成塔，集腋成裘，涓涓细流，终汇鹭江，哺育人才，造福桑梓，共同奠定了鼓浪屿深厚的历史文化底蕴。百年后的今天，再读这段南洋筹款历史，或许更能帮助我们进一步理解鼓浪屿历史文化血脉中的"南洋情结"与"华侨文化"基因。

---

① 叶谷虚：《建成福民校友堂缘起暨本埠募捐记》，载《福民校友堂落成纪念刊》，1937，第7页。

炮舰与口岸：19世纪"复仇女神号"
叙事中的厦门景观

张先清[*]

摘　要： 第一次鸦片战争期间英国军舰"复仇女神号"的指挥官霍尔、伯纳德关于航行与战争见闻的详细记录，于1844年编辑为《复仇女神号航行作战纪事》（*Narrative of the Voyages and Services of the Nemesis from 1840 to 1843*）。本文点状式摘取了其中关于石壁炮台、1841年的鼓浪屿、厦门破城和掠夺等有关厦门的片段记录，并进行研究。这不仅有助于深入了解第一次鸦片战争期间英军攻占厦门城的经过，而且也有助于进一步考察近代厦门城市的历史景观变迁。围绕这一历史事件所形成的各种书写活动，从另一角度为厦门这座滨海城市创造了各类记忆文本。类似伯纳德及其"复仇女神号"的厦门叙事，蕴含着丰富的厦门近代城市景观信息，为我们今天研究厦门城市历史及其遗产，提供了一个全球史的视角。

关键词： 复仇女神号　鼓浪屿　第一次鸦片战争

　　第一次鸦片战争期间，厦门是英军试图侵占的主要城市之一。在来犯的英军舰队中，有一艘特别的船——"复仇女神号"（Nemesis）。为什么说这艘船特别呢？因为它是世界上第一艘真正意义上的铁壳战船，也是第一艘绕过好望角、抵达东亚海域的铁壳蒸汽船。正如安德里安·G.马歇尔所说，这艘由英国莱尔德造船厂在1839年完工的铁壳船，是英国工业革命的象征之一，代表着工业革命的本质，展现了铁、煤、蒸汽这些工业革命的符号是如何为英帝国对外殖民扩张服务的。[①] 在跟随英国舰队侵入中国东南海域过程中，作为"复仇女神号"的指挥官，霍尔（W. H. Hall）、伯纳德（W. D. Bernard）颇为详细

---

*　张先清，厦门大学社会与人类学院副院长、教授、博士生导师，研究方向为文化人类学、区域文化发展等。

①　〔英〕安德里安·G.马歇尔：《复仇女神号——铁甲战舰与亚洲近代史的开端》，彭金玲译，广西师范大学出版社，2020，第1页。

地记录了一系列航行与战争见闻，这些见闻于 1844 年编辑为《复仇女神号航行作战纪事》（*Narrative of the Voyages and Services of the Nemesis from 1840 to 1843*）一书，由当时英国著名的出版商亨利·科尔本（Henry Colburn）出版，并很快在次年出版了第二版，成为第一次鸦片战争期间在英国广泛流传的畅销作品。[1]《复仇女神号航行作战纪事》一书中保存的资料，不仅能帮助我们深入了解第一次鸦片战争期间英军攻占厦门城的经过，而且也有助于进一步考察近代厦门城市的历史景观变迁。

石壁炮台

在抵抗英军的侵略时，作为厦门城的标志性防御工事——著名的石壁炮台曾经引起英国人的广泛关注。石壁炮台是第一次鸦片战争时期清朝的三大炮台之一，其他两处是虎门炮台和镇江炮台。炮台原址位于厦门湾南岸，处于厦门港白石头至沙坡尾一带，距离现在的胡里山炮台约 2 公里。石壁炮台的建造者是时任闽浙总督颜伯焘。1840 年，他从云南巡抚任上调任闽浙总督，接替此前被道光帝革职的邓廷桢。1841 年 3 月赴任之后，颜伯焘积极整顿厦门防务。鉴于此前在厦门岛南岸所建设的炮墩是用沙袋堆成的临时性工事，并不坚固，因此他向清廷请求拨付巨额银两，沿厦门湾南岸建造了一道坚固的海防工事。整个炮台长约 1.6 公里，高 3.3 米，厚 2.6 米，每隔 1.6 米留 1 个炮洞，共安设大炮 100 门，因全用花岗岩建成，所以称为石壁炮台。关于这个炮台工事，《复仇女神号航行作战纪事》留下了这样的一段记载：

> 在横跨大湾口的几乎所有小岛上都建有许多炮台和野外工事；在厦门岛上，也建有一连串的排炮和野外工事，控制着通往该城的入口。其中最主要的是一个长长的石头炮台，它是用花岗岩精心建造而成，表面用泥土覆盖，沿着海岸几乎一直延伸到城郊，旨在控制通往厦门港的通道。炮台装备着整整长达一英里长的一排大炮，炮眼上覆盖着大块的石板，上面堆满了泥土作为掩护，所架设的大炮不少于 96 门。炮台的背面则是一系列陡峭的岩石高地，中国人在这些高地的一侧建造了一道坚固的石墙，作为炮台的侧翼防御。[2]

---

[1]　W. D. Bernard, W. H. Hall, *Narrative of the Voyages and Services of the Nemesis from 1840 to 1843*, London: Henry Colburn, 1844.

[2]　转引自福建师范大学历史系福建地方史研究室编《鸦片战争在闽、台史料选编》，福建人民出版社，1982，第 170 页。

在经过了前期的侦查和精心准备后，1841 年 8 月 26 日下午 1 时 30 分，英军发动了进攻。以"威里士厘号"（Wellesley）和"伯兰汉号"（Blenheim）为首的英军战舰驶抵靠近石壁炮台 400 码处下锚定泊，向炮台展开猛烈的炮击。其余战舰"卑拉底士号"（Pylades）、"哥伦拜恩号"（Columbine）、"巡洋舰号"（Cruiser）和"阿尔吉林号"（Algerine）则沿着炮台外侧继续航行到厦门岛南岸的最前端，与沿线厦门守军进行炮战。尽管石壁炮台十分坚固，但因为清军在武器上远远落后于英军，在英军调集重炮攻击后，炮台守军逐渐不支。当日下午 3 时 45 分，英军海军陆战部队第 18 团和第 49 团在"弗里吉森号"（Phlegethon）和"复仇女神号"及一些小船的载运下，开始从靠近石壁炮台一侧的海滩登陆，向炮台进攻，炮台内的厦门清军则用抬枪和火绳枪还击。由于石壁炮台城墙很高，英军又没有携带云梯，只好通过叠罗汉的方式，从一个城墙地势较低的地方登上城墙。看到英国人爬上了城墙，清军在抵抗无望之后溃逃。时任金门镇总兵江继芸跳海自杀殉国，不少清军官兵战死，石壁炮台最终陷落。

英军在攻占石壁炮台后，根据《复仇女神号航行作战纪事》的记载，英国人近距离观察这个炮台后，无不为这个炮台工事的坚固程度所震惊：

> 当我们检查石壁炮台面海那部分结构时，看到它的围墙是那样坚固，不能不使人叹服。它是由凿开的花岗岩筑成的，外面用泥土覆盖。它如此坚固，以致我们两艘战列舰在仅四百码的距离上对它进行猛烈射击，也没有留下什么痕迹。真的，这可以说是一座不怕炮弹的炮台。①

与石壁炮台外观的坚固形成鲜明对比的是，英国人也发现厦门守军的武器装备落后：

> 在两个炮眼之间又有小屋，或者是一种临时的瞭望窝棚，在里面发现了大量的各种武器、衣服、半熟的食物，还有鸦片以及用于吸食的烟具，甚至还发现了一匹马。许多大炮安装欠佳，总体而言炮架的设计很差，而且时常出毛病。在一些地方可以看到大炮上面安放着沙袋，以防止它们因震动而从炮架中掉出。显然这座堡垒是在仓促间装备起来的。②

---

① 转引自福建师范大学历史系福建地方史研究室编《鸦片战争在闽、台史料选编》，福建人民出版社，1982，第 177 页。
② 转引自福建师范大学历史系福建地方史研究室编《鸦片战争在闽、台史料选编》，福建人民出版社，1982，第 177 页。

也许是因为石壁炮台的气势雄伟，石壁之战也成为第一次鸦片战争期间英国出版物中大肆宣传的一个主题，在当时很多的英文报道及图书中都提到了这个炮台，而且几乎无一例外都称赞石壁炮台的坚固防卫性能。在当时英国人创作的描绘攻占厦门的战争绘画中，石壁炮台也时常可见，构成了 19 世纪英国战争视觉史表述鸦片战争厦门之战的一个东方符号。

破城与掠夺

在攻占石壁炮台之后，英军很快就向厦门城进发。尽管沿途仍有一部分厦门守军顽强抵抗，但都被英军击溃。此时，颜伯焘见形势已无法扭转，就率领部分文武官员逃往同安城。失去指挥的厦门清军很快陷入混乱状态，丧失了抵抗力量。《复仇女神号航行作战纪事》记载了厦门城破前的情形：

　　天亮时我们进行了侦察，很快就发现，应该不会有什么抵抗。到处都是极度的混乱和惊慌，数以千计的居民带着他们最宝贵的财物匆匆逃出北门。实际上，这显然是一片大恐慌。因此，第 18 团在第 49 团的支持下，一方面毫不迟疑地奉命从山上向最近的城东门方向推进；另一方面，指挥部科顿上尉则仔细侦察通往东城门的道路。①

1841 年 8 月 27 日清晨，英军第 18 团的先头部队在没有抵抗的情况下来到了厦门东城门脚下。当时的厦门城只是一个面积不大的城寨。厦门老城由明洪武二十七年（1394 年）所造的中左千户所城发展而来，其间几经兴废，清初迁界，李率泰下令拆毁城寨，厦门城几乎被夷为平地。清康熙二十二年施琅重修厦门城，两年后把城墙拓展到 600 丈，但和之前所城时代的周长 425 丈相比，城池面积并没有扩大很多。在第一次鸦片战争爆发前，老城的防卫力量显然仍是比较落后的。当时颜伯焘将防守重点放在厦门岛进出水道及鼓浪屿、浯屿等外岛链上，而对厦门老城则没有投入更多的防卫建设。厦门老城此时期估计只能依靠原来的城防设施。显而易见，这些旧式的守城装备难以抵挡已经装备了高度近代化武器的英国侵略者的进攻。

英国军舰"摩底士底号"（Modeste）是与"复仇女神号"一起进攻厦门的英国战船，其大副宾汉（J. Elliot Bingham）作为第一次鸦片战争英方的亲历者，他于 1842 年

---

① 转引自福建师范大学历史系福建地方史研究室编《鸦片战争在闽、台史料选编》，福建人民出版社，1982，第 179 页。

在伦敦出版了两卷本的《远征中国纪事》（*Narrative of the Expedition to China*），记述此次英军侵华的经过。在该书中，宾汉描述了他初见厦门城的情况：

> 包括城郊和东北的郊外在内，城的周长当不能远下于十里。附近的山居高俯临卫城。卫城完全居高俯临郊外。卫城周长几达一里。城墙依地势而起伏，高度自二十至三十尺不等。上有城牙，有四扇门。各有一个瓮城，瓮城上各有一扇门，与内门互成直角。①

同样，伯纳德等人对厦门城的观察也和上述宾汉所见很接近。在伯纳德看来，厦门城可分为内城（指主城）和外城（指城郊）两个部分，二者之间由一系列陡峭的岩石山丘隔开，他在《复仇女神号航行作战纪事》中这样描述他所看到的厦门城形状：

> 实际上，厦门坐落在一个地岬之上，在它的背面与侧翼，山峦起伏。依地势构筑的城墙，高度不一，自二十到三十英尺不等。如同其他地方一样，这座城也有四座主要城门。每一座城门有一堵外墙，门内有空旷地段。过此，即是第二个门。外门与内门成为直角。因此，从城外到城内的道路是由主要的一道城墙控制着的。②

在上述宾汉、伯纳德等人所观察到的厦门城及其四个城门景观中，传统时代中国城池所特有的瓮城防卫形制显然引起了这些英国人的注意。厦门城北门靠近今天公园西路，与金榜山一带山丘毗连，容易逃生与隐藏，所以英国人还观察到城内的居民大多从北门逃出城。而东门显然是厦门城的主要防御点，这里是海面船只进入厦门湾后离得最近的城门，也距离石壁炮台不远，前有鸿山、镇南关作为屏障，地势险要。厦门城中最重要的海防机构——福建水师提督所辖中营参将署就设在东门边。但英军第18 团的先头部队到达东城门时，发现尽管东城门紧闭，却没有任何守军抵抗，于是英国人很快就利用在大门不远处发现的一些梯子爬上了城墙。他们发现东城门大门内侧堆着成堆的装满垃圾、土和沙子的袋子，显然这是守城的清军为了防备英军攻城而封堵了城门，英军花了好长的时间才将这些沙土袋子清理好，然后将城门打开。

根据地方志的资料，厦门在清政府收复台湾后，成为清朝拱卫东南的海防要塞，

---

① 福建师范大学历史系福建地方史研究室编《鸦片战争在闽、台史料选编》，福建人民出版社，1982，第156 页。
② 福建师范大学历史系福建地方史研究室编《鸦片战争在闽、台史料选编》，福建人民出版社，1982，第169 页。

因此在这里设置了不少官署，如在城内置福建水师提督衙门，掌管海防事宜，并将兴泉永道移驻北门城外魁星石下。此外，还设置了海防同知、台厦兵备道等各级衙门。17 世纪以来，厦门就已是清朝重要的对外贸易港口。随着衙门增多，城中人口也日渐增加，厦门由此发展为一个兼具军事防卫与商业贸易港口城市："文武具备，城市亘延，百余年来，生齿日繁，阛阓民居不下数万户，俨然东南一都会焉。连山群壑，怪石危峰，磊落瑰奇，甲于闽南诸郡。"[①] 英军攻入厦门城后，根据英方的记载，英军指挥官郭富（Hugh Gough）对进城的英军强调了严禁掠夺的纪律：

> 由于厦门是一个大型商业港口，而且那里曾经有一个英国工厂，因此不能有任何可能使我们未来的友好交往陷入困境的行为发生。根据某些指示，我们将征服官府和军队，占有公共财产，但私人财产不能受到侵犯；在英国这就是抢劫的行为，在中国亦是如此。[②]

但作为侵略者的英军自然不会放过这座繁华富庶的城市，他们占据了厦门城中的官署，并展开了洗劫。根据英方的记录，当时厦门城中的官署几乎都被英军占领，作为临时驻扎的营房。

> 大多数官署都是大型宽敞的建筑，房间很多，足够容纳整个团的士兵。城内属于海军司令部的那些房子被分配给了第 18 团和参谋部，而第 49 团则驻扎在城外一座属于分巡道衙门（the office of Intendant of Circuit）的大型建筑内。第 55 团占据了属于厦防同知（the Prefect of Amoy）的一大片建筑，炮兵部队占据了一个可以俯瞰城内外的制高点。[③]

上面的记载中提到的"海军司令部"，应指的是福建水师提督衙门。这座衙署应该是当时城中最重要的军事中心，而且地理位置优越，建筑齐备，适合控御全城。距离英国人此次入侵前两年即清道光十九年（1839 年），周凯组织编撰的《厦门志》由京厦文武捐资刊印出版，他曾在书中专门花费了一段文字来描绘福建水师提督衙署的形状：

---

① （清）周凯：《厦门志》卷首"黎攀镠叙"。

② W. D. Bernard, W. H. Hall, *Narrative of the Voyages and Services of the Nemesis from 1840 to 1843*, London: Henry Colburn, 1844, p. 343.

③ 转引自福建师范大学历史系福建地方史研究室编《鸦片战争在闽、台史料选编》，福建人民出版社，1982，第 180 页。

水师提督署在城内。康熙二十四年，将军侯施琅建。中为正堂，东西廊为本稿诸房。前为露台、甬道、仪门。大门外为鼓吹亭，南为辕门，辕门外为将禅官厅。正堂后为穿堂，为内署，又后为来同别墅。东为夹道，西为幕厅，内为司厅，外为射圃。署西为大道、为厅事，又有足观堂、澄心堂、八风亭、方池、怪石诸胜。最北有亭，跨北城，为城中最高处，可以远望。嘉庆二十年，提督王得禄重修。①

图 1　福建水师提督衙门

从《厦门志》的上述记载不难推断，这座福建水师提督衙门占地广阔，有很多个房间，甚至被宾汉形容为"迷宫"。② 英军自然会将这一重要衙署作为临时驻军首选，而且加以洗劫。占领厦门的主力军——英军第 18 团的一位中尉军官穆瑞（Alexander Murray）1843 年在伦敦出版了《对华作战记》（*Doings in China*），他在该书中写下了一段文字，描述了英军进入福建水师提督衙门的经过：

　　我们没有遭遇抵抗，直奔一座大厦。它是水师提督的官邸，我们就在这里住下来。走进屋子的时候，我们发现有几间房子散放着形状特殊的空箱子，好像一根大木头，劈成两半，并绑以铁条。我们以为这些就是贮箭筒，但后来才晓得是宝箱；所有的银锭都用这种箱子运走了，如果我们在昨天天还没黑就进城，我们可能也捞到一些。这

---

① （清）周凯：《厦门志》卷二。
② 福建师范大学历史系福建地方史研究室编《鸦片战争在闽、台史料选编》，福建人民出版社，1982，第161 页。

座大厦后院的几间房子里堆满了装有硝石、硫黄和木炭的木桶直到屋顶，供制造火药用。硝石是大受我们欢迎的，因关它可以冰酒，船舰需要多少就可以拿多少。①

在穆瑞看来，这座水师提督官署是他"见过的房子中最华丽的，前头有座布置得极雅致的花园，假山岩洞、曲径通幽，都由人造岩石砌造成的"②。这一印象和上述《厦门志》中提到的福建水师提督官署景观很接近。从英方的记载可知，除了福建水师

图2　《厦门志》中的厦门城池图

---

① 福建师范大学历史系福建地方史研究室编《鸦片战争在闽、台史料选编》，福建人民出版社，1982，第192~193页。
② 福建师范大学历史系福建地方史研究室编《鸦片战争在闽、台史料选编》，福建人民出版社，1982，第193页。

提督衙署外，英军还占据了海防同知、厦门兴泉永道台衙门以及城外的总督行寓、关税公所等，可以说，当时设于厦门城内外的主要官署无一幸免。

英军在占领了城中的主要官署后，并没有向岛内的纵深处延伸，而是略做休整，等待北上的有利风向。英军利用这段时间，开始对清军战前在厦门岛内及外岛上建造的大量工事进行大规模的破坏。根据伯纳德的记述，这项工作落到了"复仇女神号"和其他几艘舰船身上。

> 30 日和 31 日，复仇女神号受委派承担了这一重要任务。在弗莱彻指挥官（Fletcher）的带领下，它与两艘小轮船和其他船只，以及来自威里士厘号、伯兰汉号和德鲁伊号上的一队船员和海军陆战队员一起，前去摧毁位于海湾西南侧的一些炮台和火炮。这次，5 座炮台或野外工事和 42 门火炮被占领并摧毁。第二天，其他几座同样的炮台也被摧毁。位于海湾东部入口处的金门岛上的一座小炮台附近驻扎有一群中国士兵，也被我们驱散了，几门大炮、火绳枪、九抬枪以及大量的火药等都被销毁。总计一天之内共有 77 门大炮和 4 个炮台被摧毁。[1]

英军此次攻占厦门后只实行有限占领，而没有长期控制全城，其主要原因当然不会是像伯纳德在《复仇女神号航行作战纪事》一书中提到的是担心引发秩序混乱而殃及城市居民，而是因为此次英军侵华的用意本就是通过武力打击，逼迫清朝屈服，进而签订不平等条约，同意开放口岸通商。对于英军而言，占领厦门城并不是明智的选择。随船而来的英国全权代表璞鼎查（Henry Pottinger）认为，只需要在鼓浪屿留下一小部分驻军，而英军应该尽快向北移动，攻打浙江。因此，厦门城虽然被英国侵略者"搬空"，但也逃过了被长期占领的命运，而鼓浪屿则被选中作为英军驻守的战略要地。

1841 年的鼓浪屿

如前所述，除了厦门城，此次英军的另一个重要占领目标是鼓浪屿。英国人认识到鼓浪屿岛完全控制着通往厦门的道路和港口，因此，对于鼓浪屿的军事作用十分重视。

---

[1] 转引自福建师范大学历史系福建地方史研究室编《鸦片战争在闽、台史料选编》，福建人民出版社，1982，第 181 页。

厦门港位于一个同名岛屿的西南角，它和另一个叫金门的岛屿一起，占据了一个大海湾相当大的部分。然而，在这个海湾中还有许多较小的岛屿。在这些岛屿中，我们最感兴趣的是鼓浪屿岛，它与厦门之间只隔着一条狭窄的通道，直接通向厦门内港。事实上，占领鼓浪屿（我们现在仍然占据着这个岛屿），厦门本身或者更恰当地说它的城市与市郊就都处在我们完全控制之下了。厦门是多山且迷人的，无论是海湾内还是城区周围的风景都美丽如画。有几条相当大的河流注入海湾，方便了厦门与内陆地区的交通。这个港口的优越性远超军官们的预期。①

当时厦门守军也在鼓浪屿上构筑了数座炮台，并安放大炮。根据伯纳德的观察，鼓浪屿上的防御工事也颇为牢固。

为了防守厦门城的入口处，他们又在鼓浪屿这座小岛上设置了坚固的堡垒，该岛与厦门之间的水道不超过 600 码。事实上，这个岛是厦门的钥匙，在厦门城和厦门岛归还给中国人时，它仍被我们所占领。当时中国人已经在堡垒上安放了不少于 76 门的大炮，包括已经架好的以及尚在架设中的。的确，他们不遗余力地企图使厦门能够防御得更加完善。②

在攻打石壁炮台的同时，英军也向鼓浪屿发起了进攻。英舰"布朗底号""德鲁伊号"和"摩底士底号"驶向鼓浪屿附近洋面，并开始炮击鼓浪屿岛上的清军炮台。

骇人的大炮轰鸣声从四面八方响起，在周围的山峰中回荡。在一小时二十分内，鼓浪屿岛上的三个主要炮台被打哑了，义律上尉带领着约一百七十人的海军陆战队在该岛登陆，并在没有任何损伤的情况下占领了后方的高地。第 26 团的三个连队也被指派担任这项任务，但运输船的距离较远，只能够把他们的一个小分队运到并在约翰斯通少校的指挥之下及时登陆，协助进行肃清炮台。在此期间，由斯宾塞中尉指挥的皇家炮兵分队也被迅速调到布朗底号上，投入了战斗。③

---

① 转引自福建师范大学历史系福建地方史研究室编《鸦片战争在闽、台史料选编》，福建人民出版社，1982，第 168~169 页。

② 转引自福建师范大学历史系福建地方史研究室编《鸦片战争在闽、台史料选编》，福建人民出版社，1982，第 170~171 页。

③ 转引自福建师范大学历史系福建地方史研究室编《鸦片战争在闽、台史料选编》，福建人民出版社，1982，第 173~174 页。

在压制住清军炮台之后，英军开始从沙滩登陆，守卫炮台的清军一开始顽强抵抗，但很快就被击溃了，英军占领了鼓浪屿。向内港推进的英舰"布朗底号""德鲁伊号"和"摩底士底号"夺取了清军的一批尚未投入使用的水师战船，而且他们还在鼓浪屿附近发现了一个大型造船厂，里面堆放着大量的用来造船的木料，在一座欧式的干船坞上，还停着一艘正在建造中的 300 吨帆船，英国人发现当时厦门水师的造船技术"已经前进了一大步"。为了控制鼓浪屿及威慑厦门城，英军指挥官郭富在鼓浪屿岛上留下了"德鲁伊号""卑拉底士号"和"阿尔吉林号"等三艘战舰以及第 26 团、第 18 团的部分士兵、一个炮兵分队，共约 550 人，分别由史密斯和约翰斯通指挥。

英军在占领鼓浪屿后，通过对当时鼓浪屿的近距离观察，他们记录下了口岸开放前夕的鼓浪屿景观。伯纳德后来这样描写他所见到的鼓浪屿情况：

> 鼓浪屿岛自被占领以来，一直保留在我们手中。这个岛值得说一说，它长约一英里半，宽约四分之三英里，但其形状非常不规则。地多岩石，起伏不平，大部分是不毛之地，但也夹杂着不干净的稻田，使得这个地方的环境极不卫生。事实上，一段时间内我们驻扎在那里的部队的死亡率非常高，几乎没有一个军官没生过病，对很多人而言这无疑是致命的。然而，中国人似乎没有受到什么影响，因为岛上有几座整洁甚至雅致的乡间别墅，装饰着雕刻精美的木家具，似乎是厦门一些富人的休养地。[①]

根据英国军官奥特隆尼（John Ouchterlony）的说法，留在鼓浪屿的英军部队是驻扎在"几处宽敞的房屋与庙宇里"。我们知道，要容纳 500 多人的大部队，必须是较大的房屋才行，可想而知，伯纳德上面提到的几处鼓浪屿上的大宅子，估计会被英军当作临时驻军的营房了，这也说明早在 1841 年之前，鼓浪屿上已经出现了较大的中式建筑群。此外，鼓浪屿很早就建有不少宫庙，典型者如兴贤宫、三和宫等。在英军攻占鼓浪屿的 28 年前即清嘉庆十八年（1813 年），当时的福建水师提督王得禄因率水师围剿海盗蔡牵获胜，捐资重建三和宫，厦门城的"行户巨商"也踊跃捐款，重修后的三和宫"栋宇垣墉，崇闳坚致"[②]，一时成为岛上规制宏伟的建筑，而驻岛英军估计也夺占了这座妈祖庙。

对于这一时期的西方人来说，东方宗教虽然神秘，但它是为基督教所不能容忍的

---

① 转引自福建师范大学历史系福建地方史研究室编《鸦片战争在闽、台史料选编》，福建人民出版社，1982，第 182 页。
② 王得禄：《重兴鼓浪屿三和宫记》，碑见今鼓浪屿鼓新路 49 号旁岩壁。

"异端"。近代英国在对外殖民扩张过程中，传教往往如影随形，例如这次跟随英军入侵厦门的就有著名的传教士郭士立（Karl Gützlaff）。由于精通中文，他扮演了翻译官和劝诱当地居民充当间谍、收集情报的不光彩角色。受基督教的影响，当时的英国人普遍认为中国人崇拜偶像，亟须"救赎"，如此也不难理解为何英军会将鼓浪屿上的宫庙霸占为营房，因为对于英军而言，这些宫庙不仅空间广阔，而且占据这类公共寺庙空间，也含有一种文化征服的隐喻。与此同时，类似伯纳德这样的英国殖民军人，对于在鼓浪屿岛上的基督教传播十分重视，他记载了当时已经在岛上活动的传教士和基督教情况：

> 有几位美国传教士已在鼓浪屿居留下来，无疑在不远的将来，他们一定会成功地赢得许多厦门居民的重视和好感。这个蒙昧的中华帝国终于为传教事业开放了无限广阔的天地。虽然还不能说这个国家已经许可外国人入境，但中国政府对外国人的敌意已有了实质性的改变。①

伯纳德认为"作为基督徒的国家，不能错失这个获益的天赐良机"。因此他强调英国要抓紧向中国派出传教士传教。他也看到了医疗传教的特殊作用，并谈到了在这一领域与美国人的竞争问题：

> 特别是自战争开始以来，为什么在这项伟大而光荣的工作中，美国人总比英国人更胜一筹？多年来，一位才华横溢的医学传教士伯驾博士在广州向中国人发放了他的双重祝福，他可以证明从最高层到最低层的人都有感激之情，他们都愿意接受他的建议，以及他双重身份下的教导。在澳门、香港、鼓浪屿和舟山，美国人都领先我们一步。②

可以说，上述伯纳德等人的记述，揭示了鼓浪屿在1842年口岸开放之前不为人知的一些细节情况。从1841年8月26日开始进攻厦门到1841年9月5日撤出厦门城，此次英军侵占厦门前后十天，但英军对鼓浪屿的占领一直持续到1845年3月，在清政府第五次分期赔款付清后，英军才从鼓浪屿撤出。而通过条约体系，1843年11月英国

---

①　转引自福建师范大学历史系福建地方史研究室编《鸦片战争在闽、台史料选编》，福建人民出版社，1982，第182页。

②　W. D. Bernard, W. H. Hall, *Narrative of the Voyages and Services of the Nemesis from 1840 to 1843*, London: Henry Colburn, 1844, p. 353.

人获准在厦门设立领事机构，此后列强陆续在鼓浪屿岛上修建办公楼和公馆，由此也揭开了鼓浪屿作为国际历史社区的景观构造时代。

结　语

作为与早期全球化有着密切联系的海洋型城市，厦门的城市景观生产显然离不开全球范围内的海洋活动及随之而起的普遍文化联系。从城市史来看，1842 年无疑是对厦门产生重大影响的一个关键时间节点。这一年，随着中英《南京条约》签订，厦门被列为五个对外开放的口岸之一，从此进入了一个新的时期，厦门的城市景观也随之发生了一系列的变化。然而，对于迈入口岸时代前夕的厦门而言，1841 年则是这个城市的另一个重要历史时间。英国人所发动的侵略战争，对厦门及鼓浪屿造成了重大的破坏，但围绕这一历史事件所形成的各种书写活动，从另一角度给这座滨海城市创造了各类记忆文本。类似伯纳德及"复仇女神号"的厦门叙事，蕴含着丰富的厦门近代城市景观信息，为我们今天研究厦门城市历史及其遗产，提供了一个全球史的视角。

鼓浪屿娱乐场所有权转让初探

——基于英国国家档案馆馆藏英文原始文献资料解读

詹朝霞[*]

摘　要：本文通过对英国国家档案馆馆藏英文原始文献资料的梳理和解读，试图勾勒出 150 年前鼓浪屿娱乐场（Recreation Ground，今鼓浪屿人民体育场）地块购置及其产权变更流转过程，以及英美两国驻厦领事馆围绕此地块所有权归属问题，所产生的长达 30 多年的争议和诉讼。其间牵扯到道路委员会、鼓浪屿工部局、鼓浪屿草地网球及板球俱乐部等机构团体，甚至一度提交到英美两国驻华大使及美国华府。可谓持续时间长，牵扯范围广，很具典型个案价值。希望借此抛砖引玉，为鼓浪屿早期土地租售产权流转提供一个可资研究的典型个案。

关键词：鼓浪屿娱乐场　番仔球埔　产权流转

一　鼓浪屿娱乐场研究之概述

鼓浪屿娱乐场（Recreation Ground）即老鼓浪屿人口中所称的"番仔球埔"，即今鼓浪屿人民体育场，也称马约翰体育场。因为它是厦门最早的体育场而为人所知。其位于日光岩下，黄家花园（前中德记）之东，马约翰广场（前兴贤宫）之西，荷兰领事馆之北，晃岩路之南。其保存完好，历经 150 年而历久弥新，在功能和形式上皆未发生大的改变。其仍然用于公共用途，主要用于以足球为主的体育类比赛和活动。关于它的前世今生，人们也有更多的好奇和探寻。

2008 年 11 月 2 日的《厦门晚报》刊登了新加坡国立大学陈煜博士《鼓浪屿番仔球埔的前世今生》一文，初次揭开了这块场地神秘的面纱。多年后，厦门大学外文学院的王海副教授在英国国家档案馆中搜集发现了大量的有关鼓浪屿娱乐场的英文原始文

---

* 　詹朝霞，厦门市社科院鼓浪屿国际研究中心《鼓浪屿研究》编辑部主任，厦门市政协特邀文史研究员，研究方向为鼓浪屿文史研究。

图 1　19 世纪 80 年代的鼓浪屿娱乐场

图片来源：紫日收藏。

献资料。王海副教授指导学生将这些文献档案初步进行整理录入，打印成册，把一份初校本纸质副本送给我，希望我能对它进行初步研究。正好我对鼓浪屿番仔球埔何以历经 150 年至今仍然保存完好心怀好奇，愿意一探究竟，所以就爽快地答应了。

但真的厚厚一册在手，才知道这本文献沉沉的分量。首先，册页达 215 页之多，文书、电报、票据、往来书信等计 130 多篇。其次，更麻烦的是，其中大多为法律文书，对于非法律专业者来说，确实存在阅读障碍。这样断断续续地翻阅、翻译，不觉时光飞逝，而对本文献的解读依然未竟其功。只是对鼓浪屿娱乐场所有权转让过程有了轮廓性了解。相对于陈煜博士当年所做的难能可贵的轮廓性描述，通过对这些文献的阅读，我顶多有了些轮廓性细部勾勒。对其中生动的细节及法律专业性研究，还有待进一步深入研究。

二　鼓浪屿娱乐场的几种名称

从现有文献中可知，鼓浪屿娱乐场名称屡有变更。一张美国康奈尔大学图书馆馆藏的 19 世纪 80 年代鼓浪屿老照片显示，鼓浪屿娱乐场当时被明确标识为 "Cricket Grounds"（板球场），说明至少在 19 世纪 80 年代前，此场地主要用于板球活动，并且以此命名。在一份 1875 年 9 月 13 日的文书中，有此地块于 1872 年 7 月 30 日为美国领事李仙得（Charles W. Le Gendre）所购买的记录，交易登记于美国驻厦门领事馆契约簿第 84~86 页。交易地块被称为 "Cricket Grounds"。由此可见，鼓浪屿娱乐场最初的

图 2　1909 年的鼓浪屿娱乐场

图片来源：紫日收藏。

名称为"Cricket Grounds"（板球场）。奇怪的是，在一份 1876 年 4 月 30 日的文书中却有"兹将被称为 Recreation Ground 的地块转让绘该委员会。由该会主席 Edmund Pye，司库 Robert Craig 交接"的表述，说明"Recreation Ground"的名称至少自 1876 年 4 月起已开始使用。由此推断，很有可能在一段不短的时间内，即自 1872 年 7 月时任美国领事李仙得购得此地块后，一直到 19 世纪 80 年代，此地块以鼓浪屿娱乐场（Recreation Ground）及鼓浪屿板球场（Cricket Grounds）同时并称。在本册档案文献中，除了上述 1875 年 9 月 13 日文书明确以"Cricket Grounds"（板球场）名称表述外，其他文献几乎均以"Recreation Ground"（鼓浪屿娱乐场）表述。但在 1915 年 10 月制定的《鼓浪屿草地网球及板球俱乐部规则》中，依然出现 Cricket（板球），说明板球一直是娱乐场一项重要的体育活动。

另外，在几乎所有的中文文献中，此块场地都被称为"番仔球埔"。大概当时鼓浪屿本地人对洋人引进的所谓西方体育的各种球类也闹不太清，所以干脆以"番仔球埔"称之，意为外国人玩球的场地。这与"番婆楼"的称谓异曲同工。

三　鼓浪屿娱乐场的购买过程及四界范围

文献资料显示，鼓浪屿娱乐场地块购买的关键人物是李仙得。他于 1866 年至 1872

图 3　20 世纪 20 年代以前的鼓浪屿娱乐场

图片来源：紫日收藏。

年出任美国驻厦门领事。1947 年 9 月 25 日标记为 FEE NO. 16544 的档案附录，详细记录了鼓浪屿娱乐场的购买过程。附件 1 中显示，1872 年 7 月，李仙得从 8 个中国人手中购买了 9 块地块或地基的永久租赁权。8 个中国人的名字以罗马字拼音如下：Wang Ee San、Hong San、Hong Lak Koa、Hong Kait、Su Tiang Yok、Hong Siu、Hong Chhi Hiang Tong、Hong Liss。但付款者却非李仙得，而是英国商人，德记洋行（Tait & Co.）的帕特森（John Paterson）及 Ellas 公司的佩伊（Randall H. Pye），他们为此支付了 1305 美元给这 8 个中国人。而李仙得象征性地收取 1 美元，作为法律上的转让手续。即这 9 块地块或地基以李仙得的名义购买，但在 8 份契约上签名的是帕特森和佩伊。亦即李仙得将 9 块地块或地基永久转租给帕特森和佩伊。二人拥有永久租赁权及享有上述 8 份租约的全部权利。二人并向李仙得提出申请，将场地用于娱乐场，或者用于他们认为适宜的其他合法用途。此次交易登记于美国驻厦门领事馆契约簿第 84~86 页。交易地块被称为"Cricket Grounds"。

契约中对 9 块地块或地基的四界有明确的描述：

北　与榕林别墅（Villa of the Banyans）之间 12 英尺宽的道路。

东　与海关平房（Customs Bungalow）之间 10 英尺的道路。

南　10 英尺的道路。

西　一条不规则道路把板球场与凯莉别墅（Kelly Villa）区分开来。

总面积 800 平方丈左右。

文献中所描述的鼓浪屿娱乐场的位置和面积与现在的鼓浪屿人民体育场相比，几乎没有发生任何改变。

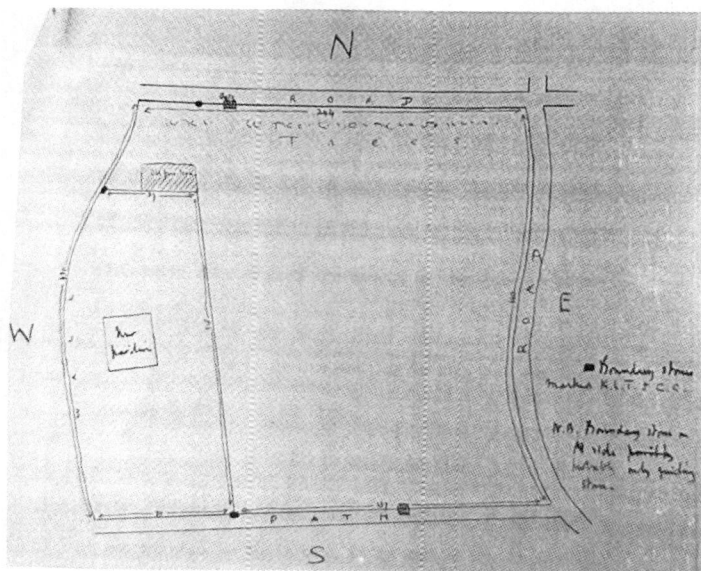

图4　1899年鼓浪屿娱乐场四至图
图片来源：英国国家档案馆馆藏。

四　鼓浪屿娱乐场的所有权转让过程

综合本册档案文件，现将鼓浪屿娱乐场的产权转移及流变过程简述如下。

1872年7月30日，美国领事李仙得从8个中国人手中购买了9块地块或地基的永久租赁权，并同时将其转租给英匡商人德记洋行（Tait & Co.）的帕特森及Ellas公司的佩伊。购地款1305美元由帕特森和佩伊支付给8个中国人，李仙得象征性地收取1美元转租金。

1875年9月13日，佩伊以850美元将其拥有的那部分产权转让给帕特森。此次产权转让得到时任美国驻厦门领事J. J. Henderson的批准，并由美国驻中国总领事C. E. Gauss签阅。

1876年4月30日，帕特森以1700美元将鼓浪屿娱乐场转让给厦门外国人道路委员会（Foreign Road Committee of Amoy）。由该会主席Edmund Pye，司库Robert Craig交接。此次转让由帕特森自述，其律师勿汝士（Robert H. Bruce）签字钤印，证人T. G. Harkness签字，美国驻中国总领事C. E. Gauss签阅。

1902 年，鼓浪屿道路委员会的权利转由《厦门鼓浪屿公共地界章程》下所成立的鼓浪屿工部局接管。两份转让地契的第一份为手写，美国领事安德森眼见为实。第二份没有证据显示向美国领事报告过。

1913 年，由于英国商人佩伊和帕特森离开厦门，却没有指定专人处理其在厦门的事务，美国领事因此主张鼓浪屿娱乐场财产所有权应归还美国政府。

图 5　20 世纪 20 年代后的鼓浪屿娱乐场（从黄家花园望下去）

图片来源：紫日收藏。

五　英美两国针对鼓浪屿娱乐场的所有权转移所产生的争议

至此，美国领事与英国领事之间就鼓浪屿娱乐场的所有权归属问题，展开了长达 30 多年的争议。双方公函、电报你来我往，各执一词，互不相让，官司一直打到北京驻华公使处。其间鼓浪屿道路委员会、鼓浪屿工部局、鼓浪屿草地网球及板球俱乐部等机构皆牵扯进来。让人啼笑皆非的是，小小的鼓浪屿娱乐场所有权之争，居然演变为两国外交事件，估计这也是当事双方领事始料未及之事。而作为财产所在国的中国当局却没有在其间扮演角色和发出声音，可能并不是置身事外，而是无从插手。

英美两国领事就鼓浪屿娱乐场所有权争执的焦点在于，佩伊和帕特森离开中国并去世，没有留下专人处理他们在厦门的事务。帕特森的律师勿汝士经手将鼓浪屿娱乐场所有权转让给道路委员会之事是否有向美国领事馆备案并批准？这一点在最初的契约中有规定，任何转让须经美国领事馆备案并批准，否则一切转让无效。1913年美国驻厦领事梅纳德（Lester Maynard）对此持有异议，几番与时任英国驻厦领事里特（H. A. Little）文电交锋，提出1876年英国人帕特森将鼓浪屿娱乐场所有权转让给道路委员会，因未经美国领事馆备案和批准而无效，应收回所有权，归美国政府所有。为此远在华盛顿的美国国会也介入进来。美国领事梅纳德为了主张对该娱乐场的所有权，还竖立了一块界石。这块界石的竖立使争议进一步升级。英国领事让人将界石移走，但移走界石的可能是鼓浪屿草地网球及板球俱乐部的人，并据称得到了鼓浪屿工部局巡警的帮助。美国领事对此提出强烈抗议。此事件甚至惊动了美国驻华大使和英国驻华大使，上升到北京公使团裁决。而在此期间，鼓浪屿娱乐场的实际管理和维护由鼓浪屿草地网球及板球俱乐部负责，因此该机构也被牵扯进来，当然他们是站在英国这一边的。所以整个争议过程，美国领事似乎一直未见占上风。1917年的一份文献中列举双方档案文件显示，鼓浪屿娱乐场所有权转让给道路委员会，以及之后1902年道路委员会的职责由鼓浪屿工部局取代，从而由工部局接管，由鼓浪屿草地网球及板球俱乐部具体负责管理和日常维护，皆有文件支持，从而不存在美国领事所指出的原始契约执行有瑕疵的指控。此事从而得以暂告一段落。

图6 20世纪30年代的鼓浪屿娱乐场

图片来源：紫日收藏。

六　几点小结

通过以上对鼓浪屿娱乐场所有权转让过程及英美两国领事为此展开长达30多年的争议和申诉的梳理，可以得出以下几点结论。

（1）鼓浪屿娱乐场演变为今天的鼓浪屿人民体育场，历经150年，改变的只是名称，而用于公共用途和体育活动的原始契约约定没有改变。不能不说这是契约精神在中国得到体现的一个典型个案。

（2）美国领事之所以就鼓浪屿娱乐场所有权与英国领事展开旷日持久的争议和申诉，最终目的并非为了将所有权收归其有，而是美国领事认为佩伊和帕特森之后的承转人有违原始契约精神，鼓浪屿娱乐场未为鼓浪屿全体外国人使用，而只为鼓浪屿草地网球及板球俱乐部使用，执行契约条款有瑕疵，所以主张收回所有权归美国政府所有。他们维护的是契约精神。

（3）英美两国领事虽然在争执中"寸土不让"，但始终持之以礼，在法律的范围内沟通谈判，体现了契约精神。

（4）本案例中，中国作为诉讼标的物所在地，未见出现在文献卷宗的表述中，但不能因此得出中国在此事件中角色缺席的结论。因为此档案卷宗皆为英文文献，而中文文献阙如。

（5）此案例为物权法提供了难得的案例，可从法律专业、国际关系等多学科多角度进一步进行研究。

附录：

一　《鼓浪屿草地网球及板球俱乐部规则》（1915年10月制定）

1. 此俱乐部名称为"鼓浪屿草地网球及板球俱乐部"。

2. 入场费为6美元。

3. 会员年费为16美元/人，每季度提前支付。

4. 管理委员会由五位成员组成，由其管理俱乐部，并有权增加其数量，但委员会人数始终为单数。

5. 荣誉秘书及财务主管的职责由年度大会上选出的委员会中一至两名成员履行。所有收据应由财务主管签署；所有条例细则和命令应由秘书签署，如果二者各有其人。

6. 所有外国社区的成员皆有资格成为俱乐部成员。

7. 每年10月召开年会，通过财务报表及选举下一年管理者。

8. 应五位成员要求，随时可召开特别年会。但应向荣誉秘书提交书面申请，陈请缘由和提案。荣誉秘书应给予提案人七天的通知期。

9. 如果委员会中有任何委员退休，其余委员可选举一名俱乐部成员补充未到期成员空缺。

10. 会员不可向负责地面的杂役下达任何具体指令。所有涉及杂役行为、场地保养及与俱乐部有关的其他事项的投诉，均须以书面形式向荣誉秘书提出。

11. 除非另有规定，否则所有争议皆应提交荣誉秘书，由委员会解决。委员会的决定为最终决定。

12. 委员会有权制定俱乐部规则细则，但须由下次大会批准。

13. 授权委员会在其认为为了俱乐部利益有权暂停使用俱乐部设施。

14. 除非着适当鞋子，不允许会员或荣誉会员进行草地网球或板球运动。

15. 运动进行期间不允许狗进入。

16. 冬季期间，委员会须安排一周不少于两天的板球日。委员会亦须在一年的其他时间安排一天板球日。

17. 所有作为俱乐部已婚会员家庭成员的女士皆可为荣誉会员。

18. 除非经年会或特别会议三分之二的大多数成员通过，俱乐部规则不得更改。

19. 在厦停留两周以上的访问者，若使用俱乐部设施，每月须支付 1 美元费用。

20. 边远及周边地区的选手使用俱乐部设施，应支付 3 美元，而不是 1 美元，3 个月有效。

21. 本俱乐部的委员可由本社区的任何成员中选举，但须委员会批准。只参加板球、曲棍球和足球的，须遵守俱乐部规则，每年预付 4 美元年费及 1 美元入场费。

22. 俱乐部色彩应为：深蓝及白色衬衫；中场童子军，深蓝带白色饰边；帽子深蓝；旗子蓝色和白色。

周辨明《厦语入门》的词汇教学理念
——一部 20 世纪 40 年代的厦门方言教材

张　旸[*]

摘　要：《厦语入门》（*Halgur Lessons for Beginners*）是中国现代语言学家、厦门大学教授周辨明编写的厦门方言入门教材，1949 年由厦大书同文社出版。词汇教学是汉语方言教材编写中的重要环节，科学合理的词汇教学理念能够提高学习者的学习效率。本文对《厦语入门》的词汇教学理念展开考察分析，总结得出以下发现：（1）围绕日常生活建构类属词群；（2）通过方言对比促进生词理解；（3）重视易混淆词的梳理与辨析；（4）采用多种方式灵活注释生词；（5）巧用组构形式强化生词记忆；（6）借助反义词形成对比与联系；（7）融入语法功能与用法的说明。从国际汉语教学史的视角看，《厦语入门》所体现的词汇教学理念对当代国际汉语教学、闽南方言传承与推广事业具有指导和借鉴意义。

关键词：《厦语入门》　周辨明　厦门方言　词汇教学　国际汉语教学史

一　周辨明及《厦语入门》概述

（一）作者生平与著述简介

周辨明（1891—1984 年），字忭民，祖籍福建惠安，生于厦门鼓浪屿，中国现代语言学家。1911 年毕业于上海圣约翰大学，先后在圣约翰大学和清华大学教授英语，1917 年赴美国哈佛大学进修数学，于 1931 年获德国汉堡大学哲学博士学位。1921 年至 1949 年任教于厦门大学，历任数学系教师、外语系教授、中文系教授、文学院院长、

---

*　张旸，硕士，就职于厦门市一中，研究方向为国际汉语教学史、闽南方言与文化。文中所使用的周辨明《厦语入门》教材图片由美国哈佛大学图书馆提供，特此致谢。

教务长等职，学贯中西、文理兼修，在多学科领域跨界研究且获得卓越成就。1949 年离开厦门大学后，周辨明赴英国剑桥大学讲学一年，讲学结束后移居新加坡继续从事语言教学与研究工作。

周辨明善于运用现代语言学方法研究厦门方言，改革来华传教士设计的闽南白话字。"早在 20 年代初，发起成立'厦语社'，拟定'厦语罗马字'，将闽南白话字的符号标调法改为国语罗马字的字母标调法。"① 在此基础上，他带领鼓浪屿厦语社印行《厦语入门》《厦语短篇小说》等拼音读物，并创办了《指南针》拼音刊物。

图 1　周辨明教授

周辨明一生勤于笔耕，著作等身，尤其在厦门大学任教期间撰写了许多厦门方言研究和教学的论著，如《厦语音韵声调之构造与性质》（1934 年）、《厦语拼音字之改进》（1949 年）、《厦语入门》（1949 年）等。周辨明关于厦门方言研究与教学的论著按出版时间整理成表 1。

表 1　周辨明关于厦门方言研究与教学的论著

序号	专著/论文名	出版时间	出版单位
1	《厦语短篇小说》	1924 年	鼓浪屿厦语社
2	《厦语入门》	1924 年	鼓浪屿厦语社
3	The Phonetic Structure and Tone Behaviour in Hagu (Commonly Known as the Amoy Dialect) and Their Relation to Certain Questions in Chinese Linguistics	1931 年	法国《通报》（T'oung Pao）第 28 卷第 3~5 期合刊
4	《厦语音韵声调之构造与性质》	1934 年	厦门大学
5	《厦语音韵声调之构造与性质及其与中国音韵学上某项问题之关系》	1934 年	《厦门大学学报》第 2 卷第 2 期
6	《厦语拼音字之改进》	1949 年	厦大书同文社
7	《厦语入门》（修订本）	1949 年	厦大书同文社
8	《中英会话三用教本》（国语厦语新文字对照英语口头日用语）	1950 年	新加坡书同文馆
9	《厦语拼音"字母标声"法》	1950 年	《中英会话三用教本》附录，新加坡书同文馆

---

① 柯文溥：《语言学家周辨明》，《厦门大学学报（哲学社会科学版）》2002 年第 5 期。

（二） 教材定位与成书背景

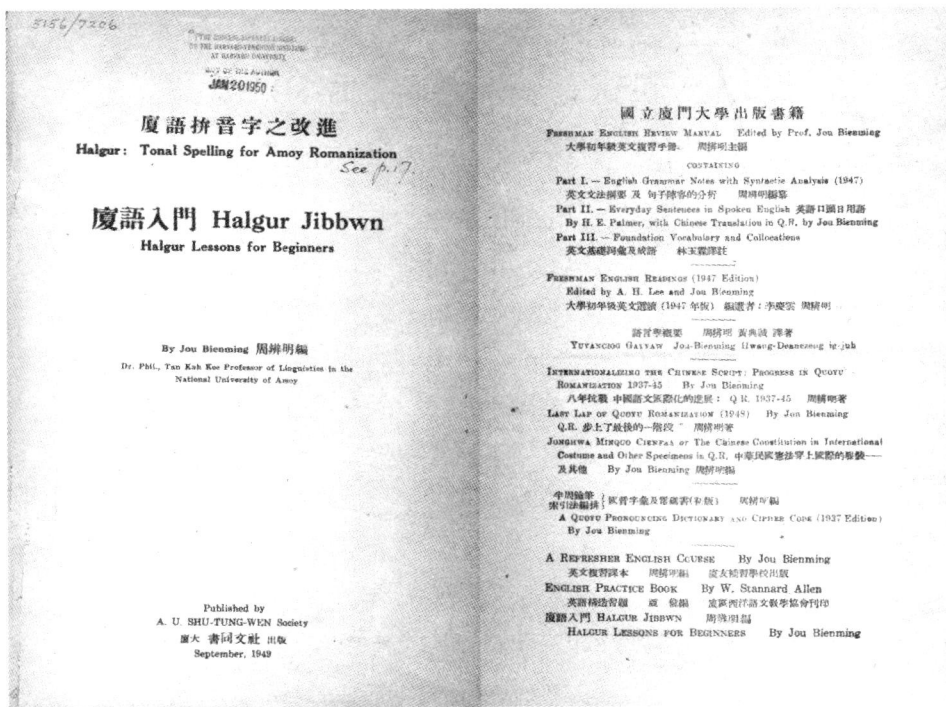

图 2 　《厦语入门》（1949 年厦大书同文社修订本） 一书的扉页和末页

　　在《厦语入门》的序言中，周辨明指出："今年时局关系，外省来厦人士骤增；要学习厦语者，要教厦语者，都苦无适当教本，足资应用，无从问津。这才使我复萌以方言拼音字编书之夙志。"① 因此，我们可以确定教材的适用对象是外省来厦人士，这些人一般具备普通话（国语）和英语基础，掌握汉字。

　　该书最初以 *Lessons in Hagu* 为题在 1924 年由鼓浪屿厦语社出版，周辨明于 1949 年结合最新改进后的厦语罗马字方案重新修订为《厦语入门》，由厦大书同文社出版修订本。《厦语入门》的问世极有可能与国语罗马字运动的同仁赵元任有关，"周辨明与当时著名的语言学家赵元任、钱玄同、刘半农、黎锦熙、林语堂、汪怡组成'竹林七人会'"②。他们不但从学理上讨论国语罗马字，而且提出丰富多彩的建议与方案。周辨明多次支持赵元任的主张，他所提出的原则"与赵元任的'国语罗马字研究'中应该

① 周辨明：《厦语入门》，厦大书同文社，1949，第 1 页。
② 洪卜仁、詹朝霞：《鼓浪屿学者》，厦门大学出版社，2015，第 20 页。

注意的原则有许多相同之处"①。此外，由周辨明所编的《国语罗马字新读本》还将赵元任的国语留声机片课本内容全文收录。由此可见二人意见相近、关系友好。二战结束之后，赵元任整理并修改美国哈佛大学的授课讲义，在 1947 年和 1948 年先后出版了《粤语入门》（*Cantonese Primer*）和《国语入门》（*Mandarin Primer*）两部教材，分别以粤语罗马字和国语罗马字为语码来引导口语教学、以厦语罗马字编成的《厦语入门》在书名和整体编排体例上也与这两部教材存在不少相似之处。②

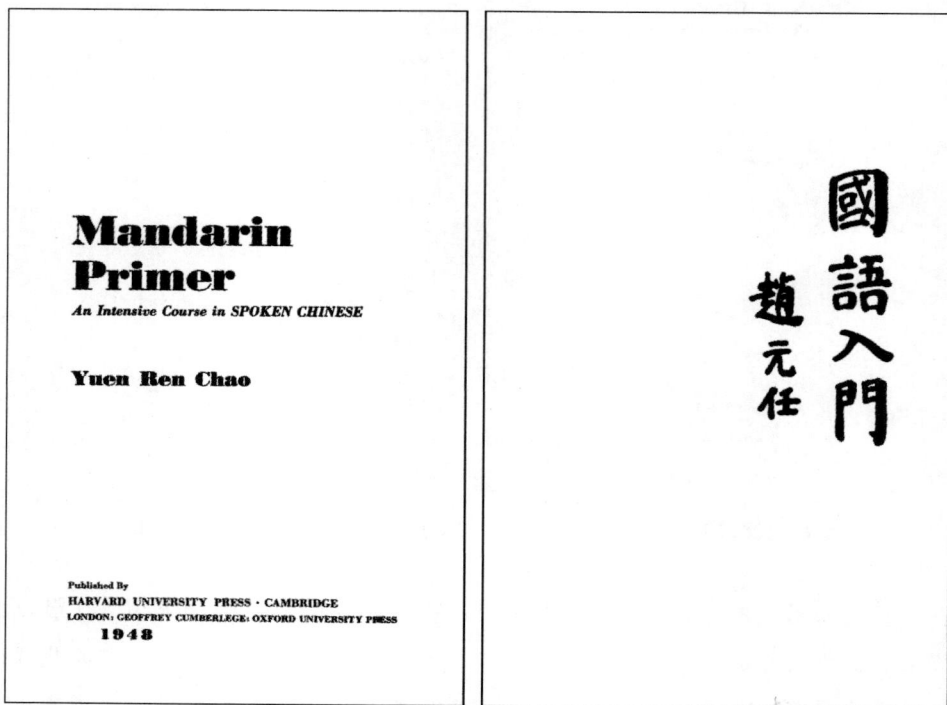

图 3 赵元任《国语入门》（1948 年哈佛大学出版社出版）一书的扉页和书名页

（三）编排体例与教学内容

《厦语入门》是一部基础而实用的厦门方言口语教材，全书仅 17 页，主要包括两大部分，详见表 2。

---

① 高艳利：《留学生与国语罗马字运动》，《徐州师范大学学报（哲学社会科学版）》2009 年第 2 期。
② 除《粤语入门》《国语入门》《厦语入门》外，同类书名、编排体例相似的教材还有赵元任的学生罗杰瑞（Jerry Norman）、陈立鸥合编的福州方言教材《闽语入门》（*An Introduction to the Foochow Dialect*），1965 年旧金山州立大学出版。

表 2 《厦语入门》概况

标题	具体内容
第一部分 厦语拼音字之改进 （Halgur：Tonal Spelling for Amoy Romanization）	1. 厦语字母（The Halgur Alphabet） 2. 声调符号专用字母（Special Tonal Letters） 3. 元音（Vowels） 4. 音缀辅音（Syllabic Consonants） 5. 首母（Initials） 6. 声调尾母（Tone Finals） 7. 韵母声调表（Table of Tone Rimes） 8. 鼻音符（Nasal Sign） 9. 轻声符（Enclitic Sign） 10. 复符字母（Reduplicative Signs） 11. 声调练习（Tone Drill） 12. 声调转移练习（Tone-Shift Practice） 13. 样文（Specimen Texts）
第二部分 厦语入门 （Halgur Lessons for Beginners）	第一课至第十二课（Lesson 1 to Lesson 12）

注：由于出版时间较早，部分术语的中文译名有些过时，与当代汉语语言学通用的概念名称略有不同。

由表 2 可知，第一部分是序言"厦语拼音字之改进"，展示教材所用的厦语罗马字拼音系统，讲解厦门方言的声母、韵母和声调系统，并进行练习；第二部分是教材主体"厦语入门"的 12 课，教学内容是厦门方言的常用词语，每课先展现生词，再由这些词组成词组、句子和对话，每个项目分列三行，除了厦语罗马字拼写的厦门方言外，还附有对应的英文释义和普通话汉字语码。

二 《厦语入门》 所体现的词汇教学理念

作为一部汉语方言教材，《厦语入门》的词汇处理方式是教材编写中的重要环节，科学合理的词汇教学理念能够提高学习者的学习效率。我们聚焦《厦语入门》的词汇教学理念，通过考察分析得出以下发现。

（一）围绕日常生活建构类属词群

作为入门课程，词汇教学必须精选重点生词，保证常用先学。《厦语入门》主张以厦门方言基本词语优先，在教学中以日常生活为话题来收录词语，组成类属词群来展开教学。所收录的这些词在日常生活中普遍出现，大量使用，构词造句的能力也较强。例如《厦语入门》第 4 课关于人体部位的词：

1. thaau, phil^{n}, bag, hil'ar, chhuif, chiq, na'aau, almkurn, kha, chhiur.
頭 鼻 目 耳 嘴 舌 喉 脖子 脚 手
head, nose, eye, ear, mouth, tongue, throat, neck, foot, hand.

2. kun, kut, phee, bah, mngz, huih. sim, hif, wil, tngxar, py, siln.
筋 骨 皮 肉 毛 血 心 肺 胃 腸 脾 腎
tendon, bone, skin, flesh, hair, blood. heart, lung, stomach, intestines,
[pancreas, kidneys.

3. thaaukhak, thaauhiaq, bagchiu, bagbaai, phil^{r}khang, hilkhang, hengkharm,
頭髓 頭額 眼睛(珠) 眉毛 鼻孔 耳孔 胸(坎) 腹(肚)
the head, forehead, eye(ball), eyebrow, nostrils, ear, chest, belly. [paktour.

4. chhuiftwn, chhuifchhiu, chhuifkhir. toalpoulbur, chngrthaau'ar, chngr-kah,
嘴唇 鬍鬚 牙齒 大拇指 指頭 指甲
lips, whiskers, teeth. thumb, fingers, finger-nail, [kha-kah, pheehu.
toe-nail, skin. 脚趾甲 皮膚

图 4 《厦语入门》关于人体部位的词

第 5 课关于亲属关系的词：

1. laam, lur. tapou, chabour. ang, bour. hu-chhe. tionqhu, huljynlaang
男 女 男人(查夫) 女人(查某)(翁)(某) 夫妻 丈夫 主婦
male, female. man, woman. husband, wife. man and wife. spouse.

2. toallaang, ginnar. churlaang, laangkheh. chhinchhek, peeng'iur.
成人(大人) 孩子(囝) 主人 客人(人客) 親戚 朋友
adult, child. host, guest. relatives, friends.

3. laolpel, laolbur. hia^{n}til, chirbel. toalhia^{n}, seotil. toalchir, seobel.
父 母 兄弟 姊妹 哥哥 弟弟 姐姐 妹妹
father, mother. brothers, sisters. elder-b., younger-b. elder-s., younger-s.

4. kiar^{n}, chabourkiar^{n}. tidar, tidlur, goelseng. sun. arnkong, arnmar.
兒子 女兒 姪子 姪女 外甥 孫 祖父(阿公) 祖母(阿媽)
son, daughter. nephew, niece, sister's son. grandchild. grandpa, grandma.

5. peh, mr; chek, chirm. kul, kilm. kou, koutiul^{n}. y, ytiul^{n}.
伯 伯母(姆) 叔 叔母(嬸) 舅 妗 姑 姑丈 姨 姨丈
paternal uncle, maternal uncle, paternal aunt, maternal aunt,
his wife. his wife. her husband. her husband.

6. tiul^{n}laang, tiul^{n}mr. sor, telhul. chirhu, belsay. simpul, kiar^{n}say.
岳父(丈人) 岳母(丈姆) 嫂 弟婦 姊夫 妹婿 媳婦(新婦) 女婿
father-in-law, mother-in-law. sister-in-law. brother-in-law. daughter-in-law, son-in-law.

图 5 《厦语入门》关于亲属关系的词

第 6 课关于日期、季节的词：

1 Chid lerpay: Lerpayjid, Payit, Payjil, Paysa^{n}, Paysif, Paygoul, Paylag.
一禮拜 禮拜日 拜一 拜二 拜三 拜四 拜五 拜六
One week: Sunday, Monday, Tuesday, Wednesday, Thursday, Firday, Saturday.

2. Chhun, Hal(hel), Chhiu, Tong(tang). Kulny, kinny, meeny. tag-ny.
春 夏 秋 冬 去年 今年 明年 逐年
Spring, Summer, Autumn, Winter. Last year, this year, next year. every year.

3. Chia^{n}geq chhue-it, Sinchia^{n}. Goulgeq chhue-goul, Tuan'ngour-Choeh.
正月 初一 新年 五月 初五 端午節
First Moon 1st, New-year's day. Fifth Moon 5th, Dragon Boat Festival.

4 Poehgeq chabgoul, Tiongchhiu-Choeh. Chabjilgeq jilkao-my: wi-lov, kefny.
八月 十五 中秋節 十二月 廿九夜(暝) 圍爐 過年
Eighth Moon 15th, Mid-Autumn (Harvest Moon) Festival. Twelfth Moon
29th night (New-year's eve): meal around fireplace, to enter on a new year.

图 6 《厦语入门》关于日期、季节的词

一般来说，汉语教材在编排和展示生词时有几种思路：按照词类排列、按照词语难度等级排列、按照相关意义排列等。由图 4 到图 6 不难看出，《厦语入门》围绕日常生活建构类属词群，在生词展示上显然属于按照相关意义排列，即根据词和词之间意义的关联性来排列组合，周辨明如此编排的着眼点在于"帮助学生记忆，把孤立的词组成有机的、相互联系的语言材料存入大脑"①。

（二）通过方言对比促进生词理解

厦门方言词汇主要有四大来源：古语词、普通话语词、闽南方言特有词和外来词。对外省来厦人士而言，和普通话同形同义的词相对容易掌握，词汇学习的重心应该是古语词和闽南方言特有词，《厦语入门》非常重视这两类词。厦门方言古语词的特点是"普通话已不用，汉语其他方言（闽方言除外）也少用或基本不用，但在厦门方言却仍然活跃于口语中"②。下面举些《厦语入门》收录的例子。

表 3　《厦语入门》古语词例

厦语	kwai^n	kel	soef	simpul	armbee	chheh
汉字	高（悬）	低（下）	小（细）	媳妇（新妇）	粥（糜）	书（册）
英文	high	low	small	daughter in law	congee	book
课时	第 3 课	第 3 课	第 3 课	第 5 课	第 9 课	第 10 课

实际上，厦门方言中源自古语词的数量不少，这些古语词与普通话里的对应表达完全不同。因此周辨明同时给出普通话的汉字语码，并以括号标注厦门方言古语词的本字，例如普通话的"高"对应厦门方言古语词的"悬［kwai^n］"；普通话的"小"对应厦门方言古语词的"细［soef］"；普通话的"书"对应厦门方言古语词的"册［chheh］"。这样的处理方式有利于帮助学习者建立音与义的联系。

闽南方言特有词指"本方言区人民在长期生活的历史过程中创造出来的有别于普通话叫法和其他方言（闽方言除外）叫法的方言词语"③。下面举些《厦语入门》收录的例子。

---

① 周小兵、李海鸥主编《对外汉语教学入门》，中山大学出版社，2004，第 163 页。
② 周长楫、欧阳忆耘：《厦门方言研究》，福建人民出版社，1998，第 214 页。
③ 周长楫、欧阳忆耘：《厦门方言研究》，福建人民出版社，1998，第 217 页。

表 4 《厦语入门》闽南方言特有词例

厦语	horthi^n	ang	bour	laangkheh	e'hng
汉字	晴天（好天）	丈夫（翁）	妻子（某）	客人（人客）	晚上（下昏）
英文	good weather	husband	wife	guest	evening
课时	第 3 课	第 5 课	第 5 课	第 5 课	第 9 课

由表 4 可知，闽南方言特有词的情况更为复杂，可以具体分为：（1）与普通话概念相同但所有语素不同，例如普通话的"晚上"对应闽南方言特有词的"下昏 ［e'hng］"，有的甚至连音节数都不同，例如普通话双音节结构的"丈夫""妻子"在厦门方言中可用单音节"翁 ［ang］""某 ［bour］"表达；（2）与普通话概念相同，一个语素和普通话相同，另一个语素为方言语素，例如普通话的"晴天"对应闽南方言特有词的"好天 ［horthi^n］"；（3）普通话与闽南方言词序相反，例如普通话的"客人"对应闽南方言特有词"人客 ［laangkheh］"。由此可见，精通普通话和厦门话的周辨明重视古语词和闽南方言特有词的教学，以方言对比的思想促进学习者对厦门方言词语的理解。

（三）重视易混淆词的梳理与辨析

对学习者而言，易混淆词的辨析是词汇学习的一大难点。在《厦语入门》主体部分的 12 课中，周辨明详细梳理了多组易混淆词并进行对比分析，在讲解的过程中既强调意义上的区别，又非常重视形式上的区别，他充分举例，并借助普通话对应表达和英文释义辅助说明。以《厦语入门》第 1 课对"阮 ［goan/gurn］""咱 ［larn］"的辨析为例，见图 7。

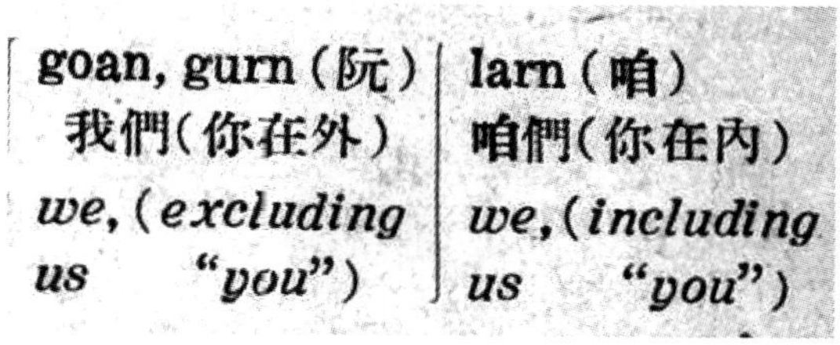

goan, gurn（阮） | larn（咱）
我們（你在外） | 咱們（你在內）
we,（excluding | we,（including
us   "you"） | us   "you"）

图 7 《厦语入门》易混淆词"阮""咱"辨析

由图 7 可知，周辨明巧妙地运用闽南方言和普通话的相通之处展开辨析。厦门方言和普通话的复数第一人称代词都区分包括听话者（咱/咱们）以及不包括听话者（阮/我们）两种形式，规律极为类似。他用汉字写出"阮"和"咱"的普通话对应表达“我们”和“咱们”，并以括号着重强调二者的区分标准：“你”是否在内。“阮”为排除式，不包括听话人；“咱”为包括式，包括说话人和听话人。在此基础上，将二者放在一个例句中，再次突出所指范围的区别，见图 8。

3. Tor chid-ee? Sil larn-ee, mlsil in-ee. Gurn-ee, mlsil lirn-ee.
哪一個 是咱們的 不是他們的 我們的 不是你們的
Which one? It's ours, not theirs. Ours, not yours.

图 8 《厦语入门》易混淆词“阮”“咱”例句说明

在例句创设的语境中，学习者可以更加清楚地认识到“咱们”与“他们”相对，而“我们”与“你们”相对，进而将厦门方言和普通话联系起来，避免在实际应用时混淆。通过周辨明这一精彩的例句，我们应该明确词的教学应当与句的教学紧密结合起来，不能引导学习者孤立地死记硬背生词，而是要放入句中才能深刻体会其含义。

（四）采用多种方式灵活注释生词

优质的汉语教材往往能灵活地采用多种方法来注释生词，《厦语入门》在注释生词时就综合使用了翻译法、举例法和定义法。翻译法指的是以普通话的汉字语码和英文释义来对厦门方言生词进行翻译注释，引导学习者自行搭建厦门方言、普通话、英语三者词语的“一对一”联系。图 9 是《厦语入门》第 11 课对职业的注释。

1. kawwan, iseng, gaa'i, houlsul. kang'iur, chohchhaanlaang, senglirlaang.
教員 醫生 牙醫 護士 工友 農夫（作田人） 商人（生意人）
teacher, doctor, dentist, nurse. labonrer, farmer, merchant.

2. bagchhiul^n, thovchuirchhiul^n. phahthih-ec, phahgwn-ec, lirhoat-ec.
木匠 泥水匠 打鐵的 打銀的 理髮的
carpenter, mason. blacksmith, silversmith, barber.

图 9 《厦语入门》“一对一”词条

然而，许多生词并不存在厦门方言、普通话、英语简单的一一对应关系。对此，周辨明特别留意厦门方言、普通话、英语之间“一对多”关系的词。例如第 1 课的指称代词中，厦门方言的“伊［i］”对应到普通话中有“他”“她”两个词，对应到英语中有主格“he”“she”和宾格“him”“her”共四个词，词语的意义和用法也稍有差别，属于典型的“一对多”关系。同样的还有“因［in］”，教材中都进行了注释。

举例法指的是借助大量的示例来引导学习者理解厦门方言生词的含义，适用于具备上下位关系的生词组。例如厦门方言中，“果子［kerchir］”包含许多种类，有“香

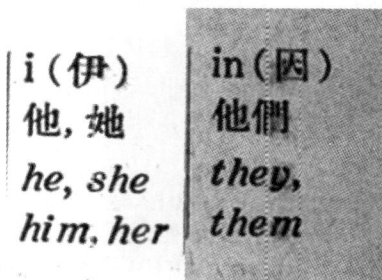

图 10 《厦语入门》"一对多"词条"伊"和"因"

蕉［gengchio］""龙眼［genggerng］""荔枝［naaychi］"等,《厦语入门》第 9 课就对"果子"这个生词采用了举例法,见图 11。

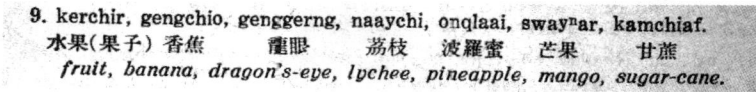

图 11 《厦语入门》举例词条"果子"

定义法指的是采用下定义的方法对厦门方言生词进行注释,适用于抽象词。例如《厦语入门》第 6 课收录了一系列与中国传统节日相关的词,并对"廿九夜［jilkao-my］"采用定义法加以解释说明,便于仅具备英语基础的学习者了解中国人围炉过年的习俗。

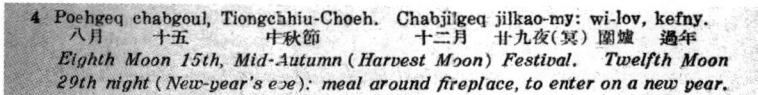

图 12 《厦语入门》定义词条"廿九夜"

(五)巧用组构形式强化生词记忆

《厦语入门》主体部分的 12 课是以语言单位组构(build up)的形式对生词进行编排的,周辨明将每课收录的生词层层组构成词组、句子和对话,并在各个层级的语言单位都提供对应的英文释义和汉字语码,这样的编排有别于一般语言教材的"生词表",使构词能力强且使用频率高的生词在每一课中重复出现,强化理解和记忆。以《厦语入门》第 3 课的"好［hor］""歹［phae"］"为例,周辨明先简明地展示这两个常用词的读音和含义,见图 13。

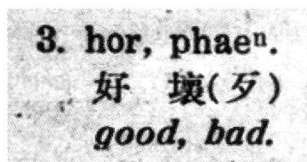

图 13　《厦语入门》生词"好""歹"

当学习者掌握了厦门方言常用词"好""歹"的含义之后，可以分别和动词"看""听"及名词"势""心""天""命"组构一系列的双音节词语，例如"好看""好听""好势""好心""晴天（好天）""红运（好命）""逆运（歹命）"等，由此不断递进，这样一来还有利于感知简单的语法结构概念，如图 14 所示。

图 14　《厦语入门》生词"好""歹"组构形式

如果学习者仅具备英语基础，那么这种组构形式还有利于解释汉语和英语在构词上的差异，减少偏误发生，提高学习效率。例如第 7 课中，在学习者已经掌握"东""西""南""北"等基本方位词后，周辨明就通过双语组构及对比，进一步揭示汉语、英语表示方位的"东南（south-east）""西南（south-west）""东北（north-east）""西北（north-west）"在构词序列上的差异，见图 15。

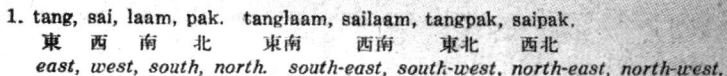

图 15　《厦语入门》生词"东""西""南""北"组构形式

（六）借助反义词形成对比与联系

在《厦语入门》中，周辨明特别重视将生词放到整个词汇系统中去考察。首先，他借助词语之间的聚合关系，围绕日常生活的话题组成类属词群；其次，他依据固定的语义群，将意义相近的词组成同义词群一并讲解，且重视其中易混淆词的梳理与辨析；最后，他还充分运用词的反义关系帮助学习者掌握生词的意义，组成反义词群来展开教学。以《厦语入门》第 3 课关于性质状态的词为例，见图 16。

1. tngx, ter. kwai^n, kel. khoah, oeq. kaaw, poq. kuln, hngl. kirn, baln.
長 短 高(懸) 低(下) 闊 狹 厚 薄 近 遠 快(緊) 慢
long, short. high, low. wide, narrow. thick, thin. near, far. fast, slow.
2. toal, soef. choel, cheo. khin, tanq. ngil, nngr. tenq, phaf^n. khuay, oh.
大 小(細) 多(侈) 少 輕 重 硬 軟 堅實(定) 空(冇) 容易(快) 難
big, small. many, few. light, heavy. hard, soft. solid, hollow. easy, difficult.
(much, little.) (empty)
3. hor, phae^n. chin, ker. sin, kul. chhim, chhean. kuy, siog. pwi, sarn.
好 壞(歹) 眞 假 新 舊 深 淺 貴 便宜(俗) 肥 瘦
good, bad. true, false. new, old. deep, shallow. dear, cheap. fat, lean.

图 16 《厦语入门》关于性质状态的词

像图 16 中由“长”带出“短”的处理方式，将意义相反的两个词安排在同一课中出现，就可以创造出利用反义词释义的机会，帮助学习者形成对比与联系。其他例子又如由“硬”带出“软”，由“轻”带出“重”，由“肥”带出“瘦”，等等。

为了让学习者能够结合一定的语境感受词的反义关系，从而掌握生词的含义，周辨明还编制一些短文来锻炼学习者利用上下文猜测词义的能力，例如图 17 这篇《新酒着入在新的皮囊》就引导学习者明晰“新”和“旧”这一组意义相反的生词。

(B) Sin Chiur tioq jib til sin e Pheeloong (New Wine in New Wine-skins)
新 酒 着 入 在 新的 皮囊

Boolaang thiah sin sa^n| lai pour kul sa^n;| naqsil anni,| chyw oel thiahphoaf sin
無人 拆 新 衫 來 補 舊 衫 若是 如斯 就 會 拆破 新
sa⁰,| koh| sour pour| hit-tef sin-ec| boo haq| til kul-ec.|
衫 復 所 補 彼塊 新个 無 合 在 舊个

Iaq boolaang enq sin chiur| toe til kul| e pheeloong;| naqsil anni,| chyw sin
亦 無人 用 新 酒 貯 在 舊 的 皮囊 若是 如斯 就 新
chiur| beh piakliq pheeloong,| chiur| laaw-chutlaic,| loong| iaq phahphae^n.| Togtog
酒 要 爆裂 皮囊 酒 漏出來 囊 亦 拍歹 獨獨
sin chiur| tioq jib til sin| ϵ pheeloong.|
新 酒 着 入 在 新的 皮囊

沒有人把衣服撕下一塊來，補在舊衣服上。若是這樣，就把新的撕破了，並且所撕下來的那塊新的、和舊的也不相稱。

也沒有人把新酒裝在舊皮袋裏。若是這樣，新酒必將皮袋裂開，酒便漏出來，皮袋也就壞了。但新酒必須裝在新皮袋裏。

图 17 《厦语入门》课文《新酒着入在新的皮囊》

（七）融入语法功能与用法的说明

汉语教学中词汇教学与语法教学往往无法截然分开。周辨明在编写《厦语入门》时，语法解释与词语注解不完全分开，在讲解过程中直接对生词的语法功能、使用条件和常用组配进行补充说明，并以附注的形式融入。融入语法功能与用法的说明主要针对那些复杂的实词和意义相对比较空灵的虚词。

例如在《厦语入门》第 3 课的正文中，涉及大量厦门方言否定词"无［boo-］""唔［ml-］"[①] 的使用，周辨明展示了由否定词构成的一系列词组，见图 18。

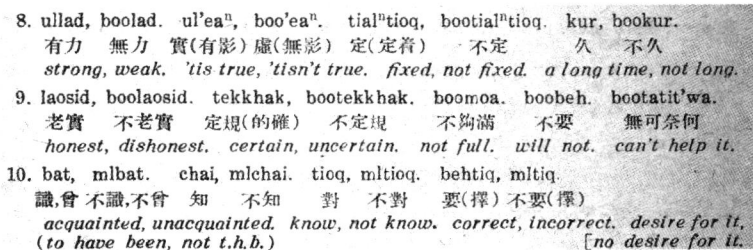

图 18 《厦语入门》否定词词组

由图 18 可知，在这些肯定与否定形式相互对照的词组中，很难单独地对否定词"无""唔"直接进行翻译注释，此时周辨明就在附注中融入对它们的语法功能与用法的补充说明，具体附注内容，见图 19。

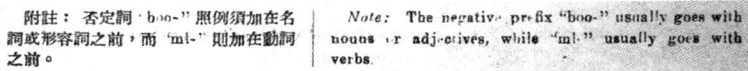

图 19 《厦语入门》否定词语法功能与用法说明

通过图 19 的附注可知，"无"须加在名词或形容词之前，"唔"则加在动词之前，这样就引导了学习者再次回归正文审视由否定词构成的词组，避免受普通话或英语的习惯，将厦门方言否定词的语法规则简单地类推，从而出现偏误。

三 结语：《厦语入门》的研究价值与启示

本文从周辨明与《厦语入门》概述入题，以语言学和国际汉语教学理论为指导，对《厦语入门》词汇教学理念进行具体分析，最终归纳出七点发现：（1）围绕日常生活建构类属词群；（2）通过方言对比促进生词理解；（3）重视易混淆词的梳理与辨析；

---

① 由于《厦语入门》并未提供［boo-］和［ml-］的本字，此处的用字参见林宝卿编《普通话闽南方言常用词典》，厦门大学出版社，2007，第 38 页。

（4）采用多种方式灵活注释生词；（5）巧用组构形式强化生词记忆；（6）借助反义词形成对比与联系；（7）融入语法功能与用法的说明。从国际汉语教学史视角看，这些教学理念值得当代语言教学界深入思考并合理借鉴。

另外，周辨明编写的《厦语入门》充分体现出 20 世纪 40 年代厦门方言的总体情况，其中收录的对话和词语成为民国时期社会生活的一面投影，因此，该书还能为闽南方言与文化研究、民国时期厦门城市社会生活研究等课题提供丰富的资料。

通过本文对《厦语入门》词汇教学理念的总结和解读，我们认为应当加强对早期学者所编的汉语教材展开个案研究，包括官话教材和方言教材。这些教材是优秀前辈语言教学实践经验的理论升华。除了词汇外，《厦语入门》的语音、语法、文化、对话等教学设计还有待进一步考察，归纳教材的编排特色，分析其中的教学理念，进而为当代汉语作为第二语言教材和闽南方言教材的编写提供参考。

参考文献

高艳利：《留学生与国语罗马字运动》，《徐州师范大学学报（哲学社会科学版）》2009 年第 2 期。

洪卜仁、詹朝霞：《鼓浪屿学者》，厦门大学出版社，2015。

柯文溥：《语言学家周辨明》，《厦广大学学报（哲学社会科学版）》2002 年第 5 期。

孔德岚：《初级汉语综合教材生词处理方式研究》，硕士学位论文，上海外国语大学，2021。

林宝卿编《普通话闽南方言常用词典》，厦门大学出版社，2007。

刘珣：《对外汉语教育学引论》，北京语言文化大学出版社，2000。

许长安：《周辨明、林语堂、罗常培的厦门方言拼音研究》，《厦门大学学报（哲学社会科学版）》1994 年第 3 期。

赵元任：《国语入门》，哈佛大学出版社，1948。

周辨明：《厦语入门》，厦大书同文社，1949。

周小兵、李海鸥主编《对外汉语教学入门》，中山大学出版社，2004。

周长楫、欧阳忆耘：《厦门方言研究》，福建人民出版社，1998。

周长楫：《我所知道的周辨明教授》，载张宗洽主编《鼓浪屿文史资料》（第六辑），政协厦门市鼓浪屿区委员会，2001。

晚清时期鼓浪屿的日常卫生与教会医疗

张　宇[*]

摘　要：晚清时期鼓浪屿的气候条件比较优良，但卫生状况比较糟糕。第一次鸦片战争后，在鼓浪屿成为公共地界之前，岛上的卫生事业尤其是医疗卫生，主要是由教会来推动的。教会医疗事业不仅对鼓浪屿的环境卫生尤其是医疗卫生的改善起到了重要作用，还引入了近代规范化的医疗制度、医疗程序和医疗培养体系，有效推动了鼓浪屿的近代医疗卫生事业的发展。鼓浪屿在成为公共地界之后，鼓浪屿工部局制定了诸多维护公共卫生的措施，鼓浪屿的环境卫生有了较大改善，具有典范意义的国际社区也于此初见雏形。

关键词：晚清　鼓浪屿　日常卫生　教会医疗

一　晚清时期鼓浪屿的卫生状况

在晚清来华的西方人眼里，鼓浪屿的气候条件是非常优良的，如1874年时任厦门代理领事的英国人赫伯特·艾伦·翟理思说："鼓浪屿是中国气候最好的地方之一。夏季的4个月，白天和夜间温度计指示为华氏68度，冬季的3个月夜间降到华氏45度，白天最高气温则升到华氏68度左右。其他5个月的天气温暖，十分宜人。6月到9月的平均气温是华氏84度。粗略地说，一年可分为5个月好天气，3个月潮湿，4个月气候多变。每年平均降雨量差不多是44英寸。"[①] 在另一名英国人朱利恩·休斯·爱德华的笔下也有类似的描述，他说："作为居住的地方，鼓浪屿有着许多优势。因为有微风从四面八方吹来，鼓浪屿要比中国其他港口更有益于健康，它唯一的不足之处即偶尔

---

[*]　张宇，华侨大学马克思主义学院副院长、副教授，研究方向为马克思主义、鼓浪屿文史研究等。
[①]　〔英〕赫伯特·艾伦·翟理思：《鼓浪屿简史》，载何丙仲辑译《近代西人眼中的鼓浪屿》，厦门大学出版社，2010，第166~167页。

会有台风。"① 这表明鼓浪屿的气候较为宜人，是吸引部分来华西方人选择在此地定居的一个重要原因。

但是，包括鼓浪屿在内的厦门整体城市环境与卫生状况，在清末却极为糟糕。这在中外史料中屡见不鲜。如道光《厦门志》载："厦门街市窄狭，民居稠密，架席片薄板蔽日。而又堆积粪土，薰蒸潮湿。宜时疏其沟道，俾水得畅流，宣泄湮郁。"② 民国《厦门市志》也记载："厦市街道狭隘湫陋，人烟稠密，因公共卫生不讲，以致疫疠时作。"③ 当时的上海《申报》也报道过厦门的卫生状况："厦门街道甚狭，兼之污秽高积，如阜如冈，以致臭气薰蒸，令人呕恶。"④ 足见当时卫生状况之恶劣。

在外文史料中，关于厦门卫生状况堪忧的记载则更多。如19世纪末来厦门的英国传教士麦高温写道："狭窄弯曲的街道，不结实的平房，坑坑洼洼的道路，贫困人家住宅的简陋，以及不论穷人富人都具有的那可怕的令人厌恶的气味等等构成了这个城市的特征，这些都给那些四处游览、寻找新奇的人们留下最深刻的印象。"⑤ 另一个英国人约翰·麦高恩还就厦门市仔街做了一个评价："在这条繁忙、散发着异味的市场上，鱼的腐烂味道混杂着下水道的味道，显得特别臭。"⑥ 美国人毕腓力则更为夸张地说："厦门有一个几乎很多城市都有的名声，遗憾的是厦门更加有名，它被称作是中国最脏的一个城市。厦门的脏臭名气一直很大，这从城市外观上可以看到，鼻子也闻得到，只有那些鼻子有毛病的中国人是幸运的。就我们所知，这里只有一个传教士，他是这个地区最敬业的传教士，厦门的脏臭可以解释他敬业的原因。"⑦

以上材料是对当时厦门整体卫生情况的描述。如果单独列出鼓浪屿的卫生情况，也大抵如此。如美国人毕腓力就说："1841年至1842年外国人首次在这里居住的时候，鼓浪屿和厦门都没有被看成是天堂。事实上因为到处肮脏和污秽，鼓浪屿要比厦门还不利于健康。1841年英军驻扎在岛上的时候，上百人发烧病倒。因此，鼓浪屿对40年代早期来到这里的传教士和商人们并无魅力可言。"⑧ 英国人乔治·休士也认为鼓浪屿

---

① 〔英〕朱利恩·休斯·爱德华：《厦门地理通述》，载何丙仲辑译《近代西人眼中的鼓浪屿》，厦门大学出版社，2010，第122页。
② （清）周凯等：（道光）《厦门志》卷二《分域略一·街市》，台湾大通书局，1984，第38页。
③ 福建省厦门市地方志编纂委员会办公室整理（民国）《厦门市志》卷十七《实业志》，方志出版社，1999，第285页。
④ 《申报》1890年11月25日。
⑤ 〔英〕麦高温：《中国人生活的明与暗》，朱涛、倪静译，时事出版社，1998，第234页。
⑥ 〔英〕约翰·麦高恩：《近代中国人的生活掠影》，李征、吕琴译，南京出版社，2009，第110页。
⑦ 〔美〕毕腓力：《在厦门五十年：厦门宣教史》，载何丙仲辑译《近代西人眼中的鼓浪屿》，厦门大学出版社，2010，第270页。
⑧ 〔美〕毕腓力：《厦门纵横——一个中国首批开埠城市的史事》，何丙仲译，厦门大学出版社，2009，第167页。

和"中国大部分城镇一样，都肮脏至极。狭窄而且没有规则的街道极其污秽，弥漫着各种混杂的气味"①。可见鼓浪屿虽然气候宜人，但是卫生状况较为恶劣，并不是很吸引来华西方人至此居住。

除公共卫生较为糟糕外，当时厦门中下阶层的个人与家庭卫生意识也比较淡薄。据麦高温记述："几乎每个中国人的生活环境都处于一种脏、乱、差的状态。当你走进一个属于中下层阶级的家庭时，你会为自己所看的景象感到震惊……屋里的东西肮脏而破旧，被摆放的到处都是，一点也没有整体感。地面上满是灰尘，虽然中间的空地好像时不时地被打扫过，但桌椅尤其是床铺下面的积尘和头顶椽木上挂着的蜘蛛网充分表明已经好久没有人光顾过了。"② 还有西方人描述道："（厦门）街道两边司空见惯的是收殓着穷人遗体的棺材，他们的亲友没有办法埋葬他，就任其在那里腐烂而委弃于尘土之中。"③ "厦鼓两地还有许多带着盖子的陶缸被堆放在石头凹进去的地方，这些陶缸里面有完整的人骨。"④ 这些记述自然有其夸张和偏见之处，不过当时闽南大部分地区确实有"死猫树上挂，死狗顺水流"的不良习俗。

如此糟糕的公共卫生状况，再加上个人、家庭卫生意识的淡薄，自然会令疾病乃至瘟疫频繁发生。所以，包括鼓浪屿在内的整个厦门，在清末"是各种疾病的温床，其中瘟疫和霍乱较为突出"⑤。如仅 1911 年"鼓浪屿因各种原因死亡人数为 216 人。其中 49 人死于流行病，其构成情况如下：天花 1 人，霍乱 3 人，伤寒症 10 人，肺结核 23 人，黑死病 12 人"⑥。这就造成鼓浪屿上的"穷人阶层，特别是苦力们很少活到老年，因为瘟疫、霍乱、发热、肮脏、鸦片、垃圾、卖淫和愚昧无知夺走了他们的生命，所有这些都导致他们不能够活到高龄"⑦。而这在很大程度上又是"由恶劣的卫生条件、排水系统的缺乏而导致的"⑧。

---

① 〔英〕乔治·休士：《厦门及周边地区》，载何丙仲辑译《近代西人眼中的鼓浪屿》，厦门大学出版社，2010，第 40 页。
② 〔英〕麦高温：《中国人生活的明与暗》，朱涛、倪静译，时事出版社，1998，第 283 页。
③ 〔英〕朱利恩·休斯·爱德华：《厦门地理通述》，载何丙仲辑译《近代西人眼中的鼓浪屿》，厦门大学出版社，2010，第 115 页。
④ 〔英〕朱利恩·休斯·爱德华：《厦门地理通述》，载何丙仲辑译《近代西人眼中的鼓浪屿》，厦门大学出版社，2010，第 119 页。
⑤ 〔英〕塞舌尔·包罗：《厦门》，载何丙仲辑译《近代西人眼中的鼓浪屿》，厦门大学出版社，2010，第 129 页。
⑥ 厦门市志编纂委员会、《厦门海关志》编委会编《近代厦门社会经济概况》，鹭江出版社，1990，第 356 页。
⑦ 〔美〕毕腓力：《厦门纵横——一个中国首批开埠城市的史事》，何丙仲译，厦门大学出版社，2009，第 58 页。
⑧ 〔英〕麦高温：《中国人生活的明与暗》，朱涛、倪静译，时事出版社，1998，第 110～111 页。

二　晚清时期鼓浪屿的教会医疗

第一次鸦片战争后，在鼓浪屿戍为公共地界之前，岛上的卫生事业特别是医疗卫生主要由私人和教会来推动，尤其以教会力量为主。教会的医疗事业主要体现在以下几个方面。

第一，开设诊所和创办医院。1842 年，鼓浪屿上的第一家西式诊所就是由雅裨理牧师和医学博士甘明医生共同创办的。其后，大英长老会的用雅各医生、约翰·卡内基医生和伦敦公会的夏士柏医生先后在这个诊所主持工作。随着鼓浪屿上的外国居民日渐增多，岛上的西式医疗设施也逐渐完备，具备了开设医院的基础。至 1883 年大英长老会的麦克利什医生在教会的支持和赞助下，在鼓浪屿创办了竹树脚医院。这家医院的开设吸引了附近非常多的居民，尤其是贫民前往就医，扩大了基督教在当地的影响力。但这所医院还较为简陋，医疗设施也比较匮乏。

1897 年，美国牧师和医学博士郁约翰医生利用回国休假及前往欧洲学习期间募集到的捐款，在鼓浪屿河仔下筹建了救世医院。这是鼓浪屿上第一所正规的西式医院。救世医院于 1898 年完工，医院的基础设施比较完善，其中男医馆"内设礼拜堂、食堂、厨房、两间仆人房、办公室、门诊室、眼科、暗室、两间储藏室、浴室、手术室、教室、四间学生房、七间病房。共有 45 张病床"。女医馆的基础设施与男医馆大体相同，不过，女医馆只有 25 张病床。[①] 救世医院建成后，近代西方成熟的医疗救治、医疗规范和医疗培养体系才正式在厦门地区出现，鼓浪屿上的教会医疗事业也进入一个新的发展时期。[②]

第二，诊治病人，防治瘟疫。外国教会办的诊所最初提供免费医疗，具有慈善和公益的性质。后来随着规模扩大，尤其是在创办医院后，也开始逐渐收费，但收费也大体保持在较低的水平，如救世医院只收 3 分钱的挂号费、药瓶费。如果病人住院，则每天也仅收 10 分钱（约合 5 美分）的伙食费，其他都是免费，包括为病人提供的免费的医药、衣物和病床等。由于医疗费用低廉，医术精良，所以，教会医院深受贫穷病人欢迎，其中"大多数病人来自厦门周边的乡下。许多是住在离那座小县城多日旅程的人。还有些是从马尼拉和仰光来的，偶尔也有遥远省份的流浪者因为意外事故而来求治。

---

① 〔美〕杰拉德·F. 德庸：《美国归正教在厦门（1842—1951）》，杨丽、叶克豪译，台北：龙图腾文化有限公司，2013，第 211~212 页。

② 除了竹树脚医院和救世医院这两所直接由教会支持创建的医院之外，鼓浪屿三丘田码头附近还有一所海上医院，这所医院开设于 1871 年，主要接诊外国海军舰船上的水手，至 1893 年因经营难以为继而倒闭。

各色人等都有，很多满身污秽、困顿卑微的乞丐到这里来。有钱人在医院租住病房，有些在治愈后慷慨捐款"①。英国传教士塞舌尔·包罗写道："到1906年底，（救世医院）已治疗病人85758人次，完成手术4865例，在医院培训了21名医疗学生。"② 据美国传教士马休斯所说，救世医院开办12年间，"住院病人超过17000人，门诊病人也超过了135000人。该院做过7500多例各种各样的外科手术"③。

厦门瘟疫多次发生，鼓浪屿上的很多传教士医生也积极参与救治，他们会主动走访病人，郁约翰医生在其工作自述中写道："我们的另一件工作是对病人的家访。他们中有许多有钱人，并且乐意为医生的工作付费，知道医生的收入就是对医院的支持。有时我们的家访也遇到古怪的事。数年前有一天，我们的一个医生去探访一批瘟疫病人。这天又热又闷，肮脏的街道底部覆盖着阴沟，散发着难以形容的臭味，一具尸体盖着稻草席躺在街上。到处有写着'求平安'的红纸贴在门上。空气中弥漫着烧纸钱和为驱逐恶魔而燃放数百万发爆竹的烟。家中躺卧着一个临终的母亲和她刚生下来的婴儿。在那又黑又湿且充满臭味的房间里，容不下5个人。12个或更多的邻居来看外国医生工作。恶浊的空气、妇人的哀号和临终妇人脸上绝望的凝视，令人难以忘怀。那时，基督的爱似乎不能给这个家庭带来平安。"④ 但是频繁的走访，大量地接触病人，也会让医生受到感染，乃至死去，郁约翰医生即是如此。

第三，规范医疗程序。教会医院的医疗实践比较规范，其基本程序如下。

在多数医馆里，每个星期都有几天，或者两到三次的门诊时间，病人从远近不同的地方赶来。救世医院这些妙手回春的"番仔医生"给他们治疗。每个病人进门时都会领到一支写着号码的竹签，他们要按次序等候就诊，因为"先到者先看病"。所以病人都急着在医馆开门之前赶到，这样他们就能早早地把病看完。此外，由于医馆对一天当中的接诊人数进行限制，所以，有时门口等候着一大群人，而竹签已经发完了，那么总有一些来得晚而不走运的人要等到第二天再来。由于这些原因，我得知有些病人在大街上过夜，以确保及时挂上号。

医生接诊时，学生们围在他身边，每个学生都有指定的任务。桌上放着一个

---

① 〔美〕马休斯：《郁约翰医生的生平业绩述略》，载何丙仲辑译《近代西人眼中的鼓浪屿》，厦门大学出版社，2010，第250页。

② 〔英〕塞舌尔·包罗：《厦门》，载何丙仲辑译《近代西人眼中的鼓浪屿》，厦门大学出版社，2010，第151页。

③ 〔美〕马休斯：《郁约翰医生的生平业绩述略》，载何丙仲辑译《近代西人眼中的鼓浪屿》，厦门大学出版社，2010，第249页。

④ 〔美〕马休斯：《郁约翰医生的生平业绩述略》，载何丙仲辑译《近代西人眼中的鼓浪屿》，厦门大学出版社，2010，第252页。

翻开的大本子，里面记着每位病人的姓名、年龄、职业、住址、疾病以及其他信息。

一个坐在门口的男人按照顺序大声喊号，拿着相应号码竹签的病人就一个接一个地走近诊室让医生为其诊治。有些病人几分钟就看完了，手里拿着一张单子和处方，去药房的窗口去排队等候拿药。而有些病人，医生会建议他们住馆接受手术或住在病房里接受一系列的治疗。还有一些病人，医生不得不告诉他们由于病情被延误，医生对他们已无回天之术；或对他们说，他们已身患绝症，任何医术都救不了他们。①

可以看得出来，教会医院在挂号、门诊、住院、手术等接诊与诊治过程中的程序，已经基本上和现代的医疗程序比较接近了。所以，教会医疗事业不仅在鼓浪屿创办了近代西式的教会医院，还引入了近代规范化的医疗制度和医疗程序。

第四，开设医学专科学校，传播医学知识。教会医院不仅救治病人，还授人以渔，在医院的基础上开设医学专科学校，培养大批华人医生，传播医学知识。如救世医院附属的医学专科学校，由郁约翰医生创办，"学生大部分来自鼓浪屿寻源中学。学习科目包括物理、化学、胚胎学、组织学、生理学、解剖学、内科、外科、眼科、妇产科、小儿科、皮肤科、检验科等。学校采取理论结合实践的教学方法。上午学生跟随医生到各科见习，下午上课。课本按照中华博医会出版的教材和一些外科教材"②。学生前后学习满5年，考核通过者，由学校颁给一份表明工作量的证书。

鼓浪屿上的这些医院及其附属的医学专科学校，培养了大批医学专业人才，如黄大辟、陈天恩、陈伍爵、林安邦等均成为闽南名医，并且"成为厦门城及其周围地区宣传卫生知识的一支生力军，他们广泛传播有关如何采取措施——通过生活卫生和生活方式——来防止流行病扩散的知识"③。所以，教会医疗事业在鼓浪屿上的创办，对于鼓浪屿的环境卫生尤其是医疗卫生的改善起到了重要作用。而且，教会医疗事业不仅引入了近代规范化的医疗制度和医疗程序，还形成了比较成熟的近代医疗培养体系，这样就在鼓浪屿形成了比较成熟的近代西方医疗救治、规范和培养的综合性体系。

当然，教会之所以大力支持和赞助医疗事业，也与其"使医学成为神学的婢女"

---

① 〔美〕杰拉德·F. 德庸：《美国归正教在厦门（1842—1951）》，杨丽、叶克豪译，台北：龙图腾文化有限公司，2013，第214~215页。

② 参见杨维灿《鼓浪屿救世医院院史》，载鼓浪屿申报世界文化遗产系列丛书编委会编印《鼓浪屿文史资料（上册）》，2010，第99页。

③ 厦门市志编纂委员会、《厦门海关志》编委会编《近代厦门社会经济概况》，鹭江出版社，1990，第358页。

的目的有关，毕腓力即说："无论做什么工作，两只手总比一只手好。"在他看来，教会创办的医疗事业，根本目的在于吸引群众信仰基督教，因为"没有哪项工作可以像医疗工作这样使外国传教士受到来自各个阶层的敬仰"。[①]所以，最早在鼓浪屿上开设诊所的雅裨理牧师就毫不隐讳地说道："诊疗所令人快乐的影响力是另一件有利的事……免费医疗给当地各阶层的人都留下了好的印象。在过去一年中有大约五千个病人得到诊治；所到之处我们了解到，人们身体上接受善行的同时，也打开了他们的心扉。他们明白了外国人除了为盈利之外，还可以怀着无私的动机来到这里。这样，我们赢得了人们的信任和感激，人们把我们当作朋友一样尊重，并准备接受治愈灵魂的真理。"[②]

三 晚清时期鼓浪屿的卫生治理与国际社区的形成

在鼓浪屿成为公共地界之前，清朝地方官员也曾尝试从公共卫生与个人卫生两方面予以治理。在公共卫生方面，如"厦防同知许原清疏沟最善，并立石禁止堆积粪土"[③]。光绪十六年，另一位厦防同知秋嘉禾也"手书朱谕，仰各段地保传谕各处居民，每日打扫门前，清理街道，不准堆积龌龊，如违拿究"[④]，等等。在个人卫生方面，光绪二十九年（1903 年），署厦防同知郑熙还曾作《辟普度说》一文，号召厦门人讲究个人卫生，少聚众围观："（邦人）附会浮屠普度之说，自七月朔起讫晦日止，无论通衢、曲巷、住宅、行商，依次编排，接连普度，极酒馔之盛，穷水陆之珍，折柬邀朋，诵经演戏。试问祀先有如是之丰腆乎？夫火云未敛，燥风频吹，内而吹爨之气蒸腾，终日不熄；外而灯烛之光灿烂，竟夜无停。且也演梨园而人众拥挤，汗腥遍体；焚纸锭而火光炽烈，炭气常存。人处其中，口鼻呼吸已隐受其害，又加以肥腻充肠，醇醪浇腹。阅日，人乏矣，鱼馁矣，肉败矣，而朵颐者方且大嚼不离口，吾知必有因此而腹病者矣。（历年秋燥，霍乱之症多发于普度之候）岂知厉坛之祭，业经守土官行之，何须闾阎之赘设？……讲卫生，节滥用，挽嚣俗，一举而三善备矣。邦人其加之意乎。"[⑤]但治理效果似乎并不明显。事实上，晚清政府并不是很重视医疗卫生，有的地方官员甚至躲避疫情。如光绪二十七年（1901 年），新任兴泉永道台延年竟"因厦门疫气未

---

① PhiliP W. Pitcher, *Fifty year in Amoy or a History of an Amoy Mission in China*, New York：Board Publication of the Reformed Church in America, 1893, p.254.

② 〔美〕杰拉德·F. 德庸：《美国归正教在厦门（1842—1951）》，杨丽、叶克豪译，台北：龙图腾文化有限公司，2013，第 29 页。

③ （清）周凯等：《道光）《厦门志》卷二《分域略一·街市》，台湾大通书局，1984，第 38 页。

④ 《申报》1890 年 11 月 25 日。

⑤ 福建省厦门市地方志编纂委员会办公室整理（民国）《厦门市志》卷三五《杂录·杂录五九》，方志出版社，1999，第 481~482 页。

清，恐被传染，暂住鼓浪屿公馆，准备等疫情过后再赴厦门岛任职"①。

而在鼓浪屿成为公共地界之后，岛上的卫生管理主要由鼓浪屿工部局负责。岛上西方人的卫生管理，其实在19世纪末即已开始。1888年，鼓浪屿上的外国人无视中国主权，自行组织了一个名为鼓浪屿道路墓地基金委员会的机构，简称道路委员会。道路委员会筹集了一笔款项修筑了马路和外国人的文墓，还疏通了水沟以及栽种树木等。据《厦门海关十年报告（1892—1901年）》载："外国人的住宅遍布岛上。这里平展的道路已经修成，并有人专管，以期保持道路的良好状况。路旁栽种树木，不仅使这里带有一种森林的风味，而且树木周围的阴影和微风有助于调节夏季的炎热。"② 这就使鼓浪屿的卫生状况有了一定程度的改善，如在鼓浪屿居住过的朱利恩·休斯·爱德华即说："有外国社团支付费用，所以鼓浪屿的马路修筑得很不错。在道路委员会的管理下，已经可以用环岛步行来做有利健康的以小时计的锻炼。鼓浪屿可以说是中国最有利健康、极少发生传染病的口岸之一。和其他口岸相比较，鼓浪屿可谓卫生条件最好，堪称海上美丽之岛。"③ 也正因为如此，"清光绪二十八年，外人乃向清廷商准，辟鼓浪屿为公共租界，外商资以栖止。其地清幽整洁，以较对岸，有如天壤焉④。"

1902年，清政府与英美等国签订《厦门鼓浪屿公共地界章程》后，鼓浪屿成为公共地界。英美等国在鼓浪屿设置了工部局，并自行制定了《鼓浪屿公共地界规例》《鼓浪屿工部局律例》等规章制度。在这些文件中，英美等国殖民者通过设置管理机构，实施市政建设和管理，以及制定维护公共卫生措施，比较有效地实现了对鼓浪屿的卫生治理，鼓浪屿的国际社区也于此初见雏形。

工部局设立后，先进行了市容整顿。如规定"公局管辖之街，如有任意窒碍或将铺之砌砖石等项物料，擅自取去及私行改动者，除由公局允许字样凭据外，即应照罚，以10元为限"。并规定住地租房之人要负责房屋前面的街道打扫，"凡住地租房之人，应将房屋前面行人走路之处，遵照公局指示随时打扫干净，其四面沟之泄水处所，亦须沟治通畅，并将垃圾灰尘等项污秽扫除干净，如不遵办以罚5元为限，如贫户无资，可罚禁押，以3日为限"。这相当于类似于今天的"门前三包"。工部局还就房屋建造制定了详细的章程，如要求建造房屋"不准私相授受，其新盖房屋格样务求明亮，须遵公局指示，或黑暗狭隘不能如法应改易，务切拆改，以免疫气传染害人，倘有不遵

---

① 李颖、王尊旺：《清代福建瘟疫述论》，《福建中医学院学报》2010年第3期。
② 厦门市志编纂委员会、《厦门海关志》编委会编《近代厦门社会经济概况》，鹭江出版社，1990，第317页。
③ 〔英〕朱利恩·休斯·爱德华：《厦门地理通述》，载何丙仲辑译《近代西人眼中的鼓浪屿》，厦门大学出版社，2010，第120页。
④ 福建省厦门市地方志编纂委员会办公室整理（民国）《厦门市志》卷十七《实业志》，方志出版社，1999，第285页。

者，罚银不过 100 元为限。公局可商请该管官员派差弹压，将该屋拆去，以示警戒，其所有需费仍向犯例造之人索取，不付即照控追赔款之章办理"①。从上述条款可以看得出来，工部局所制定的这些规章条例，主要涉及的是市政建设与管理。而这些措施也取得了一定的效果，使"道路一直处于良好的保养状态，与中国城市的道路相比更令人满意"②，比较有效地改善了市政市容的环境。

为防止瘟疫，工部局在诸多方面做了详细规定，以维护公共卫生。如在沟渠方面，"凡公共地界之内，一切公用之沟或系阴沟或阳沟均专归公局一体管理，唯该沟应洗涤清净及修葺，工料之费归公局发给"。还实施了定向负责制度，规定"凡各私地界沟渠所有阴沟、阳沟均归公局绅□监督，由监督者酌定一准之时进入该处勘验"。并制定了相关的处罚措施，"如勘验该私沟确有淤塞不通或有污秽积毒，恐有害人身命，由公局令地主将该沟若何改换修筑知会该地主，或该地主不在彼处，即租户或贷主于一礼拜内开工，倘遇限不开，听公局自行修葺，将洋人修葺需费若干到领事署，华人修葺需费若干到公堂，如数控追赔偿，并另罚银以 7 元为限。"③ 这些严厉的惩罚性措施都指向的是公共卫生的治理。

工部局最为重视的还是垃圾的治理，首先是限定倾倒垃圾的时间，"公局酌定一与人家方便合宜时刻，专为挑倒厕所便桶秽水污物而设，决不能稍有逾越，公局将所定时刻出示通知，以后倘公界内有挑倒污秽之人出于限定时刻之外者，又无论何时有人将所运物各式车辆桶具等项并不设盖或有盖子而不足适用致臭气四散污秽倾溢，应照罚银以 5 元为限，如无资，可罚押禁以 3 天为限"④。还就垃圾堆、臭水坑的治理做了详细规定，"凡房地业主租户均不准在房内或在地界内死水之坑令人厌恶之物堆积，经公局给文以后逾 48 点钟尚不能挑倒干净或将阴井厕内污水任其满溢浸泛致附近居民（嫌）恶，以及牧养猪豚等事，每事以罚 5 元为限，即由公局将此等物污秽坑厕阴井等项自行挑治洁净，以免大众憎嫌，因做此等工费用，仍向犯例人索取，不付（即）照控追赔款之例而行，此项银两由公局查明，先向租户索偿，倘无从寻觅，可向业主追讨。"又如"公界内堆积污水粪秽等物，经公局查明实在情形与人精神身体有碍，公局经理人即通知该物业主或住该处之人，限令 48 点钟内全行搬开，如不遵办，即由公局

---

① 《鼓浪屿公共地界规例》，载厦门市档案局、厦门市档案馆编《近代厦门涉外档案史料》，厦门大学出版社，1997，第 308 页。
② 厦门市志编纂委员会、《厦门海关志》编委会编《近代厦门社会经济概况》，鹭江出版社，1990，第 356 页。
③ 《鼓浪屿公共地界规例》，载厦门市档案局、厦门市档案馆编《近代厦门涉外档案史料》，厦门大学出版社，1997，第 305 页。
④ 《鼓浪屿公共地界规例》，载厦门市档案局、厦门市档案馆编《近代厦门涉外档案史料》，厦门大学出版社，1997，第 306 页。

饬承雇工役搬开，工资仍向物主等追回，不付即照控追赔款例行。"① 这些苛刻的治理措施强制性地改变了当时人们的卫生习惯。

值得注意的是，工部局不仅管理公共卫生，对于个人家庭内部房屋污秽之事也有干预，如其规定"公局查知界内房屋全间或一角有污秽不洁情事，致与邻近之人身体精神大有险碍或云将此屋修整粉饰，方免臭气四达，瘟疫丛生，又云有阴井、沟、厕及装污秽水坑失修，与附近之人身体精神有妨，公局即知照该物主，令将此房屋等项在酌定时刻内，照所指做法迅办，有抗延者每次以罚 7 元为限，并由公局自行雇役将房屋粉饰、淘井、通沟、挑倒坑厕等事办竣，所需工费照控追赔款例行。"② 真可谓事无巨细统统包揽，不过这也是鉴于近代厦门各种瘟疫屡屡发生而采取的强制性措施。

除此之外，工部局"还引进了筑坟墓许可制度，制定了有关死亡登记的规则，并禁止中国人在全岛各处任意埋葬尸体的恶习，划出一块特别地方作为中国人的墓地"③。工部局实施的诸多卫生治理措施，极大地改变了鼓浪屿的卫生面貌，改善了居住环境。所以，这些措施实施后，英、法、美、德、意、日等国纷纷在鼓浪屿建造领事馆、洋行、医院、公司宿舍、教堂、学校等设施和机构，许多海外归来的华侨富商也在厦门建造别墅、公馆。在当时西方人眼里，"若论居住，厦门远没有鼓浪屿惬意。所有的洋行和海关都在厦门这一头办公，而传教士和领事则全在鼓浪屿做事。"④ 可以说，在外国人聚集的鼓浪屿上，西方文化透过各种建筑和设施，极大地改变了鼓浪屿的面貌，使这座小岛成为当时中国东南沿海地区容纳了多国居民以及各地文化最密集、最具代表性的地理单元之一，成为中西方文化交流、融合发展并具备世界文化遗产价值的典范。而在这一具有典范意义的国际社区形成过程中，教会医疗事业的进步和卫生环境的有效治理则起到了重要的媒介作用。

当然，西方殖民者之所以着意于改善鼓浪屿的卫生条件，根本原因在于将鼓浪屿与厦门隔离开来，便于生活舒适，诚如毕腓力所言："有了时间和耐心，我们就可以理智地期待这个地方的卫生和其他条件会得到逐步改善。设立鼓浪屿租界，就是为了与

---

① 《鼓浪屿公共地界规例》，载厦门市档案局、厦门市档案馆编《近代厦门涉外档案史料》，厦门大学出版社，1997，第 307 页。

② 《鼓浪屿公共地界规例》，载厦门市档案局、厦门市档案馆编《近代厦门涉外档案史料》，厦门大学出版社，1997，第 307 页。

③ 厦门市志编纂委员会、《厦门海关志》编委会编《近代厦门社会经济概况》，鹭江出版社，1990，第 355～356 页。

④ 〔英〕朱利恩·休斯·爱德华：《厦门地理通述》，载何丙仲辑译《近代西人眼中的鼓浪屿》，厦门大学出版社，2010，第 120 页。

厦门陆地以及所有不利的环境隔离开来，因而其所在的位置是非常令人羡慕的。除了其理想的地理环境，这个地方的确举世无双。……祝愿它永葆天赐的整洁干净，清静幽雅，永远是适宜人居的神圣典范。"① 所以在殖民心态驱使下所进行的卫生治理工作，根本目的终究不过是为了自身生活得更舒适而已。

---

① 〔美〕毕腓力：《厦门纵横——一个中国首批开埠城市的史事》，何丙仲译，厦门大学出版社，2009，第173页。

荷兰汉学家高延：从鼓浪屿走出的
中国宗教科学研究先驱*

张云江**

摘　要：1877 年 2 月到 1878 年 2 月，荷兰人高延作为莱顿大学的汉语译员培训生在鼓浪屿住了大约一年时间，其间在其私人教师赵少勋等人的协助下，广泛参与中国社会生活，搜集了大量资料。1881 年至 1883 年，身为荷属东印度殖民地汉语译员的高延在巴达维亚出版了两卷本的《厦门的年度节庆与习俗》一书。从此，高延逐渐成长为一位世界著名的汉学家。《厦门的年度节庆与习俗》一书，是在西方刚刚兴起的"宗教科学"观念的指导下，首次运用人类学的田野调查方法，在闽南地区开展中国宗教实地考察的结果，高延因此被认为是欧洲最早研究中国宗教的学者、中国宗教田野研究的先驱。正是在这一意义上，我们说高延是从鼓浪屿走出的中国宗教科学研究先驱。

关键词：高延　中国宗教　鼓浪屿　荷兰

光绪三年（1877 年）2 月 2 日，鼓浪屿码头，来自荷兰的三个年轻人正提着沉重的行李离船登岸，迎接他们的是荷兰驻厦门领事，同时也是德商宝记洋行的经理宝记（C. J. Pasedag）[①]，宝记早在咸丰八年（1858 年）就来到鼓浪屿了；同治十三年（1874年）4 月 23 日，他被荷兰政府任命为驻厦门领事。宝记来接的三个荷兰年轻人分别是23 岁的高延（J. J. M. de Groot，1854－1921）、快要 23 岁的富亭（Bernardus Hoetink，1854－1927）和 22 岁的斯图亚特（Hermanus Nicolaas Stuart），他们是莱顿大学汉语专

---

*　本文是国家社科基金重点项目"高延中国宗教著作全集（18 卷本）翻译与研究"（17AZJ001）的阶段性成果。

**　张云江，宗教学博士，华侨大学哲学与社会发展学院教授、博士生导师，福建省宗教中国化研究中心主任，海外华人宗教与闽台宗教研究中心副主任。

①　荷兰政府早在清同治二年（1863 年）就在厦门设置领事，由德记洋行老板、英国人德滴兼任，后由德商宝记（Pasedag）洋行经理宝记正式代理。宝记（Carl Junius Pasedag），1828 年 5 月 1 日出生于普鲁士。

业的大四学生，此行目的是到厦门实地学习闽南方言，以便在荷属东印度殖民地充当汉语翻译。三人是荷兰政府派出的汉语译员培训生。咸丰八年（1858 年）6 月 1 日，三人在莱顿大学的汉语老师施古德（Gustav Schlegel，1840-1903）到达鼓浪屿，和花兰君（Francken）一起作为"汉语实习生"（kweekelingen voor de Chineesche taal）学习了三年，直至咸丰十年（1860 年）11 月 12 日奉命到广州学习粤语离开厦门为止。

一　1878 年前后的鼓浪屿

高延三人住在厦门鼓浪屿。根据英国著名汉学家翟理斯（Herbert Allen Giles，1845-1935）写于光绪四年（1878 年）的《鼓浪屿简史》（*A Short History of Koolangsu*），我们可以还原高延走后半年鼓浪屿的大致情况：

> 1878 年 10 月 10 日，有 251 名外国人居住在厦门，其中大约 200 名居住在鼓浪屿，50 名居住在厦门。英国 133 人，德国 38 人，美国 21 人，葡萄牙 19 人，西班牙 16 人，日本 8 人，丹麦 7 人，没有荷兰人。所有外国男人中，有 81 名单身，51 名已婚，女人中，13 人未婚，45 人已婚，共育有 56 个孩子。当时在鼓浪屿有 2835 名中国居民。[①]

1881 年，高延在巴达维亚出版的《厦门的年度节庆与习俗》前言中也写道：

> 厦门岛周长约 40 英里。该城始建于岛的西南端，在龙江入海口的正前方，与龙江相隔，对面是被一个称为"鼓浪屿"的岩石、砂岩的小岛。外国人在这个小岛上建立了自己的家园，有 200 多处；小岛上散落在山间的还有一些土著村落，居民约有 3000 人。[②]

岛上的外国人大多数是商人，或者其职业与港口、航运有关，基本不会说中文；有十位传教士及其家人。岛上建有英国和德国领事馆各一座，有一处海关及丹麦的电报公司——大北电报公司，该公司成立于 1869 年，从 1874 年开始运营。居住在鼓浪屿的中国人则来自不同地方，有很多是广东人和混血儿。翟理斯在《鼓浪屿简史》中写道：

---

① Herbert Allen Giles, *A Short History of Koolangsu*, Nabu Press, 2010, p2.
② De Groot, *Les Fetes Annuellement Celebrees a Emoui. Etude concernai-iseligion populaire des chinois.* San Francisco: Chinese Materials Center, 1977, p. 18.

厦门的运输和贸易以英国人为主。1877 年，共 429 艘蒸汽船驶入厦门港，其中 377 艘是英国船；到达的 243 艘帆船中，103 艘是德国的，93 艘是英国的，丹麦 13 艘，荷兰 10 艘。茶叶是最重要的贸易物资，对鸦片支付的关税占总贸易额的 1/4 以上。在鼓浪屿，外国人住在西边，其中第一座住宅始建于 1859 年。岛上有一座可容纳 200 人的新教教堂，四座中国人的寺庙，还有一处共济会会所（Masonic lodge）。[1]

1876 年，也就是高延三人来到厦门的前一年，岛上新建立了一处俱乐部，有图书馆、阅览室、台球室、保龄球馆、酒吧和一个委员会室。附属有一个小剧院，冬季在女士的协助下定期进行表演。体育方面，有一个网球场，一个带有草坪网球场的休闲场所。

二　高延等培训生初到鼓浪屿

1873 年 10 月，高延三人作为莱顿大学新招收的汉语专业学生开始入学。1876 年 10 月，指导教师施古德教师向荷兰殖民部报告说，经过三年学习，三人可以到中国实习一年，然后到荷属东印度任职。他请求殖民部部长采取措施，使三人争取在年底之前成行。同时，应要求驻厦门领事提前找好房子，以免到达之后浪费时间。三人可暂住鼓浪屿；几个月后，他们应住在漳州，以便日常与当地人交流，学习荷属东印度华人移民最常用的方言。[2] 11 月 20 日，殖民部部长向国王提议，将三名学生译员派遣给荷属东印度总督，以方便进入殖民地。同时将有关情况通知总督、荷兰驻厦门领事和施古德。11 月 23 日，国王通过皇家法令，予以批准。高延等三人收到了 400 荷兰盾的购买图书预付款和 4 个月共计 200 荷兰盾的津贴。12 月 17 日，高延三人登船启航。1877 年 1 月 19 日抵达香港。高延曾短暂前往澳门，购买了一册《南海观世音全传》。2 月 2 日，三人抵达厦门。对于刚刚到来的三名学生而言，宝记的主要任务是接受荷属东印度司法部每月从巴达维亚寄来的每人 140 墨西哥元的汇票，其中 125 元是津贴，15 元是付给在鼓浪屿所请私人教师的工资。高延等三人每月都要签收汇票。

到鼓浪屿之后，每名学生都可以请一位私人汉语老师。高延的老师名叫赵少勋，大约 40 岁，后来也成为第二批学生薛伯（van der Spek）及第三批学生武礼、布鲁因的

---

① Herbert Allen Giles, *A Short History of Kcolangsu*, Nabu Press, 2010, p. 3.

② Koos Kuiper, *The Early Dutch Sinologists*（1854–1900）: *Training in Holland and China*, *Functions in the Netherlands Indies*, Brill, 2017, p. 372.

老师。高延等三人的老师依据各自的荷兰文名字，按闽南语发音，为他们分别起了一个中文名字。赵少勋为约翰尼斯·雅各布斯·玛丽亚·德·格鲁特（Johannes Jacobus Maria de Groot①，1854 年 2 月 18 日—1921 年 9 月 24 日）取的中文名是"高延"。"高延"是简称，全称应为"高延瑯峥行二"："高延瑯峥"是"Jan Jacob de Groot"的闽南话汉语转读，"Jan"读作"延"，"Jacob"读作"瑯峥"，"Groot"读作"高"，"行二"即家中的第二个儿子。高延到厦门后不久，曾得到一本手抄本的《推背图谶》，在扉页上盖了一枚"高延"的印章，为阳文朱椭圆印；② 扉页上另有一枚印章曰"高延瑯峥行二"，③ 并写有"光绪丁丑年瓜月（七月）置"字样。除此之外，别的地方或场合极少见他使用"高延"或"高延瑯峥行二"这一名字。

一到厦门，高延就购买了许多中文图书，大部分与历史有关，小说很少；而富亭购买的中文图书一半是小说或文学著作，约有 60 种。1885 年，高延在荷兰休完假准备再次前往中国时，将他在厦门购买的 49 本书卖给了莱顿大学图书馆。

图 1　1879 年 4 月 25 日第二批译员培训生（薛伯、武珀和杨亚理）在其鼓浪屿住处与老师、仆人的合影。1877 年，高延、富亭和斯图亚特也应该住在这里。照片由薛伯保存。
资料来源：Koos Kuiper, *The Early Dutch Sinologists*（*1854 - 1900*）：*Training in Holland and China, Functions in the Netherlands Indies*，Brill，2017，p. 490。

---

① 荷兰语，简称是"Jan Jakob Maria de Groot"或"J. J. M. de Groot"。另有译为"赫罗特""哥罗特"等。
② 吴荣子：《荷兰莱顿大学汉学研究院图书馆所藏〈推背图〉三种》，台北《图书馆馆刊》2003 年第 1 期，第 197～226 页。
③ Koos Kuiper, *The Early Dutch Sinologists*（*1854 - 1900*）：*Training in Holland and China, Functions in the Netherlands Indies*，Brill，2017，p. 1001.

　　高延等三人在鼓浪屿租房，并请了一位名叫"永旺"的仆人，还带着一个男孩帮忙。三人并不总是住在一起。高柏多次提到，富亭与一个中国朋友一起租住了一个多月，另外有一段时间，富亭独自住在漳州。从零星资料来看，第一批汉语译员培训生三人似乎单独行动居多，不像第二批基本是集体行动，例如一起在漳州居住三个月。这可能与高延厌女症的性格有关。薛伯日记中有一起狎妓的记录。另外，高延整天忙活的是搜集与厦门节庆有关的资料。

　　从1876年3月1日开始，荷兰驻厦门领事在鼓浪屿开始拥有司法权。1877年1月15日，荷兰驻厦门领事宝记写信给荷兰驻中国总领事弗格森，说他已经为荷兰驻厦门领事馆找到了一名陪审员，但很难找到书记官和法警，鼓浪屿没有懂荷兰语的人，他要求弗格森从爪哇派遣一位懂荷兰语和马来语的官员过来。1月19日，弗格森来函回答说，这是不可能的，最好是聘请一名德国人，或者英国人、法国人也都可以。恰好在这个时间，高延等三人到达厦门，宝记就可以组成一个完整的法庭了。4月，他任命了两名德国籍的陪审员，同时聘请已年满23岁的高延担任口译员，并任命其为"荷兰驻厦门领事馆司法官暨领事法官之书记官"（Kanselier bij het Consulaat der Nederlanden te Amoy en Griffier bij den Consulairen Rechte）。4月10日，三人宣誓就职。不过，后世专门研究荷兰早期汉学家的高柏教授在档案中未找到高延审理案件的记录。1878年2月，高延离开厦门时辞职。因为担任法庭相关职务的最低要求年龄为23岁，因此未到年龄的富亭和斯图亚特没有资格。

三　薛伯等培训生在鼓浪屿上课的情形

　　第一批汉语译员培训生（高延、富亭、斯图亚特）在中国学习的情况不明。他们应该和两年之后来到厦门的第二批培训生（薛伯、武珀、杨亚理）的情形有较多相似之处。

　　薛伯日记中，在3、4月，他们除周日外，几乎每天都上课，不过有时只是早上上课，下午安排其他活动。开始是复习在莱顿大学学过的《卖油郎》和《杜十娘》，用漳州方言讲一遍，方便老师了解他们的水平；四天以后，在老师指导下，学习用漳州方言讲另一个新故事《女秀才移花接木》，到3月26日，用了十天完成。之后用两天时间复习在莱顿大学学过的《圣谕广训》；两天后，学习新书《昔时贤文》和《明心宝鉴》①；三

---

　　① 《明心宝鉴》，是作为儿童学习教材使用的教养书。大约成书于元末明初，辑录者或整理者是范立本。全书由20篇、六七百段文字组成，是中国历史上译介到西方的第一本古籍。《明心宝鉴》依内容分为上下二卷共20篇，分别是：继善、天理、顺命、孝行、正己、安分、存心、戒性、劝学、训子、省心、立教、治政、治家、安义、遵礼、存信、言语、交友、妇行。

周后即 4 月 19 日，开始阅读《三国演义》。除阅读文学著作外，还练习将荷属东印度政府法令译成中文，并将中文账簿等译成荷文。到了 5、6 月，因为天气日渐炎热，他们的学习才有所松懈。1881 年，高延出版的《厦门的年度节庆与习俗》中"关帝崇拜"一节，有较长篇幅的《三国演义》内容的摘要，可见高延对该书之熟稔。故薛伯记录的以上学习过程，高延大概也经历过。除训练阅读和翻译，培训生还练习对话，主要是和老师聊天。通过对话，他们也了解了中国文化和社会。

图 2 光绪五年（1879 年）4 月 29 日，第二批培训生（薛伯、武珀、杨亚理）在鼓浪屿荷兰领事馆前与中国老师、朋友和仆人合影。前排坐着的人，从左到右分别是赵少勋、王经冬和范经。照片由薛伯保存。

资料来源：Koos Kuiper, *The Early Dutch Sinologists*（*1854-1900*）：*Training in Holland and China, Functions in the Netherlands Indies*, Brill, 2017, p. 492。

在厦门指导高延的老师是赵少勋，第二批培训生薛伯、第三批培训生武礼的指导老师都是他。薛伯日记有时称之为"赵六舍""赵六爷"[1]；1925 年，武礼曾有一篇文章回忆到赵少勋：

> 与住在拉彭堡的一所房子中，纽扣系着缎带的杰出与博学的教授（他指的是施古德）完全不同，他与包括兄弟们在内的亲戚们住在鼓浪屿一条巷弄旁不起眼的、昏暗的宅子里。在过去大约 20 年或更长的岁月中，他每天教授荷兰学生 4 小时，每月薪酬仅为 12 墨西哥元（约 19.2 荷兰盾）。他是一个 50 多岁的老人，穿着一件长长的丝质长袍，脚蹬厚底鞋子，走起路来慢吞吞的，长长的辫子［优雅地］垂在脊背上，鼻梁上架着一副大大的眼镜……

---

[1] 1879 年 2 月 28 日的薛伯日记。Koos Kuiper, *The Early Dutch Sinologists*（*1854-1900*）：*Training in Holland and China, Functions in the Netherlands Indies*, Brill, 2017, p.491.

　　我在很短的时间内——就如我了解他所用的时间一样——认识到他实际上是我的父亲，而雇用他的我其实是他的孩子。这位弱小的教师每月从我这里获得 12 墨西哥元，每天早晨像个被雇用的仆人一样准时到达，以一种非凡的方式，用几个含义深邃的词语，以及博学多识的欧洲教授绝不做的潇洒手势，传授孔子和老子的智慧……

　　同时，赵老师还插手我的家务，欺诈他推荐给我的仆人，在他介绍给我的商铺中哄抬价格以便获得私底下的好处。他表现得好像我以难以置信的低价买到东西均拜他所赐。直到很久以后，我才明白赵老师是如何依靠微薄的收入来生活的。在那些蔑视他的行为，又对其睿智感慨不已的人看来，他们应该要么烧掉《圣经》及其他宗教和哲学著作，要么永远不要涉及交易！①

这段引文最后一句翻译不够准确，应译为：

　　赵老师显得那么安详而智慧，却又私底下拿回扣还被我发现了，还卑鄙地敲诈仆人，但对于那些蔑视他行为的人，那些对其行为反差感到心碎（poignant）的人，我要说，这些人要么把《圣经》和所有其他宗教和哲学的书都烧掉，要么永远不要做买卖了！②

显然，武礼在知道赵少勋老师生活如此清贫之后，理解了他的一些不光彩行为背后的难言之隐，对他学问和生活之间的行为反差表达了同情。

　　和十年后到鼓浪屿接受培训的武礼不同，高延从未私下提及老师赵少勋，只在著作中偶尔有所提及。1883 年，高延在论文《厦门佛教的度亡法事》中描写客人所馈赠的丧葬礼物清单，其中有一张名帖："恭挽……李永美……仙逝，乘鹤西归。……少勋、春永同顿拜。""春永"可能是赵少勋夫人的名字；另一份礼物"馔盒"，是装在纸包里或小柳条篮里的糖果，厦门称为"荐盒"，上面写着："冥资肆事，奉申奠敬"。"奠敬"写在一张窄纸条上，左下角写着："阳愚侄赵必勋顿首拜"。送给丧家的卡上写有祭品名称，上面写着："愚弟赵必勋顿首拜"。赵必勋应是赵少勋的一位兄长。光

---

① 包乐史：《筚路蓝缕，以启山林：莱顿大学的早期汉学家（1854—1911）》，载〔荷〕伊维德编《荷兰的中国研究：过去、现在与未来》，耿夏、刘晶、侯喆译，上海社会科学院出版社，2021，第 46 页。此处译为"《我的中文老师赵晓云（Tio Siao Hoen）》"或有误。

② 原文是：Those who despise his behaviour and who deem poignant the contrast between the serene wisdom, the secrets of which he disclosed to me, and the ignoble squeezes, those people should either burn the Bible and all other religious and philosophical literature in their library, or never engage in trade again!

绪三年（1877 年），赖府的这次葬礼举行了一周左右，在赵少勋陪同、解释下，高延自始至终全程参与、观察、记录。

薛伯日记中还提到，赵少勋认为欧洲女人的地位贵于男人，因为男人见了女人总是彬彬有礼。另一位老师王经冬告诉薛伯："传教士割下死信徒的眼睛，将之送给耶稣，以获得奖赏。"薛伯想让他皈依基督教，他也不太能理解。王经冬还说，中国人对那些信奉基督教的人感到愤怒。

四　薛伯等培训生在厦门的游玩及在漳州的实习

光绪五年（1879 年）3 月 12 日，第二批培训生薛伯等人到厦门一个朋友的店里看中国戏剧，邀请人是第一批培训生富亭在厦门期间交下的一位中国朋友。这是薛伯等人第一次离开鼓浪屿进厦门岛，薛伯在一封信中写道：

> 这是我们第一次进城。任何一个从未见过中国城镇的人，都很难想象它是什么样子。据许多目击者说，厦门"比中国还中国"，也就是说，厦门非常的狭窄、凌乱，气味非常难闻，是世界上最不卫生的城镇中最脏、最拥挤的城镇之一。在最宽阔的街道上，顶多也只够四五个人挨着站开，前提是他们的肩膀还不能太宽。如果两个人在巷子里走个对脸，两人都必须贴着墙侧身才能过去。再加上有很多狗和猪在街上游荡，所以有时候不得不用棍子赶走它们之后才能通过。嗅觉神经受到最严重的考验；每时每刻都有撞到那些从不洗漱、气味难闻的苦力的危险；到处都可以见到乞丐，他们因麻风病和其他疾病脸部畸形，对着你咧开嘴笑；诸如此类！那就很容易理解，为什么一个人再去厦门的话，就要三思而行了。[①]

无独有偶，高延对厦门街道的狭窄及脏乱也有深刻的印象。例如 6 月底的"开焰口"："结果，狭窄的街道上堆满了无数的火焰，使之充满烟雾和恶臭，以及令人窒息的热气，同时形成了一个奇观，数百支冒烟的蜡烛散发的光像篝火一样刺破了暗夜。"再如高延描述的厦门常见的宫庙：

> 通常开在街道最宽广的地方或小广场上，这就提供了一个就近的避难所在，街面上的懒汉、掷骰子的赌徒、苦力、剃发匠、现做吃食的人，只要天气恶劣，

---

① 薛伯这封信写于 1879 年 8 月 23 日，发表于 1879 年 10 月 31 日。

或者太阳晒得人在户外活动不舒服，他们就会毫不客气地进到寺观中来占个位置。孩子们在里面玩耍和打闹，猪、鸡、狗等吃着街边厨房丢下的残汤剩饭。到了晚上，这里又成了乞丐和流浪汉的宿舍，白天，苦力们也在这里慵懒地等活。从早到晚，一群无所事事的人在里面玩纸牌或骰子，他们不停地大声争吵，直到有时受到官府的打击。①

　　薛伯等人来到朋友的商店里，喝茶、吸雪茄，然后看戏。令薛伯他们失望的是，戏剧唱白都是官话，他们一句也听不懂。薛伯觉得声音"难以忍受"，而且演员脸上蘸满红色颜料，动作"夸张可笑"，"女人"扭捏作态，后来才知道居然是男人装扮的，还有演员随地吐痰。这使薛伯没有一点艺术的感觉。几天后，这个朋友又带着他们参访了南普陀寺；4月，还带着他们乘坐轿子在漳州游玩了几天。6月25日至7月13日，薛伯三人利用一艘荷兰船停靠鼓浪屿的机会，到台湾玩了20天。另一个老师王经冬曾两次邀请学生参加节庆活动。4月9日王经冬结婚后，还曾邀请学生去看他年仅17岁的新娘。9月5日中元节，王经冬邀请他们到家中：

　　　　我们去食普度。第一次在家中用餐。武珀再次大快朵颐。普度公不只大仙。节庆充满乐趣和玩笑，许多妇女也在坐着观看。②

　　可以想见，高延也曾受邀参加了不少类似的节庆活动。薛伯参加这样的活动，纯粹是看热闹，他"不像高延那样是敏锐的中国习俗的观察者，也不像武礼那样在中国的节日及其故事中找到了灵感"③。课余之暇，培训生们积极参与了厦门外国人的社交生活，一起聚餐，观看戏剧表演。还经常邀请其他人在他们的住处吃晚餐，然后闲聊、唱歌。几乎每天都在鼓浪屿上散步，还经常去骑马，在俱乐部打保龄球和打台球，有时候去打猎。

　　按照培训计划，培训生必须到漳州住一段时间。1879年9月，第二批培训生开始考虑这件事。他们之前去过漳州三次，一直没找到合适的房子，这次终于解决了这一难题。11月24日，在搬到漳州的一周前，薛伯等三人用英语给宝记写了一封信：

① J. J. M. De Groot, *Les Fêtes Annuellement Câelâebrâees áa âEmoui*（Amoy）：*âEtude concernant la religion populaire des chinois*, San Francisco：Chinese Materials Center, 1977, p. 341.

② Koos Kuiper, *The Early Dutch Sinologists*（1854－1900）：*Training in Holland and China*, *Functions in the Netherlands Indies*, Brill, 2017, p. 495.

③ Koos Kuiper, *The Early Dutch Sinologists*（1854－1900）：*Training in Holland and China*, *Functions in the Netherlands Indies*, Brill, 2017, p. 497.

我们谨通知您，为进行汉语和风俗研究，我们认为有必要住在漳州府的漳州市，时间是从今年 12 月 1 日到 1880 年 3 月 1 日。我们恳请您将我们的目的告知厦门的道台，知会漳州府的中国官员。我们希望，按照 1863 年中国皇帝陛下与荷兰国王在天津签订的《条约》规定，我们将受到他们的保护。①

1879 年 12 月 1 日，薛伯三人与仆人和两名老师一起搬到漳州，住在一栋两层楼的房子里。之后三个月的时间，他们一直生活在中国人中间。有很多人来看他们，他们也拜访了许多中国人，包括当地官员、军官、商人和一名西医，遇到的唯一一个外国人是一位罗马天主教神父。他们游览了漳州附近的名胜。有一次，他们还逛了一家妓院，薛伯用闽南话称之为"否团间"。

12 月 19 日，在一个中国朋友的陪同下，三人参观了漳州附近一个村庄举行的宗教节庆活动，名曰"看香"。观看的人很多，三人在人群中分开了，突然有人向他们扔土块和石头。局势变得危险了，他们赶紧离开。后来他们听说有谣传，有戴白帽、穿浅色西装、看似穿着丧服的外国人打扰了这次节庆活动。1880 年 2 月 25 日，薛伯三人离开漳州，在厦门住了一周后，3 月 3 日启程前往香港，经新加坡抵达巴达维亚。4 月 26日，薛伯被派往望加锡，武珀到井里汶，杨亚理到南旺。

以上是 1879 年抵达厦门的第二批译员培训生学习、生活的大概情形。与薛伯三人始终一起进退有所不同的，高延三人似乎是各忙各的。尤其是高延，他早就打定主意，要利用在福建学习的一年，搜集年度节庆的资料，所以对于漳州方言的训练并不太上心。他离开厦门一年之后，1879 年 3 月 1 日，薛伯在日记中写道："富亭的中国话说得很好，高延说得不好，但他学了很多东西。"高柏认为这可能是富亭的中国朋友私下告诉薛伯的。②

在中国的这一年学习的确让富亭受益匪浅。他不仅中文说得好，而且能与中国人友好相处。他有几个中国朋友，大多是漳州和福建内地的商人。施古德曾建议学生抵达厦门后尽快到漳州，与那里的中国人日常接触，学习荷属东印度华人使用最广泛的方言。高柏认为，第一批来华学生之中，似乎只有富亭按要求做了。当第二批学生首次来到漳州时，他们在富亭的中国朋友的陪同下参观了他曾住过的地方，发现有一盏灯笼，上面写着"富亭　大荷兰国翻译官"。薛伯的日记中从未提及高延和斯图亚特曾到漳州学习。另外，专门研究荷兰早期汉学家的高柏教授还提到，1877 年 11 月 12 日，富亭在漳州用

① Koos Kuiper, *The Early Dutch Sinologists* (1854–1900): *Training in Holland and China*, *Functions in the Netherlands Indies*, Brill, 2017, p. 506.

② Koos Kuiper, *The Early Dutch Sinologists* (1854–1900): *Training in Holland and China*, *Functions in the Netherlands Indies*, Brill, 2017, p. 482.

英语给荷兰驻厦门领事宝记写了一封信：他即将完成学业，现在写了一封给荷属东印度司法部部长布津先生的信，请求他拨付自己和一名中国职员的差旅费。富亭请宝记寄这封信。高柏教授未查到高延和斯图亚特的类似书信。斯图亚特在中国的学习情况也不太清楚。

笔者以为，高延肯定到过漳州。因为这是他到中国学习的主要目的地，只待在鼓浪屿是完不成学习任务的。高延曾在《厦门的年度节庆》前言中介绍漳州云：

> 海外移民的摇篮是漳州府。其首府亦名漳州，位于龙江北岸，离厦门约 35 英里。据说大约 20 年前，这座城市仍有 60 万居民；但其后衰败了；同治三年（1864 年），在可怕的太平军屠城之后，这个城市的人口减少了 2/3，城镇大部分都被烧毁了。漳州的繁荣从此消逝了也许很长一段时间了。现在，穿过邻近的厦门美丽山坡的旅客，会忧郁地环视着那一片巨大的废墟，这里曾经平静地生活着一群勤劳的民众，这里曾是生产和商业蓬勃发展的地方。[①]

最后几句话，更像是高延初入漳州时的观感。

五　高延在鼓浪屿广泛搜集有关中国宗教的资料

高延住鼓浪屿期间，开始广泛搜集有关厦门年度节庆的资料，如其日记中自述：

> 这一年几乎全用来搜集厦门中国人年度循环举行的节庆的资料上了，我参加的每次庆典……尽可能忠实地观察。旅行穿过山谷和闽江沿着西南方向的道路进入省会福州，在那里，我平生第一次参观了鼓山寺……接下来我穿过闽江的南支流，然后沿着晋江进入泉州辖区。[②]

光绪三年（1877 年）12 月，高延参观了位于福州的鼓山涌泉寺，目睹了一场宗教仪式。寺内有 200 名僧人，一个身体肥胖而神情愉悦的知客担任他的向导，讲述寺院的各种奇闻逸事。举行仪式的时候，他站在高延身边，解释眼前正在发生的事情，当时大殿内有 100 名和尚诵念：

---

① J. J. MDe Groot, *Les Fãetes Annuellemeıt Câelâebrâees áa âEmoui（Amoy）：âEtude concerning la religion populaire des chinois*，San Francisco：Chinese Materials Center，1977. p. 341.

② Koos Kuiper，*The Early Dutch Sinologists（1854–1900）：Training in Holland and China，Functions in the Netherlands Indies*，Brill，2017，p. 433.

　　我很好奇地注视着那一排排静止的僧人，手臂、脑袋和眼睛都一动不动，只有嘴唇在微微颤动；他们似乎不是活生生的人，而是一尊尊会说话的雕像。但有时这种效果会暂时被打破。就在这时，所有僧人突然一起跪在面前的垫子上，过了一会儿，他们又从垫子站了起来。他们偶尔有这样的动作，会让人以为他们是自动木偶，由同一机械同时驱动，特别是因为既没有命令也没有信号来指挥他们一起动作。过了一会儿，他们在跪垫和座位之间排成一长列，在敲磬之人的带领下往前走，双手仍胸前合十，眼睛低垂；这个时候，僧众改为低声诵念"阿弥陀佛"。……为知道称念弥陀圣号的次数及因此所获功德，僧人手上都有一串念珠，小心翼翼地数着。他们的声音和态度始终都是最恭敬的。有时念诵声音加快，音调升高，到达最高音后再逐渐降低，敲磬之人高低快慢地引领着念诵的节奏。偶尔有僧人从队列中走出，在三尊佛像前跪拜。①

　　高延还经常到外地旅行、访问，有时候就住在乡下的祠庙内。《厦门的年度节庆与习俗》中写道：

　　我在福建旅行的时候，到了晚上，如果情况允许，就可以毫无尴尬地进到所到村庄的宫庙内住宿过夜，因为到处都没有客栈，而且即便有客栈，我也像躲瘟疫一样避之唯恐不及，这些客栈是如此肮脏，到处都是害虫。当我们把垫子铺在供桌上，裹上毯子，在众神和女神的注视下，在这张"旅行床"上睡觉时，这里的人们毫不犹豫地拥挤着跑来，怀着最强烈的好奇心注视着我们的一举一动，可是从来没有人想到过禁止我在里面住宿，或对亵渎祭坛的行为感到愤怒。相反，在所有的村庄里，我只发现了善意和乐于助人，尽管可能大多数居民认为我只是漫无目的地游荡的流浪汉。为预防被人赶走，我在香炉灰中放些钱，说是用来买蜡烛和香，其实是送给宫庙守护者的……有时候，我走了一天的路，到村庄寻找一处可以过夜的宫庙，却发现已经被占了，却不是人，而是动物；村民们因为没有好一点的牲口棚，就把牛放了进去。②

还有一次，因为找不到住宿的地方，高延和仆人只好睡在船上：

———————————

① J. J. M. De Groot, *Les Fêtes Annuellement Câelâebrâees áa âEmoui (Amoy)：âEtude concernant la religion populaire des chinois*, San Francisco：Chinese Materials Center, 1977, p.541.

② J. J. M. De Groot, *Les Fêtes Annuellement Câelâebrâees áa âEmoui (Amoy)：âEtude concernant la religion populaire des chinois*, San Francisco：Chinese Materials Center, 1977. p. 45.

光绪三年（1877 年），有一次，我们一行人在福建旅行，因为那个地方找不到较好的住处，只能在一艘小船上投宿。我的仆人，平常其他方面看起来非常机灵的一个男孩子，固执地拒绝睡在船舱内的地板上，只是因为他注意到那里有两道拼合的裂缝（即船舱的地板是由三块木板拼成的），于是他就在露天的船尾过夜，当时是 11 月。①

六　高延离开鼓浪屿前往荷属东印度就任汉语译员

1878 年 2 月 9 日，高延乘船离开鼓浪屿，前往广州。高延、富亭、斯图亚特三人是否同行，未知。途中，高延访问了广州，然后从香港乘一艘满载中国移民的小轮船前往新加坡，据他自己说，这样做的目的是想要亲自观察劳工的运送情况。

1878 年 3 月 16 日，高延、富亭、斯图亚特三人从新加坡抵达巴达维亚。4 月 13 日，高延受命到井里汶、斯图亚特到班卡、富亭到望加锡担任汉语译员。从 1878 年入职到 1892 年最终离开殖民部，高延的身份始终都是"汉语译员"（tolk voor de chineesche taal），他所写的所有信件中，最后落款都是如此。高延传记的作者韦伯洛夫斯基（R. J. Zwi Werblowsky）判断，在当时的殖民地，这是一个二流角色，并不受人重视。在殖民部决定培训荷兰人做译员之前，已有不少华人译员，政府和华人之间的日常沟通没有问题。经过几次危机（婆罗洲公司战争，禁止秘密社会及班卡案）之后，殖民政府才意识到需要培训荷兰译员。这样一来，高延他们这批译员的身份和地位就很尴尬。荷兰官员与华人之间日常的沟通、交流不需要高延他们参与。殖民政府只是有备无患，万一遇到紧急事务，华人译员不方便参与的时候，他们才出面。所以作为译员，他们最大的抱负是在与华人有关的事务中拥有发言权，成为政府的政策顾问。如花兰君在 1863 年写给凯士（De Grijs）的一封信中所说：

在我看来，政府只希望译员在紧急情况下采取行动，而不是经常使用译员，也就是说，他们更像是顾问。但是，一个人在没有经验的事情上怎么能做顾问呢？一个人如果不能独立判断和行动，又怎么能获得经验呢？②

---

① J. J. M. De Groot, *Les Fêetes Annuellement Câelâebrâees áa âEmoui*（Amoy）: *âEtude concernant la religion populaire des chinois*, San Francisco: Chinese Materials Center, 1977. p. 21.

② Koos Kuiper, *The Early Dutch Sinologists*（1854 - 1900）: *Training in Holland and China, Functions in the Netherlands Indies*, Brill, 2017, p. 808.

另外，华人精英阶层和当地的荷兰官员已经形成某种共生关系，华人译员对此置若罔闻，但殖民部派来的荷兰译员发现某些不正常的现象，可能会向殖民部报告，或者宣之于荷兰社群。所以殖民地官员有时候以"间谍"看待汉语译员。高柏教授举了一个例子说，中国精英阶层常邀请殖民地官员参加盛大宴会，并提供各种娱乐；受请过的官员从不回请，而且觉得很正常。汉语译员看到这一点，就觉得不太对，因为这违反了中国人基本的互惠原则。荷兰官员无意中欠了中国人的人情债，那么他们在处理相关问题或诉讼时，就很难保持中立性。① 因为这一立场，一些译员被责备站在中国人一边，是被中国人污染了。②

1878 年，刚到井里汶任职的高延就因此惹出了事情。当时殖民地官员的太太小姐们喜欢在官方舞会上跳舞消遣，有时候有中国人在旁边看着，她们也不管不顾。高延看不下去了，匿名印成传单谴责她们，因为在中国人看来，女人当众跳舞是一种很粗野而且"可鄙的消遣方式"。尽管是匿名方式，大家私下都知道是高延写的，尤其是群岛所有新闻报纸上都有登载，高延因此得罪了所有的太太小姐，所以他在当地荷兰社群中是一个没什么人搭理的家伙。按高延的说法，身边"都是一些怀有恶意，爱说长道短、传播流言蜚语的人……似乎成为无药可救的民族瘟疫"③。

高延后来称在井里汶的两年是"人生中最悲惨、最困难的那两年"。处于爪哇北部海岸的井里汶，以其有害身心健康的气候而闻名；高延平常日子无事可做，也没人搭理他；周围的人素质还低，按高延的说法，殖民当局的行政人员，没有一个人能"写下一句像样的英文句子"。再加上家庭刚发生重大变故，父亲破产，长兄、幼妹又先后去世。落到这样悲惨的境地，高延更是对施古德颇多恶毒怨恨之词。在莱顿大学，施古德曾推荐并高度评价汉语译员的职业，高延现在觉得这纯粹是谎话，"实际上我上了他的圈套"。

在井里汶那两年悲惨且困难的日子里，高延被迫重新思考自己的职业和前途：

> 有一个信念越来越强烈，那就是这个工作不适合我，我必须寻找另一领域的职位。坚定不移地坚持我的研究是所有这些的自然结果，我将会在学术领域出类拔萃，那么必然有一条道路从这一切中显现出来。（1878 年日记）。

---

① Koos Kuiper, *The Early Dutch Sinologists（1854 - 1900）: Training in Holland and China, Functions in the Netherlands Indies*, Brill, 2017, p. 807.

② Koos Kuiper, *The Early Dutch Sinologists（1854 - 1900）: Training in Holland and China, Functions in the Netherlands Indies*, Brill, 2017, p. 815.

③ R. J. Zwi Werblowsky, *The Beaten Track of Science: The Life and Work of J. J. M. de Groot*, ed. Hartmut Walravens, Wiesbaden: Harrassowitz Verlag, 2002, p. 35.

正是在爪哇和婆罗洲下游令人窒息的气候下，我们开始使用在中国收集的材料；我们不得不在远离欧洲及其文化的几千英里之外工作，自己能找到的中国书籍太少了，而周围又没有一个供应充足的公共图书馆。……我们还必须认识到，要想从中国人的嘴里得到关于其习俗起源的定论与习俗的真正含义都是不可能的，因为他们在这方面绝对无知。[①]

1880 年 1 月 7 日，如高延所要求而且很快得到答复的，他被调往西婆罗洲，但他先去万丹省的新加拉惹（Sindanglaya）休息疗养三个月。从 1880 年 5 月到 1883 年 1 月，高延住在西婆罗洲的坤甸（Pontianak），负责沙捞越罗阇（Rajah，即总督）查尔斯·约翰逊与英国人的通信工作。他经常陪同查尔斯·约翰逊外出旅游，努力学习客家话，并继续编写他的《厦门的年度节庆与习俗》一书。根据高延的说法，沙捞越罗阇查尔斯·约翰逊待他不错，希望高延能向他的二女儿求婚，"但我肯定不会娶一个混血儿的——我对此一种族太了解了。"

在 1880—1883 年的西婆罗洲任期内，高延陪同他的上司荷印坤甸专员做了大量的公务旅行，与东万律（Mandor）的最后一个华人社会组织兰芳公司有密切的往来。他和兰芳公司年迈的头人刘阿生及其女婿叶湘云等首领建立了友谊关系，并跟他们学会了客家话。由于意识到兰芳公司组织及其制度的重要性，而且预感到荷属东印度当局一待老甲太刘阿生死亡就会解散兰芳公司，高延于是尽其所能，历时三年，发掘、收集了兰芳公司及其他已被消灭的华人金矿公司的文字和口传资料。其后出版了一本专题著作《婆罗洲华人公司制度》。从这本书，我们或可窥见高延当年生活之一斑，如其云：

> 我在西婆罗洲当中文翻译。由于职业的关系，所有政府（由专员代理）与公司首领之间的交往工作均由我经手，并且我经常在东万律逗留，因此与该地区的大多数首领有相当密切的关系。

在婆罗洲，高延到处漫游，职责是调查华人居住的社区，他经常自己一个人走，徒步或乘马，这样他就可以自由地与华人交谈。"按这种方式四处奔波超过三分之一的时间，干这活儿还是挺愉快的，而且能见到各种各样的事物。"高延对荷属东印度的华人印象很好，特别是女性：

---

① R. J. Zwi Werblowsky, *The Beaten Track of Science: The Life and Work of J. J. M. de Groot*, ed. Hartmut Walravens, Wiesbaden: Harrassowitz Verlag, 2002, p. 42.

那些去过婆罗洲华人区的浅薄的外国人，看到客家妇女日常在田间辛勤劳动+长途运货到集市出售，难免动了怜香惜玉之心而鄙视她们的男人。遗憾的是，这种由西婆罗洲华人妇女的温柔美丽而引发的欧式殷勤往往不经久，因为人们很快就会明白，客家男人的辛劳并不亚于本族妇女，这里绝对不存在滥用女性劳动力的问题。何况对这些妇女来说，劳动是她们的第二天性，对此她们并无怨言。

高延也注意到了闽南人和广东人性格上的差异：

闽南人热爱和平安定，喜欢从事宁静的工作，尤其是农业生产，正是这种温和的性格所致。每个深入接触并留心观察过他们的习俗的人，一定会注意到闽南人与它的南部邻居完全不同。他们像所有的华人那样并不缺乏坚忍的工作精神，但不具备客家人与福佬那种独一无二的钢铁般的性格。

当时有人讽刺华人懦弱而胆小，高延反驳说：

有这样一个民族，在完全没有祖国的战舰、士兵或大炮支持的条件下，让自己的人民离开美好的家园，到炎热的热带和遥远的海洋去谋生。那里极少有同胞、祭坛和神明，有的只是陌生而敌视他们的异族人。他们并非以成千上万的集体，以强力或全副武装去开创自己的事业，而是一个接一个或以小组的形式前进，最勇敢的人当先锋，每人凭借自身的力量、机智与道义自力更生。难道这不是值得称道的勇气以及肉体、道义上的力量吗？

华人的互助精神尤其令高延印象深刻：

互助精神深深渗透在中华民族个性之中。即使在完全没有亲缘关系只是同行业的人当中，无论职业多么低贱，互助精神依然存在。试举一个本人亲眼目睹的例子：1877 年在厦门，有个给我们做事的艄公准备结婚。根据要求，他必须给女方一百元做为聘金，而以往他每月只有六元收入，其中还要分出五元做老父的生活费与兄弟的教育费。但他却在极短的时间里筹集了这笔款项，与他同行的弟兄们都拿出平时积蓄的血汗钱，却不提什么归还条件。①

---

① 以上引文俱见〔荷〕高延《婆罗洲华人公司制度》，袁冰凌译，"中研院"近代史研究所，1996。

七　高延在巴达维亚出版《厦门的年度节庆与习俗》

1881 年，高延出版了一本著作，距离他 1878 年 2 月离开厦门已经有 3 年时间。这本荷兰文著作直译为《厦门中国人的年度节庆与习俗：对我们爪哇华人同胞知识的比较研究》（*Jaarlijkse Feesten en Gebruiken van de Emoy-Chineezen：Een vergelijkende bijdrage tot de kennis van onze Chineesche meaeburgers op Java*），[①] 另有说明为："关于厦门人所崇拜的大量神祇的专著"，作者是"坤甸暨巴达维亚汉语翻译高延"，由"巴达维亚艺术与科学学会"出版，1881 年出版的是第一卷。在此之前，高延发表了若干篇小论文，如 1878 年在《中国评论》（*China Review*）发表的《郭圣王》《关于蜡烛、灯和火的一些民间传说》等；1880 年在同一杂志发表的《中国人大门上的红纸和图像等》《两位文神和一位理发师保护神》。这些论文最后都收入了《厦门的年度节庆与习俗》一书中。这本书第二卷出版于 1883 年。次年，高延因为此书获得莱比锡大学的博士学位。1886 年，在法国新教牧师沙畹协助下，该书译为法文本。两个版本内容上差别不是太大，法语本增加了大量的中文引文，并由著名画家费利克斯·雷加米（Felix Regamey）增补了 12 张素描，连同 12 张照片，共增加了 24 幅插图，所有这些照片及素描，都以吉美博物馆中高延从厦门运来的宗教神像收藏品为原型。另外，弗里德曼教授对比阅读后曾指出，两个版本语气上略有不同，荷兰文原版描绘中国时的赞美语气更为明显。

高延的《厦门的年度节庆与习俗》一书可视为西方关于中国宗教民族志学或社会学的开山之作。有学者认为，高延写作这本书，和理雅格一样，是一种"浪漫主义的风格"，在普世主义范式中"概念化"了中国宗教。[②] 西方学界对这本书的评价很高。如德国学者施穆茨（Georges-M. Schmutz）教授认为：

高延并不是社会科学方面的专家，尽管在其整个学术生涯中一直担任民族学教授。但这并不妨碍他成为第一个在中国进行田野调查的人（1877 年，1886 年至 1890 年）。在这些年里，高延的意图是以民族志的方式观察中国的宗教习俗。因此，他是汉学研究中第一个以田野方法反对书斋方法的人。[③]

[①] 本文将此著作名称汉译为《厦门的年度节庆与习俗》。

[②] Ho-Fung Hung（孔诰烽），"Orientalist Knowledge and Social Theories：China and the European Conceptions of East-West Differences from 1600 to 1900," *Sociological Theory*，Vol. 21，No. 3，2003，pp. 254–280.

[③] Georges-M. Schmutz，"Sociologie de la Chine une perspective europeenne," *Revue européenne des sciences sociales*，T. 25，No. 76，1987，pp. 199–246.

美国加州大学宗教学系司马虚（M. Strickmann, 1942—1994）教授也对该书做了评价：

> （《厦门的年度节庆与习俗》）虽只限于定期举行的仪式，对斋醮的描述相当粗略，但高延的研究仍是西方人对中国宗教实践的最完整的描述。它为我们提供了一个世纪以来罕见的民族志视角，最近的再版将使这本书更容易为新一代学者所接受。①

司马虚所说的"再版"，指的是1977年版。鲍克兰（Inez de Beauclair）② 在该版序言中指出："《厦门的年度节庆与习俗》是高延在中国第一次进行长期实地考察的成果，因此，单凭这个原因，它在人类学史上就占有特殊的地位。"③ 田海（Barend J. Ter Haar）教授认为："荷兰民族学家和汉学家高延于19世纪80年代在福建待了大约六年，是第一位在福建的西方专业的田野工作者（the first Western professional fieldworker）。他对实际的习俗进行了非常详细和生动的描述，指出中国社会的不同阶层都信奉这一宗教信仰、习俗。"④ 法国人类学家李穆安（Jacques Lemoine）写道："福建的地方文化很有趣，在我们西方人对中国宗教的观念中，该地域性传统自高延以来一直所起的作用，再怎么强调都不为过。"⑤ 施舟人（K. Schipper）教授指出，高延这本书"首次使用了对20世纪中国宗教研究产生如此重要影响的社会学方法论"⑥。牛津大学教授弗里德曼（M. Freedman）认为，高延是中国宗教研究中"汉学-社会学"最重要的撰写者之一，在这本书中，高延关于中国宗教的观点，整体上是赞赏的（complimentary），其延续的仍是"18世纪欧洲对中国尊重"的色调，"中国被描绘成一个与欧洲有共同根源的另类文明"，"与欧洲相比，中国在某些方面甚至还有一定的优越性"，这本书还表达了

---

① Michel Strickmann, "History, Anthropology, and Chinese Religion," *Harvard Journal of Asiatic Studies*, Vol. 40, No. 1, 1980.

② 鲍克兰女士（Inez de Beauclair, 1897-1981），德国人类学博士，自1941年开始在贵州大学教德语、法语和拉丁语，同时从事少数民族研究。20世纪40年代用中英文发表多篇研究论文。1952年后到台湾从事少数民族调查和研究，1956年出版《仡佬的族属问题》，1970年出版《中国西南少数民族文化》。

③ J. J. M. De Groot, *Les Fêetes Annuellement Câelâebrâees áa âEmoui (Amoy): âEtude concernant la religion populaire des chinois.* San Francisco: Chinese Materials Center, 1977.

④ Barend J. Ter Haar, *Guan Yu: The Religious Afterlife of a Failed Hero*, Oxford University Press, 2017.

⑤ "Taoist Ritual and Popular Cults of South-east China, Review by Jacques Lemoine," *Social Anthropology*, 1997, p. 211.

⑥ K. Schipper, "The History of Taoist Studies in Europe," in J. Cayley and W. Ming (eds.), *Europe Studies China: Papers from the International Conference on the History of European Sinology*, London: Han-Shan Tang Books, 1995, p. 472.

"反基督教尤其是反天主教的情绪，并强调了中国盛行的宗教宽容"①。这一点甚至让法文的翻译者新教牧师沙畹很是为难，他根本不同意作者的观点，但仍勉为其难，非常准确地完成了翻译。

至于该书在日历节庆活动研究方面的开创意义，如加拿大阿尔伯塔大学人类学系白瑾（Jean De Bernardi）教授认为：

> 每年节日丰富多彩、生动活泼的庆祝活动是中国宗教实践的核心。按日历举行仪式是中国宗教实践的一个方面，尽管这是一个明显的事实，但与道教仪式或佛教教义相比，其在中国宗教研究中还是被边缘化了。事实上，中国的"民众宗教"（popular religion）似乎遭到了许多学者的蔑视，在他们看来，这些实践是"非宗教的"和无序的。就连葛兰言也总结说，在民众的宗教实践中，"古代的节日被简化为杂乱的仪式，不同的宗教思想体系在日历上往复分布"②。一个明显的例外是高延的《厦门的年度节庆与习俗》：在这部著作中，他称日历是一把"奇妙的钥匙"。③

专门研究中国节日的德克·卜德（Derk Bodde，1909–2003）教授认为，相比较而言，高延的《厦门的年度节庆与习俗》一书覆盖面更广，而非更具体的某一节日的专题研究，是"侧重于19世纪后期，且追溯到过去的所有时代"；相比较而言，艾伯华（Wolfram Eberhard，1909–1989）的研究是从古到今，且没有关注特定的时期；至于其他学者的研究，更多集中在现代某一特定节日场景。卜德概括《厦门的年度节庆与习俗》学术成就如下：

> 在用西方语言写成的关于中国节日的著作中，无论是学术性的还是通俗性的，大部分都只论及"现代"中国，即19世纪末和20世纪初的中国，很少或根本不关注"前现代"的书面资料来源。荷兰汉学家高延的大量研究是一个显著的例外，既涉及历史上的节日，也涉及现代的节日。尽管理论上存在弱点（尤其是试图用当时流行的太阳崇拜理论来解释它所描述的内容），但其仍不失为该题材著作的最早例子，可能是该主题最有价值的资料。尤其有价值的是，它结合了大量的个人

---

① M. Freedman, *The Study of Chinese Society: Essays by Maurice Freedman*, Stanford, CA: Stanford University Press, 1979, p. 355.

② Marcel Granet, *Festivals and Songs of Ancient China*, George Routledge & Sons, 1932, p. 237.

③ Jean De Bernardi, "Space and Time in Chinese Religious Culture," *History of Religions*, 1992, p. 248.

观察，因为现代化已广泛地改变了中国的传统环境，而高延的个人观察却是在此之前；而且总的来说，该书史料来源的翻译也非常引人注目。[①]

八 高延是从鼓浪屿走出的中国宗教科学研究先驱

在这里有必要说明一下何谓"宗教科学"。凯普斯（Walter Capps）在《宗教研究：学科的形成》开篇就说，"把宗教研究称为一门知识学科，就是承认它采用了既定的规则和研究方法"。[②] 高延在莱顿大学的老师兼同事蒂尔（Cornelius Petrus Tiele）教授确定了"宗教科学"作为一门学科的研究对象、规则和方法等。在《宗教科学的要素》中，蒂尔提出，从性质上说，宗教科学是"一门专门的学科"，它不属于哲学、神学；尽管使用了大量历史材料，也不属于历史学；同样，人类学、心理学也许还有其他科学，虽然都为宗教科学的进步作出了贡献，但也只是"帮助我们了解宗教的真正性质和起源，从而达到我们的目的"，即追踪潜藏在世界各宗教中的自然宗教的表现方式与发展规律，并从宗教不同历史阶段的外在形态查看其内在观念的演变；宗教科学研究的对象不是神，而是建立在人对神信仰基础之上的一种历史、心理、社会乃至整个人类生活的现象，这是一种"事实"，可以且必须对其进行单独的研究，"将这些具有多重性的现象结合在一起的统一体是人的心灵"，"这种统一性使得对宗教的科学分类和对语言的科学分类一样具有正当性"。[③] 宗教科学要对所有形式的宗教采取一种完全客观的立场，不要试图评判其高低优劣，也不要"试图净化、改革或发展宗教本身——这是神和先知的任务"，尽管其研究可能会对宗教自身的净化和发展产生强大影响；与大家熟知的宗教学创始人缪勒（Friedrich Max Müller，1823-1900）相比，蒂尔更加明确了宗教学与神学的界限："神学家想要理解自己的宗教并为之辩护，而宗教学者则要调查宗教的本质与起源。"[④]

光绪三年（1877年）2月，高延踏上鼓浪屿的土地，就是按这一新出现的宗教科学的学术观念，尤其运用人类学的田野调研方法，"在闽南地区展开'汉人宗教'的历史民族志调查"[⑤]。其所取得的令人瞩目的学术成就，如韦伯洛夫斯基教授认为："高延

[①] Derk Bodde, *Festivals in Classical China：New Year and Other Annual Observances during the Han Dynasty*，206 B. D. -A. D. 220），Princeton University Press，The Chinese University of Hongkong Press，1975，p. 3.

[②] Walter Capps, *Religious Studies：The Making of a Discipline*，Fortress Press，1995，p. 1.

[③] Cornelius Petrus Tiele, *Elements of the Science of Religion，Vol. 1：Morphological*，Edinburgh，1896，p. 17.

[④] Cornelius Petrus Tiele, *Elements of the Science of Religion，Vol. 1：Morphological*，Edinburgh，1896，p. 22.

[⑤] 王铭铭：《刺桐城：滨海中国的地方与世界》，生活·读书·新知三联书店，2018。

早期对于中国民众宗教研究和民族志汉学之父的意义是毋庸置疑的"，"1877 年的高延，或已被称为中国宗教人种学和人类学研究之父"①。2012 年出版的《威利·布莱克威尔中国宗教指南》也指出："莱顿大学汉学教授高延代表了对中华帝国晚期中国宗教研究一种更加人类学的方法。"②

高延的这一学术成就，也得到了中国学者的充分认可。如国内较早关注并研究高延的葛兆光指出：

> 在一百多年前，欧洲最早研究中国宗教的是一个叫高延的荷兰人，……从西方角度对中国宗教进行了相当全面的介绍，而且值得注意的是，它不是从经典文本开始的，而是从实际调查开始的，代表了欧洲刚刚发展起来的人类学和中国学结合的方法。③

> 高延是欧洲最早研究中国宗教的学者，中国宗教田野研究方面的先驱者，被认为是西方到中国的第一个真正的民族学学者。④

正是在这一意义上，我们说高延是从鼓浪屿走出的中国宗教科学研究先驱。

---

① R. J. Zwi Werblowsky, *The Beaten Track of Science：The Life and Work of J. J. M. de Groot*, ed. Hartmut Walravens, Wiesbaden：Harrassowitz Verlag, 2002, p. 85.
② Randall L. Nadeau ed. *The Wiley-Blackwell Companion to Chinese Religions*, Wiley-Blackwell, 2012.
③ 葛兆光、盛韵：《海外中国学本质上是"外国学"》，《文汇报》2008 年 10 月 5 日。
④ 《葛兆光：看西方学者的理论，总让我怀疑："他们说的是中国吗？"》，观察者网，https：//www. guancha. cn/GeZhaoGuang/2019_11_13_524992_1. shtml。

卓尔敦其人

许毅明[*]

摘　要： 近代中国外籍税务司制度下的厦门关，曾经产生过 87 位税务司，卓尔敦（1938 年 4 月 11 日—1945 年 9 月 30 日在任）是其中之一，也是特别的一个。他在任时间长，却生不逢时，在抗日烽火期间临危受命，在沦陷区内委曲求全，又在抗日战争行将落幕时高调复出，最终被时代抛弃，黯然退出职业舞台。他并非碌碌无为，他创造了电脑编码，在任期间努力保护华人的利益，保留海关财产，并按照既定程序延续海关运作，为战后重建作出了力所能及的有益贡献。

关键词： 卓尔敦　厦门关　税务司　中国近代海关

厦门关税务司卓尔敦

1911 年 3 月初春，同许多怀揣淘金梦想的西方人一样，来自北欧丹麦的 23 岁小伙卓尔敦，风尘仆仆地来到上海，加入了如日中天的中国近代海关，在江海关谋得四等 C 级帮办（临时）职位。自此卓尔敦在外籍税务司洋人至上的体制下，摸爬滚打 18 年，于 1929 年 11 月晋升署副税务司，职务是"署襄办铨叙科副税务司兼署襄办秘书副税务司"。又过了 3 年，卓尔敦跻身税务司行列，仕途顺风顺水，直到抗日战争爆发，他的命运出现了转折。1938 年仲夏，日军频频进犯厦门，战事一触即发，就在战争阴影笼罩的紧要关头，4 月 11 日卓尔敦奉调接管厦门关。

---

* 许毅明，厦门海关史研究者，研究方向为厦门海关史。

一　生不逢时

1937 年 8 月，淞沪抗战爆发，中华民国财政部关务署发布战时命令，"凡各属主管人员，均应谨慎从公，不得轻离职守，倘有故违，重惩不贷"。1938 年 4 月接到调令后，卓尔敦极不情愿，但又不能抗命不遵。他清楚战争带来的动乱，海关也在风口浪尖上，但其骨子里西方人的傲慢天性，令他自信以非作战国公民身份，能够远离战争或少受波及。他的前任美籍税务司铎博贲（R. M. Talbot），战前未雨绸缪采取了不少防范措施：

"如果形势继续恶化，我将把海关迁往海关灯塔供应船'并征号'……会计课已迁到鼓浪屿常务副税务司住所。""3 艘较大缉私舰艇适时在香港设立基地，外籍家眷纷纷离开厦门去找她们的丈夫，这在很大程度上减轻了我的责任。然而一旦要撤退，关员中还有13 名外籍关员，其中 7 人有家属，还有 80 名列入提名录的华员。""我牢记你关于档案安全的指示，已将大量档案存放在安全的地方。""我决定将总务课和稽查课人员组成 3 班轮流值班，其余留在鼓浪屿听候分派，各部门主管均需每天照常上班。""由你批准的防空设施已经完工，看来相当坚固，足以抵御除最重型炸弹外的所有轰炸。它可容纳大约 50 人，即一半的海关人员，其规模受到我们手头的钢筋限制。"①

为贯彻总税务司梅乐和（F. W. Maze）要求沦陷区各关除万不得已撤退外、要以继续坚持工作为原则，卓尔敦到任后，随即部署一系列战时措施。

1. 转移

1938 年 5 月 10 日，日军攻占厦门，税务司卓尔敦下令海关紧急撤离。"在我们的摩托艇数次横渡港口后，差不多把每一个部门的主要档案，办公设备包括全部的打字机和计算机运到安全地区……确定没有关员留在大楼后，锁上海关大门……到 11 日中午，日本海军军旗在海关大楼上升起，很显然'一切都完了'……外勤课一个杂役被打死，另一个受伤。"② 随后，卓尔敦就恢复海关工作与日军代表谈判，无果。6 月 4日，日本公使馆官员从上海抵厦门，税务司卓尔敦应其要求提供厦门关关税项目、财产预算及人事等资料。三天后，日方开出厦门关返回厦门办公的四项条件：由日方担任税务司；大量裁减关员，节省开支；所有重要职务均由日本人担任；所有税款转存台湾银行。③ 苛刻条件让卓尔敦犯难，却得到总税务司梅乐和的支持："我同意你所报

---

① 戴一峰主编《厦门海关历史档案选编（1911 年—1949 年）》，厦门大学出版社，1997。
② 戴一峰主编《厦门海关历史档案选编（1911 年—1949 年）》，厦门大学出版社，1997。
③ 中华人民共和国厦门海关编著《厦门海关志（1684—1989）》，科学出版社，1994，第 409 页。

告的，在因战事来临不得不撤离厦门以后，你为继续在鼓浪屿维持海关手续所采取的行动，以及不失时机地筹措重开海关所采取的行动。"① 也许是受 1938 年 5 月 2 日英日两国在东京非法签订了一份关于中国海关的协定的影响，也许是战争初期，日本对激起英美等国的敌对有所顾忌，日方不再坚持上述四项强硬条件。最终，厦门关接受了日方开列的如下条件：①施行新进口税则及修正出口税则；②从 9 月 1 日起，所有税款转存台湾银行；③任何支出均须征得日方同意；④商人改以日元缴纳进口税和进口附加税；⑤取消缴验领事签证货单办法；⑥运输违禁品，改向日军当局请领护照或证书。8 月底，厦门关迁回海后路原址办公，得到总税务司通令嘉许："查该税务司及各员役，此次能沉着应变，及时采取有效行动，俾人员生命及关产得以保全，殊堪嘉许。"②

2. 应急处置

1938 年 6 月 28 日厦门关南部灯塔管理中心所属的牛山灯塔遭劫，灯塔主任内尔森（N. B. Nelsson）及工作人员 2 人被劫持，公私财产损失严重，这是卓尔敦上任后碰到的又一棘手事件，这件事同样牵涉到日本占领当局。当时的福建沿海岛屿已被日本军队控制，海关船只出入必须向日本占领当局通报在这一地区的海洋活动，海关回迁岛内的斡旋正在进行中，卓尔敦不想与日本人节外生枝。牛山灯塔遭劫时，灯塔运输船"并征号"不在厦门基地③，在上海的海务巡工司一时无船只调派，只能就近寻求船只救援。当时厦门港内有一艘日本拖网渔船和一艘英国货船 H. M. S. Diana。英国货船同意救援，但要请示香港总部批准。电报交叉出现在厦门香港两地的海关、英国领事馆，导致日本海军当局对海关使用英国货船的误解，货船迟迟不能出港，只能急电"并征号"返航。

事后，鉴于灯塔站孤悬海岛，无防卫能力，加上战争期间海面不靖，盗匪活动频繁。"劫匪船最近对东犬和东涌灯塔袭击，该地区北部的劫匪活动频繁。这些劫匪，据称携带机关枪，两个灯塔都遭到打劫。在东犬岛还发生当地渔民和土匪经过两个小时的战斗。"于是，卓尔敦通过"并征号"在上海招募 8 名受过武器训练的人员担任牛山和东涌灯塔的反劫匪警卫。但这一做法被总税务司署海务巡工司否决，巡工司认为在灯塔派驻武装警卫的策略既不可行，也不可取。于是，1939 年 4 月 13—14 日牛山和东

---

① 戴一峰主编《厦门海关历史档案选编（1911 年—1949 年）》，厦门大学出版社，1997。
② 1938 年 8 月 31 日厦门关海关长谕令第 2544 号，笔者抄自厦门海关档案，下同。
③ 海关大巡船只分别配置在沿海一线各关，建有泊船基地，如"并征号"在厦门，"厘金号"在福州，"开办号""专条号"在九龙，"流星号""运星号""海星号"等在上海。

涌灯塔的反海盗警卫悉数被撤回。[①]

　　巡工司的顾虑是对的，面对武装的亡命之徒，少数警卫是抵挡不了的，万一灯塔受损更是得不偿失。卓尔敦权衡再三，下达了"凡遇有海盗抢劫等事，灯塔绝对不能作为防御物之用，只可作避难之所"[②]的命令。当然他也不忘转述总税务司的"传令嘉奖"，给予遭劫人员精神上的抚慰，而对遭劫人员赔偿个人损失的强烈呼声爱莫能助："虽然我对有关工作人员遭受的损失深表同情，遗憾的是总署第3928号文第二部分的措辞，排除了我建议赔偿私人财产损失的可能性。据了解，灯塔看守员的个人财产损失只能通过保险获得索赔。"他能做的只是"有权注销被劫匪抢劫的现金账户余额191.25元，记入你的专用账户M：SCH，10"。[③]

　　3. 恢复港口检疫

　　上海和厦门是国内最早开展入境检疫的口岸，1873年至1931年的半个多世纪时间里，口岸检疫工作在近代中国海关体制内不断发展壮大，检疫范围不断拓展，检疫手段日益丰富。尽管1931年1月厦门海关检疫工作移交给新成立的厦门海港检疫所，结束了检疫主权长期不能独立自主的局面。但厦门海港检疫所一直依靠海关经费支撑，每月划拨经费2000元（海关两）（经费列入海关普通总预算，依照紧缩办法七成九折发给，划拨数额屡有变化）。

　　卓尔敦接任后，每月划拨经费按惯例继续进行。在厦门沦陷后，厦门海港检疫所人去楼空，奉关务署令，厦门关再度接管厦门海港检疫工作。1938年6月在鼓浪屿设立以甘饶里（Dr. Gumming）为临时所长的检疫所机构，海关按月划拨2000元经费，1939年减为1400元。此时，日军虽然占领厦门岛，而鼓浪屿依然是英国、美国、法国庇护下的公共地界，海港检疫所不受日本人掌控，日本人极为不满。1939年9月19日日本驻厦门领事致函卓尔敦，以不容置疑的措辞，要求海关必须在本月23日组建新检疫机构，实施新章程，并于当日迁往厦门海后路中央银行旧址办公。慑于日本占领者的淫威，卓尔敦无奈地向甘饶里表示："我将于22日停止向你每月供给1400元经费，自23日起转发给代理港口检疫长田村政太郎（M. Tamura）。请你在22号之前把账户交给我，田村政太郎会安排你移交检疫所财物及资金等。"[④]新组建的检疫所共计19人，所长、主任医师及会计长由日本人充任，只有1名非正式医员由第三国籍人员充任，每月继续供款1400元，如有盈余充作改良本所费用，不执行紧缩办法，调整拨款比例。

---

① 1939年5月1日岸本广吉致厦门关，IG. commrs. No. 174394/Amoy. No. 6276。

② 1939年1月21日"并征号"船长马劳白致东犬、西洋、七星等灯塔启事。

③ 1938年11月8日岸本广吉致厦门关，IG. commrs. No. 172358/Amoy. No. 6214。

④ 1939年9月20日税务司卓尔敦致甘饶里（No. 12692/general）函。

4. 编撰厦门关第六辑十年报告

编撰通商口岸过往十年报告的传统始于 1890 年。抗日战争爆发后，能否继续按现行形式出版海关十年报告，普遍持有怀疑，一般认为第五辑为最后一辑。"当第五辑出版后获得的反响，表明了该项报告不仅视为了解中国之简明、实用及权威资料，而且可作为预测中国今后发展之具有相当价值之参考资料。"于是 1941 年 8 月 28 日总税务司下发"各关主事按前例向总税务司提供 1932～1941 年第六辑十年报告"要求：

> 务求每份十年报告成为十年间所发生事件之扼要而客观记录，对事实之叙述平实且不修饰，不加批判，不作推论，不对和平与战争时期之形势作出对比，如此方可避免贬低报告之历史价值。又，报告应涵盖整个十年，务求不因过分注意后几年发生之突出事件而忽略早期之重要事件。[①]

卓尔敦不敢怠慢，随即组建编写组，按照 17 项专题一一落实到人。副税务司彭家杰等 15 名中外职员，奉命收集编撰，率先按要求完成厦门关第六辑十年报告。太平洋战争突发，打乱了原定的部署，上海总税务司署被日军占领。皮之不存毛将焉附，第六辑十年报告编辑出版计划流产，而厦门关已完成英文版本编写稿，保存了这一段历史资料，殊属难得。资料收录在 1990 年鹭江出版社出版的《近代厦门社会经济概况》一书中。

二 委曲求全

抗战爆发后，在对日本要求海关大量增用日籍关员的问题上，总税务司梅乐和一再迎合日本。据统计，1937 年 8 月前，各口岸日籍员工内班 14 人，外班 61 人；1939 年 2 月，日籍员工增加到内班 24 人，外班 242 人，海务 22 人。此时，日籍员工总数已占海关外籍员工总数的 45.7%。

1. 在日籍员工掌控海关的强权下保住自己的要职

1941 年 12 月 13 日，卓尔敦接悉总税务司电令："通知所有英、美籍雇员（除灯塔员外）薪津等发到 1941 年 12 月底，立即解职。"[②] 随即卓尔敦按照日本人的意愿进行人事调整。任命椿本（Tsubaki）接任东区指挥官兼海务巡视员；任命二等 C 级驾驶员

---

① 1941 年 8 月 28 日海关总税务司署通令第 5764 号，事由：为总税务司有关编写 1932～1941 年十年报告第六辑之指令事。

② 1941 年 12 月 20 日卓尔敦致总税务司呈文。

岸诚一（Kishi）接任"并征号"临时指挥官。卓尔敦做了如下解释："任命椿本暂时接管东区指挥官兼海务巡视员职务，是遵照日本总领事的急件要求安排的，并非随意。任命岸诚一也是应当地日本当局的要求。日本海军当局通知我，无论海上还是岸上，都不能给'并征号'船长雷吉（Leguit）任何工作。事实上，他被军事命令限制在家中。"①

在正式任命书下达前，日本占领当局就迫不及待地占据海关要职。1942 年 8 月 1 日，伪总税务司署通令厘定海关官名职名，之后进行人事任命，卓尔敦为厦门关海关长，中川陆三为副海关长，应信济为总务科科长，彭佳杰为秘书科科长兼会计科科长，小林照太郎为监察科科长兼港务科科长。在"每关均新添有日籍内外勤关员控制一切关务"的背景下，② 卓尔敦保住了职位，继续享有丰厚的待遇。

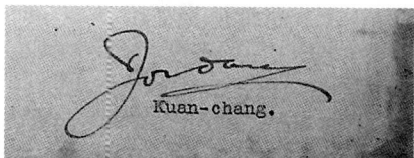

卓尔敦签名

沦陷期间，厦门关日籍人员最多时有 17 人，至 1945 年 9 月，仍有 8 人，占全关《题名录》人员的 10.7%。当大批英美国籍关员被裁汰后，腾出的空缺便由日本人填补。由于海关职业的特殊性，进人渠道延续一贯的严格。1942 年 3 月中旬，伪总税务司署进行竞争性考试，遴选具有大专学历资格的日本人。同年年底进行第二轮考试，此次只限拥有大学学历和工作特别优秀者。考试科目为日文写作、汉译日、日译英、英译日、算术、常识和海关业务 6 科。

2. 海关业务重心转移

1938 年 5 月厦门沦陷，接踵而来的是混乱和动荡，航运受阻，贸易停滞，关税锐减。1938 年厦门关进口税顿减为 187.61 万元，仅为 1937 年进口税额的 43.85%，萧条状态甚至持续到战后几年。抗战爆发后，厦门成为孤岛，中国船只消失了，航运仅有为数不多的英国、荷兰、日本等外国船只进出港，但随之而来的太平洋战争令所有同盟国的船只也消失了。维持厦门岛联络通道的仅剩与福建内地各处及沿海各地之间的汽艇和小型民船运输。海关业务乏善可陈，虽然在汕头和广州港口沦陷后，商道改变，一度让厦门港口贸易有所起色，但终归昙花一现，海关业务重点转移到了海务上。

---

① 1941 年 12 月 20 日卓尔敦致总税务司呈文。
② 林乐明：《海关服务三十五周年回忆录》，载叶元章编《抗战前海关往事琐忆》，自印本，1987，第 23 页。

日本侵略者为了继续推行夺取南洋石油、橡胶等重要战略物资的"南进政策"，必须保障海运航道安全，极其重视港口布局。厦门关战前承担华东区缉私舰队总部和南部灯塔管理中心任务，拥有"并征号""春星号""德星号""专条号"等大小型船只10多条，管辖东南沿海灯塔16座，覆盖温州以南、香港以北的广阔水域。自1935年日军炮击"专条号"事件后，海关委曲求全，海关缉私船缉私区域由12海里缩小在3海里内，"专条号"等大型舰只陆续调往汉口、九龙等关。太平洋战争后只留"并征号"运输船，维持沿海16座灯塔供给，沿海灯塔不仅仅是保障航运安全的需要，也具有作为通讯瞭望的军事用途，被日军觊觎。为此，副海关长中川陆三下发谕令："际此战争时期，船只航行安全至关重要。所有船只进出情形，均须严守秘密，毋得稍有泄漏，致遭间谍暗算。倘或违犯有军法惩处之危险"，"自此次谕令后，各员役对于船只进出口之时日报告，无论其真伪，均不得泄漏于人"，"海关统计表册及文件，未经许可亦不得任外人阅看"[①]。

战时港口的重要性不言自明，港务管理要职自然非日籍人员莫属，卓尔敦只能言听计从。太平洋战争一爆发，日军迫不及待地派遣岸诚一接管厦门关仅存的大型运输船"并征号"，之后由小林照太郎兼港务科科长。小林照太郎并非等闲之辈，1945年3月31日卓尔敦退职时，小林照太郎便被推举代行海关长职务，小林留下的职位由岸诚一兼任。

战争期间，沦陷区的厦门关海务损失巨大，代价沉重。

1938年1月25日停泊于石码港口的"厦明号""厦平号""屿光号"三艘海关缉私艇被日机炸沉。

1943年11月24中午12时15分左右，"并征号"遭盟军空袭，被炸沉于厦门内港H泊位，船上第二助理厨师张宝松身亡，其余人员无恙。

1944~1945年8月，厦门关辖下的福建沿海灯塔多数被日军占据并用于军事目的，成为盟军空袭的靶子。牛山、乌坵等灯塔被毁，其余灯塔也不同程度遭受炮火袭击。1945年8月东椗灯塔被散兵游勇打劫，公私物品损失严重。

1939~1945年，海务灯塔看守员、水手、信号员等16人因病或被劫失踪，死亡率高于任何一个时期。

三 "复出"折戟

1945年初，抗日战争日益残酷，沪厦交通阻滞，厦门关与伪总税务司署失联，数

---

① 1942年8月17日厦门关副海关长谕令（无编号）。

月无来文，数周无电报。自 1944 年 11 月 21 日后没有再收到伪总税务司署汇款，卓尔敦连发几通电报都杳无音信。1945 年 1 月 13 日卓尔敦发出谕令：

> 在此情形下，本关行政益趋困难，势不得不由本关长自行处断，即依常例非经总税务司核准不能施办之事，亦只得从权行之，以免关务停顿，尤其是关于薪俸及其他经费之支付。①

情急之下，卓尔敦甘冒越俎代庖的风险，自行处置薪俸及其他经费。他认为，困境中与其束手无策，不如主动求变，过后俟伪总税务司署最终裁决再作调整或更改，相信伪税务司总署会同意他的做法，并指导事后补救工作，不失为一种勇于担当的作为。然而，很快他就因擅权的做法付出了代价，3 月 31 日被迫退职。②

随着世界反法西斯战争的节节胜利，日本侵略者惶惶不可终日，海关日籍人员也预感末日来临。1945 年 4 月 1 日，小林照太郎被赶鸭子上架，代理海关长职务，不到一个月便撂下挑子不干了。秘书科科长兼会计科科长彭家杰临时代理海关长职务（伪总税务司署任命 6 月 1 日下发）。至 8 月 13 日，彭佳杰称病休息两周，下发"厦门关海关长谕令第 8423 号"③，令前海关长小林照太郎代理海关长职务，但小林照太郎拒绝接手。

历史似乎又到了一个拐点，就在海关面临群龙无首窘境时，卓尔敦自告奋勇地站出来，决意复出收拾局面。9 月 22 日，卓尔敦发出第 8425 号谕令："案查本关税务司于本年 3 月 31 日自愿退职一事，经以第 8388 号谕令谕知在案。惟前令所称退职绝非本衷，纯系被迫。只因当时环境关系，碍难据实直书，仅能秘密婉告诸少数高级关员：今兹退职情非得已，来日时势推移，可以复职时，本税务司责无旁贷，自当复出而主持关务。"④

卓尔敦认为，他原受厦门关税务司使命迄未取消，既有当初使命，对于厦门关税务司一职所受托付，就法律上言之，仍在托付期限内，职权继续存在。何况未领受退

---

① 1945 年 1 月 13 日厦门关海关长谕令第 8374 号。
② 卓尔敦退职也与 1944 年 10 月 1 日施行《调整海关第三国籍职员办法》有关，该办法以中日籍以外的第三国关员全部退职为原则，俄籍职员仍以专员名义任用，但该办法并未完全执行。厦门关丹麦籍关员沙立森（P. U. Sorensen）、瑞典籍关员内尔森（N. E. Nelsson）仍然在岗，只有卓尔敦退职，他的退职多少带有"引咎"的悲情色彩。另见 1945 年 1 月 13 日厦门关海关长谕令第 8374 号。
③ 1945 年 8 月 13 日厦门关海关长谕令第 8423 号全文："溯自近两三个月，本海关长时感不适，暑热晕眩诸病间作。而中夜失眠，困人尤甚。上星期六公毕返寓所之时几不能自持，际此心力交瘁，若犹黾勉从公，诚恐有所贻误，转非慎重关务之道，牧自本日起，决暂休息两星期。所有海关长职务，于未奉总税务司电令以前，暂由前海关长小林照太郎代理。合行谕令周知。暂行执行海关长事务彭家杰。"
④ 1945 年 9 月 22 日厦门关海关长谕令第 8425 号。

职金，仍留寓税务司官邸，"故本税务司兹特声明，退职一事绝不成立"。同时，他声明："本税务司践行宿言，出而复主关务，并声明不受岸本广吉之管制。至本关对外一切手续，自本日起，暂缓施行，俟奉总税务司明令或其他举措时，再为定夺。"①

显然，长期混迹于官场上，卓尔敦不乏政治投机的敏感，他高调的先声夺人做法，意在造成既定事实，为自己争取既得利益，不过，很快他就被自己的行为狠狠打脸。此时，闽海关（福州海关）税务司饶诗奉重庆总税务司急令，马不停蹄南下接管厦门关，一行人于8月23日抵达龙溪（漳州），焦急等待接收伪厦门政权的国民政府要员一同进驻。

9月29日，饶诗抵达厦门，"一山难容二虎"的尴尬局面出现了。面对握有尚方宝剑的新任税务司，自信复出的卓尔敦哭笑不得，百口莫辩，既想抗争又不得不接受现实。翌日，卓尔敦发布一份谕令：

> 兹饶诗奉总税务司委任为厦关税务司，前来接事，但本税务司并未得有通常之移交明令。在此情形下，为不使局面僵化计，只可将关务一切于本日移交饶诗，以免公私双方有所遗憾。惟本税务司既不能按照向有成例移交，则如对于前次谕令所述之于总税务司委托一节，而有所放弃时亦不受任何之谴责。又间接得悉所有于民国三十年十二月八日在沦陷区服务之外籍关员，政府即由该日起予以革职。但本税务司迄未得有关于变更本人在海关地位之正式通知，自当留作他日与总税务司商计之权，并代其他非日籍之外籍关员保留之权。合行谕令周知。②

卓尔敦没想到复出时的踌躇满志，竟然落得这种结果。谕令颁发之后，压抑不住心中的憋屈，写下"本税务司当兹离任之际，愁绪满怀，固不待言，而前令所述不得已移交一节，更属遗憾无穷"③的告别书，黯然告别职业生涯。

得益于卓尔敦的配合，接管工作顺利，饶诗惊讶地发现，"到目前为止，所有财产状况良好，除进出口验货大棚2/3已拆除，紫光、海光及第29号、90号、93号艇仍在厦门"④。根据国民政府接管伪政权政策，1941年12月8日后所有自愿为伪政权服务的外国人一律解雇。按照这一原则，包括卓尔敦在内的所有外籍人员都在解雇之内。对此，饶诗不敢苟同，极力呼吁要区别对待，尤其是对待那些无国籍人员，应当视同中

① 1945年9月22日厦门关海关长谕令第8425号。
② 1945年9月30日厦门关海关长谕令第8426号。
③ 1945年9月30日厦门关海关长谕令第8426号附件。
④ 饶诗通过福州致总税务司第761电。

国员工。这些无国籍人员大多是灯塔看守员，他们在艰苦条件下坚守在偏僻岛屿上，忍饥挨饿看守灯塔，没有利用探亲假或其他方式选择离开，理应得到补偿和嘉奖，反而被解雇。对卓尔敦，饶诗也满怀同情，甚至惺惺相惜，多次致电总税务司署反映情况。1945 年 10 月 13 日，饶诗再次向重庆总税务司署发出长篇电文，为卓尔敦鸣不平。"据我所知，即使是盟军特勤局的□国特工也很难逃离沦陷区，更不用说带着家人的外国人。厦门关的税收微不足道，在如此长时间的动荡岁月中，非日籍的海关长往往成为日本人的眼中钉，卓尔敦在前所未有的困难下所表现出的理性和坚韧，保证了海关工作人员的生存且不受伤害，财产几乎完好无损。卓尔敦违背自己的意愿退休，他从来没有领到退休金。另一方面，他对受困者慷慨解囊，自己则穷困潦倒，他在当地的声誉很高（His reputation locally could hardly stand higher）。"①

饶诗的呼吁引起总税务司署的重视，经总税务司署的努力，厦门关除卓尔敦外的其他外籍人员均予保留，继续工作。1946 年 3 月，总税务司署最终认定卓尔敦"由于太平洋战争爆发而暂停服务"，1946 年 1 月 31 日复职并退休，发给退休金法币15755. 01 元，在其服务记录中删除"解雇"一词，最大限度为他保全了名誉。

四　小结

卓尔敦是近代中国海关众多外籍税务司一员，阴差阳错在那场旷日持久的反侵略战争中与厦门结缘。然而，覆巢之下无完卵，在日寇铁蹄下的他无法独善其身。1938～1945 年，他在厦门经历了漫长职业生涯中最紧张的时期。战争初期他借助"中立"外壳运用外交手段，避免了日军对海关职能的严重干涉，在艰难困境中维持着海关的所谓完整性和传统。太平洋战争后，厦门海关行政组织的完整性彻底被破灭。卓尔敦虽然被日本占领当局保留为税务司，但他受到怀疑，处处掣肘，委曲求全，在无法决定自己命运的前提下，尽可能地遵循海关惯例和程序。卓尔敦熟悉汉文，曾在总税务司署铨叙科和秘书课任职。厦门沦陷期间，他和同事根据他的母语和名字自创了一套电码。他不甘寂寞，1945 年 1 月、3 月、9 月连续导演的"擅权""退职""复职"游戏，无不展示其"将相本无主，男儿当自强"的倔强个性。

明代王夫之说："天有成象，春其春，秋其秋，人其人，物其物，秩然名定而无所推移，此其所昭示而可言者也。"（《宋论》卷六）世间无论人或事，都按照相对稳定的轨迹运行，卓尔敦也跳不出时代的局限，在他身上不便打上什么标签，他在厦门关

---

① 1945. 10. 13. ROUSE 2：confidential telegrams to I. G.

的所为是时代背景下"适者生存"的本能。"顺逆进退，存乎其时，神圣工巧存乎其人。"① 伟大人物往往能在历史进程的长河中拥有一席之地，而他不过是沧海一粟，激起的微澜微不足道。也许，卓尔敦的继任者纽曼（A. L. Newman）的评述，有助于我们对他功过的认识："卓尔敦他一直相信在遵循正确的路线，厦门沦陷期间继续留任，照顾工作人员的利益，尽可能完整地保留海关财产，并按照既定程序继续进行，以便在解放后，海关能够在中央政府的命令下，不受严重干扰地继续进行他的计划。他为中国政府忠诚服务了 35 年。"②

---

① （明）李中梓《医宗必读·用药须知内经之方法论》中有"病无常形，医无常方，药无常品，顺逆进退，存乎其时，神圣工巧存乎其人。君臣佐使，存乎其用"。
② 1946 年 4 月 6 日厦门关税务司训令人杂字第 93 号，K. E. Jordan superannuation and retirement。

中国儿童心理学奠基人黄翼教授

林禧祝[*]

摘　要： 鼓浪屿 100 多年来走出了许多杰出人物。我国儿童心理学奠基人黄翼教授就是其中之一。文章简要介绍了黄翼的生平事迹及对我国儿童心理学及学科建设的贡献。此外，还介绍了黄翼的侄女、诗词学家黄墨谷的情况，以及黄翼夫人林莲子的有关情况。

关键词： 黄翼　鼓浪屿　儿童心理学　黄墨谷

黄翼（1903-1944），字羽仪，祖籍厦门同安，1903 年生于鼓浪屿安海路荔枝宅里。其父黄廷元早期追随孙中山领导的民主革命，系同盟会老会员，厦门淘化食品罐头公司董事长，"保全海后滩公民会"推举赴京请愿的两个代表之一。出生在这样充满朝气的爱国人士家庭里，黄翼从小养成倔强性格与努力上进精神。1918 年，清华学校在福建招生，3000 多名考生赴福州应试，他成绩名列前茅，脱颖而出。黄翼在清华学校毕业后，在东南大学进修英语，并考取公费留学资格。他先是赴美国斯坦福大学攻读硕士学位，继而在耶鲁大学获得哲学博士。在美国留学期间，他专攻心理学，是美国儿童心理学家格塞尔（Arnold Gesell）的入室弟子，又曾研究德国格式塔心理学三大代表人物之一的考夫卡（K. Koffka）的理论学说，对儿童解释奇异现象发表自己的独立见解，成为格式塔心理学派一颗冉冉升起的新星。正是黄翼非同一般的表现，耶鲁大学力劝他留校任教，可他想到自己是公派生，学成后应回祖国报效国家。1930 年黄翼应浙江大学邵裴子校长之聘，到校任教。由于学问扎实，同时精通英语、德语、法语，他很快成了浙大教育系最年轻的教授。1937 年卢沟桥事变爆发时，耶鲁大学再次向他抛出橄榄枝，来函敦聘，但再一次被他婉言谢绝。此时期尽管家乡的厦门大学萨本栋校长也多次电函，甚至派员到浙大协商，准备让他出任厦大文学院院长，但他都

---

　　*　林禧祝，厦门鼓浪屿人，自由撰稿人，研究方向为鼓浪屿家族史。

不为所动，由此足见黄翼教授的爱国思想和为人忠信的情怀。

1940年，日寇大举入侵，竺可桢校长带领浙江大学师生700多人内迁到黔北遵义坚持办学。当时黄翼教授三个子女尚幼，他义无反顾，挈妇将雏，举家随迁，颠簸入黔。为教好心理学，他亲自制订教学计划，编写教材讲义，担任课程主讲。他的授课深入浅出、动静相济，非常注重教学互动，发挥学生的智慧潜能。在课堂上他全面介绍各种学习方法，扩大学生的学问视野。他爱学生如子。据说，有一位抗战前线退下来的军人转到浙大就读，由于方言发音致使其英语学习有障碍，几乎失去学习信心，后经该系王教授牵线介绍，得到黄翼教授的悉心指点，很快攻克难点，掌握了拼音发声规则，外语水平得到长足的进步。黄翼教授以关爱学生为己任，用美好的心灵去感动学生。他很重视教学工作，不断开拓创新，在学生写毕业论文时，只对学生进行选题指引，大胆放手让学生自己去设计实验，总结、观察数据，而后找出规律，从不越俎代庖。

黔北重峦叠嶂，交通闭塞，缺医少药，生活与工作十分艰苦。尽管如此，黄翼教授仍然十分乐观开朗，一丝不苟地开展教学和科研工作，勤奋耕耘在心理学科上。他白手起家开设儿童心理学实验室，创办国内首家培育院。他结合教学需要，在短短的时间内先后完成《心理学》《儿童心理学》等教材，又在专业杂志上发表了多篇论文。除了繁忙的教学任务外，黄翼教授还积极参与学校教授委员会工作，协助王淦昌教授一起工作。王淦昌后来成了竺可桢校长的得力助手，也成了黄翼教授的好朋友。正当黄翼教授教学与科研工作如日中天的时候，谁也想不到万恶的病魔吞噬了他宝贵的生命，带着无尽的牵挂和诚挚的爱，他的生命永远定格在1944年10月18日。黔山林呼啸，乌江水呜咽。竺可桢校长亲自主持黄翼教授的追悼会。在抗日战争即将取得胜利的前夜，我们国家痛失一位英年早逝的学者……竺可桢校长致悼词后泣不成声，浙江大学的师生及学界同人数百人为这位心理学导师送别。

黄翼教授是从鼓浪屿走出去的著名学者，是鼓浪屿的光荣和骄傲。他是黄廷元七个儿子中的老四。著名女词人黄潜（字墨谷）是其二哥黄琢辅的女儿。黄墨谷曾与有着"万婴之母"盛誉的鼓浪屿女儿林巧稚是鼓浪屿海滨女子师范学校的校友。林巧稚曾对黄墨谷说，你能著书立说，应该感谢你的祖父和叔叔（指黄翼教授）对你的培养，鼓浪屿再也找不到像你那样幸福的家庭了。林巧稚说得一点也没错。当黄翼还在清华学校念书时，每年暑假回鼓浪屿，总爱带着这个小侄女攀登日光岩顶看日出东方，或到笔架山采撷植物标本，或到美华浴场游泳，尽享大自然的恩赐。这一切，都是为了让她快乐而健康地成长。

黄墨谷没有辜负叔叔黄翼的期望。1931年从慈勤女中高中毕业后，黄墨谷考入厦门大学国文系，开始确定词学为她一生的研究方向。1940 年，黄墨谷在新加坡遇上未来的艺术家曾竹韶。曾竹韶是厦门曾厝垵人，两人喜结良缘。1950 年夫妇联袂回国。曾竹韶在中央美术学院雕塑系担任教授，之后参加北京天安门广场人民纪念碑的浮雕创作工作，其中《虎门销烟》由他主稿。黄墨谷则担任中科院院长办公室秘书。1962年郑成功收复台湾 300 周年之际，她曾陪同郭沫若夫妇到鼓浪屿采风和创作相关作品，以后她还写了纪实作品《戎马书生》反映郭沫若的军旅生涯，但至今没有正式出版。1987 年 75 岁的黄墨谷被聘为中央文史研究馆馆员。1990 年，她的《谷音集》三卷出版，封面上写着："厦门　黄潜　墨谷著"。

　　黄翼教授的夫人林莲子是笔者的三姑妈。笔者的祖父林文彩是鼓浪屿名噪一时的老中医，家住升旗山脚，鹿耳礁畔。五四运动那年，林莲子考取北京女子师范大学历史系。黄翼教授在心理学领域的成就与其夫人的辛勤汗水是分不开的，除了料理家务，照顾儿女外，林莲子经常挑灯帮他抄写书稿，整理审阅专业书刊等。中华人民共和国成立后，她到少年儿童出版社工作。1962 年，她把黄翼教授的所有遗稿捐赠给中国科学院心理研究所珍藏。1989 年林莲子于北京逝世，享年 88 岁。翌年清明，与黄翼教授合葬，坟筑浙江大学校园内美丽的酉山坡。

　　2017 年，正值浙江大学 120 周年华诞，从四面八方回来的校友们久别重逢聚集于杭州西湖畔，同时也瞻仰了我国儿童心理学奠基人之一黄翼教授的长眠之地。当是时，校歌缓缓掠过湖面。那是马一浮的词曲："大不自多，海纳江河。惟学无际，际于天地……"

从"观影"到"入戏"：试论影视文化赋能鼓浪屿旅游产业

朱光兴　赖澍奕[*]

摘　要： 文化是旅游业生存与发展的根基，旅游是开展文化传播的重要载体。影视行业与旅游产业并不是相互孤立的产业，在内外因素的驱动下，它们之间存在着内在的有机结合。鼓浪屿不仅拥有美丽怡人的自然景观，还蕴藏着丰富多元的人文内涵，这些都吸引了众多影视剧组前来取景拍摄。本文基于产业融合的视角，以鼓浪屿为研究对象，探讨影视文化对鼓浪屿文旅融合发展的助推作用及其中的困境，并提出可行性的耦合路径。

关键词： 影视文化　文旅融合　鼓浪屿　双向赋能

当前，随着数字经济的快速发展，旅游业已摆脱了传统的营销模式，而消费模式的升级也推动了旅游业向文旅融合的方向转型。在满足大众观光需求的同时，文旅融合也开始将游客对文化旅游这一更高级的情感需求与体验相适配。[①]

厦门鼓浪屿以"万国建筑博览"而闻名于世，小岛上气候宜人，素有"海上花园"的美誉。鼓浪屿作为我国著名的旅游景点，被列入《世界遗产名录》。鼓浪屿不仅具有显著的旅游产业优势，还具有更加丰富的影视文化资源，吸引了国内众多影视剧组前往拍摄取景，就影视文化与旅游产业的融合而言，鼓浪屿具有独特的典型作用和重要的研究价值。

---

[*]　朱光兴，华侨大学海上丝绸之路研究院副研究员、硕士生导师；赖澍奕，华侨大学新闻与传播学院硕士研究生。

① 邵明华、张兆友：《国外文旅融合发展模式与借鉴价值研究》，《福建论坛（人文社会科学版）》2020年第8期。

本文将基于产业融合的视角，以鼓浪屿为研究对象，结合实际案例，探析影视文化对鼓浪屿文旅融合的助推作用及其中的困境，并提出可行性的耦合路径。

一　鼓浪屿影视文化资源现状概述

鼓浪屿位于福建省厦门市思明区，占地面积 1.88 平方公里。2006 年 6 月，鼓浪屿被中华人民共和国国务院公布为全国重点文物保护单位。

鼓浪屿具有丰富的文化资源。习近平在厦门工作期间所编制的《1985 年—2000 年厦门经济社会发展战略》中，特别做了一个附件，对鼓浪屿的价值进行分析："考虑到我国城市和风景区的建设中，能够把自然景观和人文景观十分和谐地结合在一起者为数并不多，因此很有必要视鼓浪屿为国家的一个瑰宝，并在这个高度上统一规划其建设和保护。"[①] 2017 年 7 月 8 日，"鼓浪屿：历史国际社区"正式列入《世界遗产名录》，成为中国第 52 处世界遗产。习近平总书记曾就鼓浪屿申遗成功作出重要指示："申遗是为了更好地保护利用，要总结成功经验，借鉴国际理念，健全长效机制，把老祖宗留下的文化遗产精心守护好，让历史文脉更好传承下去。"[②]

山海相依，湖岛相映，鼓浪屿以其优异禀赋的自然景观显著于世，为中国影视产业的未来发展添薪加柴。同时，鼓浪屿清雅幽静的自然风光吸引了众多剧组前来拍摄取景，而取景后影视作品的播出又被打造成了鼓浪屿秀丽风景的生动名片，吸引了众多游客前往拍摄地旅游打卡，激发了鼓浪屿旅游业的活力。

近年来，福建省积极响应国家影视产业发展战略，充分发挥好中国金鸡奖长期落户厦门的优势，以节促产，初步形成"南有厦门、北有平潭、中有泰宁"的多轮驱动融合发展格局。2022 年福建省提出要发挥金鸡奖等带动效应，推动厦门、平潭、泰宁等影视基地联动发展，从而进一步借助金鸡东风筑巢引凤，聚集各类优质资源，实现各区域和产业联动，推动福建省影视产业跨越式、国际化发展，提升国内影视产品的取景量、知名企业的落户量以及优秀作品的出产量。

鼓浪屿影视主题旅游的类型可归纳为以下三类。

1. 自然风光类

影视主题旅游项目的营销与鼓浪屿得天独厚的条件密不可分，一方面秀美的自然

---

① 厦门市经济社会发展战略研究办公室、厦门市计划委员会编《1985 年—2000 年厦门经济社会发展战略》，鹭江出版社，1989。

② 《"把老祖宗留下的文化遗产精心守护好"》，https://baijiahao.baidu.com/s? id = 1734148851542180413 &wfr = spider&for = pc。

风光被摄入影视剧的画面中，另一方面又因影视剧的热映使这一自然风光成为吸引游客的热点。藤蔓植物攀爬上百叶窗窗台，舞裙在阳台外廊上飞扬，这是独具鼓浪屿特色的景致。由马思纯、彭于晏、俞飞鸿主演的由张爱玲原著改编的电影《第一炉香》于 2021 年 10 月 22 日上映，片中的场景主要集中于鼓浪屿的黄家花园、容谷别墅和观海园。拍摄时剧组摒弃了室内录音棚，而选择观海园的露天现场，背景能明显听到蝉鸣鸟叫，极具氛围感，使景区在影片一上映后，立马受到追捧。随着电影的持续热映，景区不断地曝光在观众的眼中，明星效应加之鼓浪屿的风光优势，满足了人们好奇和体验的心理，使景区游客往来不绝。

2. 人文景观类

作为鼓浪屿最出名的打卡景点，"爱转角"位于鼓浪屿三明路与鼓新路两条街巷交会形成的 45 度夹角处，形状酷似海上帆船，三层红色砖楼亭亭玉立，一旁绿树成荫红花掩映，砖楼下方的木质路牌更增添了文艺气息。它因为其浪漫的寓意被人们称为爱情圣地，如今也已经成为网红打卡地。赵又廷和杨颖主演的电影《第一次》于 2012 年 6 月 8 日上映。电影中，男女主角就在"爱转角"发生了一系列的浪漫故事。"爱转角"吸引了众多情侣前往拍摄打卡，甚至成为婚纱摄影的热门地。

鼓浪屿的莫奈花园咖啡馆是《怦然心动的 20 岁》拍摄取景的主要地点，这是一档由江苏卫视与优酷视频于 2021 年联合打造的青春旅行恋爱类综艺，旨在体现当今 Z 世代群体的感情观与生活状态。剧组负责人曾在采访中表示将拍摄地点选择在鼓浪屿，是因其岛上独特景致的精致洋楼建筑。

3. 参与体验类

对于游客来说，参与体验类项目更具吸引力，因为它不仅依托自然、人文景观，还注重游客的参与体验。"爱在鼓浪屿——故事体验馆"是 SeeekLab 联合晓学堂打造的全国首个新媒体互动故事体验馆。[①] 它以"时空碎片"的形式将十一段有爱的鼓浪屿名人往事呈现在空间中，游客们能够以极高的自由度以及非线性的游览方式探索不同的"时空碎片"：自动调酒的民国酒吧、下雨的房间、被折叠的操场、大爆炸的时间现场……每个碎片都隐藏着一段神秘的互动体验等待游客的解锁。其通过新媒体的互动装置，打造了一个全新的故事体验空间，带领游客体验不同的故事碎片，切实体会人物的高光时刻，感悟鼓浪屿作为非物质文化遗产的精髓。

---

① 庞博、李天成：《赤峰市 IP 形象助推文化旅游发展的方法研究》，《包装工程》2021 年第 4 期。

二 影视文化与文旅融合产业发展的互动关系与内在逻辑

(一) 互动关系

影视文化是 20 世纪人类科技进步和社会发展相融合的新成果。当前，学界与大众都存在着一种普遍的共识，即电影或电视是一种文化，并由此而派生出了"影视文化"。[①] 影视文化以其巨大的包容力，吸纳了以往人类文化创造的许多因子，作为其基本元素，创造性地整合为新的文化——将文字与非文字、时间与空间、视觉与听觉有机地组合在一起，借助其强大的传播优势，创造出 20 世纪文化产业的新的成果与成就。[②] 沿袭上述思路，影视剧的诞生是一种特殊的创造性活动。它通过对人类文化因子的整理加工，创作出新的文化作品，并通过传播媒介，呈现在受众面前，以提供娱乐休闲和消遣。但是，它并不是重复已有的文化因子，而是创造人类所没有的新的文化特质。英国学者把这一现象界定为"文化创意"。由此可见，影视剧就是一种文化创意活动，文化是其属性，娱乐是其功能。

文化是旅游的灵魂，旅游是文化的重要载体。文旅互动的本质是文化和创意对旅游产业在价值链等方面的渗透、辐射和延伸，最终实现资源、文化、生态、经济和社会等的可持续发展。文旅融合发展是指以大众旅游观为价值取向，在旅游主管部门指导下，依靠社会的支持与参与，以旅行服务企业为产业龙头，以旅游生产力的六要素，即吃、住、行、游、购、娱为核心，由一系列行业部门组成的社会、文化、经济、环境整合产业。根据旅游产业的内涵分析，它是一个综合性很强的产业，其专门开发利用民族文化资源为旅游服务的经营企业，本质属于文化产业。而文化产业中那些主要生产供旅游者参观、鉴赏、游览和购买产品的企业，又发挥着旅游的作用，因此这种现象实质是旅游产业的两种不同特质——旅游是其功能，文化是其属性。已故著名经济学家于光远先生指出："旅游不仅是一种经济生活，而且也是一种文化生活"；"旅游是文化性很强的经济事业，又是经济性很强的文化事业"。[③] 到了 20 世纪 90 年代，喻学才等旅游文化学专家更加深刻地认识到，文化是旅游业的灵魂和支柱，是旅游业可持续发展的源泉。[④]

---

① 于靖园：《高希希：影视文化助推旅游发展》，《小康》2017 年第 6 期。
② 尹媛媛：《湘西题材影视剧与湘西旅游业发展相关性研究》，硕士学位论文，吉首大学，2012。
③ 转引自田侠《旅游与文化如何真正实现融合发展》，《学习时报》2018 年 8 月 31 日。
④ 李锐：《激活影视动能促进文旅融合发展》，《人民论坛》2021 年第 27 期。

影视产业与旅游产业是两个具有相同文化属性却具备不完全相同功能的产业。一方面，相同的属性决定了二者相互依存的纽带关系，即文化创意产业的创意特质能为旅游业注入新的活力，有益于提升旅游产业价值链的附加价值；同时，对旅游资源的探究与开发又有利于影视文化的创作。另一方面，不同的功能决定了二者在各自行业领域不同的局限性。旅游者对创意、体验型旅游产品的需求趋势，使旅游产业面临寻找发展突破的挑战。文化创意产业同样面临资本投入高、回收周期长的问题。[1] 而旅游产业具备的资源优势、区位优势、产品优势、市场优势、资金优势、管理优势等又能为文化创意的展现提供平台，使二者效益最大化。[2] 因此，影视产业与旅游产业存在相互依存又相互补充的战略关系。

（二）底层逻辑

1. 社交媒体发展助推网友"打卡"热潮

2022 年 2 月，中国互联网络信息中心发布的第 49 次《中国互联网络发展状况统计报告》显示：截至 2021 年 12 月，我国网民规模达 10.32 亿，较 2020 年 12 月增长 4296 万，互联网普及率达 73.0%。互联网的迅猛发展，丰富了亿万网民的精神世界。随着电影《第一炉香》大获成功，作为该剧主要取景地的鼓浪屿也随之爆红，社交媒体达人的"打卡"分享帖，引发众多网友的回应，成功引发全民打卡的热潮。网友们在关注影视剧情的同时也关注着剧中的取景地，例如在热播剧《暗恋橘生淮南》（2019 年 6 月播出）中，盛淮南和洛枳第一次约会的地方就是鼓浪屿的"爱转角"，虽然该景点出镜不足半分钟，但仍被细心网友认出，并配以图文上传到社交媒体进行分享与讨论，扩大了景点的传播范围，引发更多网友与剧迷认识并前往该景点旅游打卡。

社交媒体的及时性与交互性使影视剧对旅游目的地资源的创意进行整合，强化了旅游目的地的娱乐功能。[3] 在通过社交媒体发现拍摄地的阶段，对拍摄地的自然风光和本土文化都起到了生动立体展现和持久宣传的效果。因此，网友在还未到达目的地之前，社交媒体上有关拍摄地的图片文章往往让其对旅游目的地形成最直观的初步印象，这种印象在一定程度上增强了旅游目的地的传播力度。

2. 沉浸式"入戏"观影成为旅游发展新业态

当下，越来越多的游客希望在影视旅游的过程中忘却自己的现实身份，主动参与、

---

① 刘星：《影视"引致"旅游的内在机制及策略研究》，《电影评介》2021 年第 15 期。
② 赵黎明：《经济学视角下的旅游产业融合》，《旅游学刊》2011 年第 5 期。
③ 龙舟：《打造文旅融合发展新标杆》，《云南日报》2022 年 5 月 6 日。

体验影视带来的新感受，即沉浸式的旅游。① 全媒体时代，媒介融合发展速度的加快促使消费者的娱乐需求不断升级，消费者们不再满足于隔着屏幕的"远观"，沉浸式的"入戏"体验逐渐成为旅游消费的新业态，影视主题旅游已然成为一种新兴的旅游模式，它以影视 IP 为传播渠道，以影视文化与内涵为吸引方略，用其特有的文化内涵与可游览性，吸引游客前往影视取景地或影视文化地去"入戏"感受剧中场景或情怀。随着沉浸式入戏体验的持续推进，深度参与、下沉式体验对于文旅消费的重要性将会愈加凸显。与此同时，影视作品的故事情节也赋予了鼓浪屿新的生命力，影视作品在展示鼓浪屿自然景观与人文景观的同时，也把故事情节的内涵潜移默化地赋予到旅游景区当中，为原本内涵较为匮乏的旅游景点注入了全新的生命力。因此，当旅游者寻访拍摄地时，脑海中便会不自觉地联想到影视剧中的情节，并将自身带入剧中，完成沉浸式的"入戏"体验。它留给游客的不仅仅是回味，更是由影视剧情衍生出的文化感召力，它们为鼓浪屿旅游业注入了新鲜的血液与鲜活的灵魂。

近年来，跟着影视剧去旅行，与剧中人物共情，已然成为当代网友"打卡"鼓浪屿的重要方式。例如，从前往原福州军区疗养院感受《石榴花》中的传统闽南博饼文化，到追随《月半爱丽丝》，乘坐轮渡，尽收鹭江道与鼓浪屿的都市夜景，前往影片中主演中西结合的住宅前拍照留念，已经成为鼓浪屿旅游的经典线路。

3. 影视文化激化明星效应助推文旅消费

影视作品与明星效应是双向赋能的，影视作品造就了明星，同时明星流量反哺影视作品，扩大影视作品的传播广度与影响深度，从而推动拍摄地旅游产业的发展。有些影视作品是基于网络文学的再创作，而网络文学在前期已积累了大量的核心粉丝群体，粉丝的活跃度和拥趸是网络文学 IP 改编影视剧成功的关键所在。② 在众多粉丝的热忱下，影视剧在开播前就已积攒了大量的关注度，加之剧中演员的自带流量，为影视剧累积了固定的粉丝群体，激化了粉丝效应，引发了明星"同款"的打卡热潮。粉丝们既是旅游地的推广者，又是旅游产品的消费者，使旅游产业无须大力推荐与营销，仅仅凭借影视剧及明星效应吸引流量，就能促成一段短暂的旅游高峰期。

粉丝效应为旅游产业聚合用户资源，是推动鼓浪屿旅游业持续焕发生机的保障。例如湖南卫视 2020 年的热播剧《以家人之名》第 17 集的回忆中，主角李尖尖差点被拐的片段即在鼓浪屿的金兰饼店取景，同时也带动了剧迷打卡剧中同款小巷的热潮。这与该剧主演宋威龙、谭松韵的个人影响力是不可分开的。

---

① 施佳慧：《网络时代影视旅游的新体验——从迷影角度看"片场"App 的影视旅游开发》，《社会科学家》2022 年第 2 期。

② 秦枫、周荣庭：《网络文学 IP 运营与影视产业发展》，《科技与出版》2017 年第 3 期。

4. "IP+旅游"模式打开旅游产业新市场

"IP+旅游"模式打开了旅游的新市场，IP（Intellectual Property）译为"知识产权"，指权利人对其知识产权结果或基于知识产权开发的各种创意产品享有的财产权，可以引申为所有影视、文学、动漫等作品。当一个旅游景点的知识产权形象能做到生动而形象时，可以激发自己的潜在价值，并搭建连接旅游景点和游客之间的桥梁，从而吸引消费者前往旅游地。面对用户日益强烈的情感消费需求，旅游业的 IP 设计也在同步更新。[①]

相较于传统旅游，"IP+旅游"模式在很大程度上丰富和完善了旅游产业的内涵与价值。"IP+旅游"模式不同于传统旅游，其不依托于旅游地的基础设施去投资、创造景观来实现盈利，而是将固有的文化资产转换成旅游产品，为其增添文化附加值，从而在精神层面上与游客产生共鸣。"IP+旅游"模式在国际上已早有先例。例如，火爆亚洲的熊本县吉祥物——熊本熊，就是结合"动画 IP+虚拟形象+旅行"的方式来增加当地的知名度，在熊本熊 IP 创造出的两年内，熊本县的旅游及其商品经济收入约为65.93 亿元。与此同时，其积极与迪士尼在电影和卡通方面展开合作，通过主题公园和吉祥物手办等超级 IP 的传输来发展与支撑产业化运作。[②]

"爱转角"是鼓浪屿的著名旅游 IP，不少热门电影、电视剧都曾在"爱转角"进行取景，"爱转角"也因美好的寓意深受年轻情侣的喜爱。由赵又廷和杨颖主演的电影《第一次》的片花和剧照一经发布，剧中在鼓浪屿的取景地——"爱转角"便迅速吸引了大家的关注，同时社交媒体上出现了"爱转角"的同款地晒图及旅游攻略。"影视+文旅"这条产业融合的新赛道，既丰富了影视作品的取材内容，也将为鼓浪屿的旅游带来全新的气息与活力。

三 鼓浪屿影视文化和文旅融合的发展机遇及挑战

（一）机遇

1. 山海资源奠定先天优势，差异发展营造鲜明特色

在前金鸡时代，厦门已有"天然影棚"的美称，每年有超过百部影视作品在此取景拍摄；在后金鸡时代，厦门凭借电影节事拉动效应逐步由候鸟式影视取景地转型为影视产业聚集地。鼓浪屿依托于厦门旅游影视的发展，凭借自身的自然与人文资源，吸纳了众多影视作品前往取景。厦门影视基地以丰富取景地为基础功能，现在已经吸

① 宋阳：《西安文旅融合背景下，"IP+旅游"模式如何助推旅游发展》，《当代旅游》2019 年第 10 期。
② 庞博、李天成：《赤峰市 IP 形象助推文化旅游发展的方法研究》，《包装工程》2021 年第 4 期。

纳中影集团、正午阳光等头部企业和周迅、陈坤等明星工作室，逐步构建"头部企业+优惠政策+投资基金+产业园区"发展模式，并形成全国现代青春都市剧拍摄特色，这些资源都能为鼓浪屿旅游产业所用。

2. 多元组合凸显"福建出品"，"影视+"促进业态创新

两岸合作是福建文旅融合出品的一大特色。厦门鼓励台湾艺人、导演、编剧、摄影等相关从业人员落户，平潭鼓励两岸在影视创作、版权交易市场等领域的合作，特设台湾风情主题片区，努力成为两岸短视频联合拍摄和出品的"网红地"。"海丝"特别是东盟合作也是福建出品的重要特色，积极推进与"海丝"沿线国家和地区的影视交流和合作，放大"后金砖"效应，成为中国影视海外传播的重要窗口。影视与网络视听、旅游休闲、艺术创意等的融合推动了业态创新。厦门动漫、智能视听和影视产业的碰撞，激发了微电影、短视频、动画、网红孵化、明星带货等新兴业态的蓬勃发展，影视和5G人工智能、大数据等技术的联袂合作，也为影视业态创新注入活力。

3. 整合岛内公共资源，服务升级转型受青睐

厦门市思明区于2019年成立影视协拍小组，其职能包括招商引资、宣传展示与服务，能够合理协调辖区内的公共资源。目前此协拍小组已累计协调《第一炉香》等近130部影视作品，其中有30多个剧组走进鼓浪屿。由此可见，影视作品在思明区拍摄取景的同时，也从侧面助推了鼓浪屿影视文化的发展。基于鼓浪屿影视拍摄的兴盛，鼓浪屿的公共服务体系也在不断完善，包括餐饮、住宿等服务行业积极调整自身营销模式，提升服务品质完成转型升级，以其优质的服务以及完备的公共资源反哺影视剧组与游客。因此，近年来有更多的影视剧组登上鼓浪屿，带动了旅游流量。

4. 明确文化遗产保护办法，推动文化旅游的可持续发展

鼓浪屿管委会于2019年6月出台《鼓浪屿管委会关于鼓浪屿影视拍摄相关要求告知书》（以下简称《告知书》），对鼓浪屿影视拍摄的禁令性行为作出明确要求，更加科学地保护了岛上的文化遗产，推动了文化遗产的可持续发展。鼓浪屿迷人的不仅是其鸟语花香的自然景观，更有色彩浓厚多元的文化以及特有的建筑，《告知书》明令禁止穿墙打洞、凿穿地面、粉刷墙面等对原始建筑风貌具有不可逆影响的行为，其对场景的拍摄行为也做出了严格的要求，如不得使用污染建筑的色素、液体等物品，不得燃放烟花。申请前往鼓浪屿的影视剧组在拍摄前都必须签署这份《告知书》，以确保最大限度地保护鼓浪屿上的文物建筑与历史风貌建筑，在鼓励鼓浪屿独特魅力绽放荧幕的同时，推动了鼓浪屿旅游资源可持续发展。

（二）挑战

1. 影视旅游宣传时机把握不足，影视旅游营销体系亟待完善

借影视文化赋能鼓浪屿文旅融合，还需盘活现有资源的存量。如何在影视剧"爆红"之际，承受住大量游客的涌入，完善好相关的配套设施，为游客营造良好的旅游体验，这都是需要思索的问题。而热潮褪去后的可持续发展，景区如何平衡好"冷热温差"，避免退回至"起点"的尴尬，这些都是需要深入思索的问题。[①] 旅游产业具有综合性，基础设施建设、旅游接待服务、娱乐购物等配套产业都将直接影响旅游业发展。影视剧可以为城市旅游"锦上添花"，但如何变"流量"为"留量"，最终考验的是城市的统筹营销能力。

虽然影视作品为鼓浪屿旅游业起到了良好的宣传效果，但这种宣传有一定的时效性，影视作品上映的周期需与旅游时节互相协调，否则将错过旅游目的地和旅游产品销售的旺季。[②] 比如《以家人之名》在鼓浪屿拍摄时正处夏季，剧中所呈现的凤凰花正是开放之时，而播出后游客前往时已是秋季，凤凰花花期已过，不少游客表示与预想不符，感到失望。与此同时，影视作品也具有周期效应，旅游产业借助影视作品的传播，能较为容易地被大众接受，受众的热情愈发高涨，有关旅游目的地话题的讨论度急剧上升。但当影视所带来的热潮退去，旅游产业营销又难以跟进之时，旅游热度也会随之落下。因此，鼓浪屿旅游地更需注重营销与策划，精准定位不同层次、时段和群体的消费人群，结合市场需求进行合理规划。

2. 文旅融合的产品开发模式单一，旅游文化体验欠缺

影视旅游是一种内容广泛、形式多样的旅游活动。现代游客已经不再满足于传统的观赏性旅游活动形式，而越来越注重旅游过程中的体验性、参与性。影视旅游作为一种融入了影视元素的全新主题化活动，理应更好地满足游客的这一需求。但目前鼓浪屿的影视旅游产品还停留在传统的观光层面，多数影视拍摄景点只是立牌简单表明此地的拍摄剧目、主演明星等情况，局限于图片展示，未能给予旅游者身临其境之感，难以使游客真正实现重现荧屏经典一幕的美好愿望。

鼓浪屿拥有丰富的历史文化资源和深厚的文化艺术背景，但是目前还未形成具有鼓浪屿文化特色的旅游产品，旅游空间活动不够丰富，旅游服务产品单一，缺少独特的文化活动优势。但是在当今"入戏"旅游的热潮下，旅游者的旅游需求发生了转变，以自然资源为主的旅游资源开发模式已逐渐难以适配现代旅游发展的需求，游客对文

① 严红仙：《浙江影视旅游的发展与营销策略研究——以横店影视城为例》，《现代经济信息》2010年第9期。
② 李磊：《浅谈影视剧中旅游广告存在的问题及应对策略》，《新闻研究导刊》2016年第15期。

化型旅游体验的需求愈发明显，因此亟须对鼓浪屿文化资源进行深入挖掘和开发，并将之转化为具有吸引力的文化旅游空间，拓展鼓浪屿文化旅游深度。与此同时，游客在鼓浪屿上的分布存在冷热不均的现象，由影视剧带火的景点过于拥挤，而未被影视作品取景的西北片区又过于寂寥，又靠调控整体游客容量的方式过于单一。调查研究显示，有吸引力的旅游产品依然以自然观光和休闲购物为主，绝大多数的游客表示最喜爱和印象最深的景点是沙滩浴场和龙头路街区，而前往闽南戏曲文化演艺场所及鼓浪屿中国唱片博物馆（黄荣远堂）等文化旅游空间的游客寥寥无几，可见鼓浪屿文化资源对游客的吸引力还不够，影视传播的赋能仅停留在观光层面，未能有效地挖掘文化资源并将之转化为文化旅游产品。[①]

3. 旅游配套设施不够完善，内部管理体制机制仍需加强

影视旅游是一种主题性与目的性兼具的旅游形式，前期的旅游规划是否到位直接关系到此类项目的成败。[②] 鼓浪屿风景区的基础公共设施、旅游服务设施虽已较为完备，但登岛的交通仍存在很大的不便。近年来游客到鼓浪屿之前最为关注的问题为上岛是否方便，能否买到当日船票等。在被列为风景名胜区之后，鼓浪屿的旅游商业设施迅猛发展，但也带来了旅游商业发展乱象的问题。目前鼓浪屿商业发展处于无序扩张的状态，商业业态同质化突出。众多家庭旅馆的居住环境恶劣，物价虚高。鼓浪屿的商业业态与厦门本岛上的中山街、曾厝垵等景区相比过于类似但是又不占优势，整体风格存在趋于同质化的现象，旅游商业产品对游客来说缺乏吸引力，因此去除同质化商业业态已经迫在眉睫。

四　影视文化促使鼓浪屿文旅产业融合的创新路径

李道新曾指出，对于电影业和旅游业而言，产业融合无疑是一场正在发生的、优胜劣汰的新产业革命。在电影业与旅游业相互融合基础之上产生的电影旅游产业，有可能为中国电影产业和中国旅游产业带来前所未有的巨大商机，"1+1=3"的文化生产力。[③] 就鼓浪屿而言，影视产业和旅游产业进行互动联合、功能叠加后所产生的倍增效应是毋庸置疑的，但同时我们也看到由于旅游地"突变"所造成的发展困境也在阻碍着景区的进一步发展。因此，基于产业融合的视角，下面为影视文化助推鼓浪屿旅游的创新路径进行探讨。

---

①　张卓：《文化传统与影视 IP 的创新融合——中国本土主题公园的发展路径》，《人民论坛》2021 年第 35 期。
②　魏宝祥、欧阳正宇：《影视旅游：旅游目的地营销推广新方式》，《旅游学刊》2007 年第 12 期。
③　参见李道新《数字时代中国电影研究的主要趋势与拓展路径》，《电影艺术》2020 年第 1 期。

（一）构建影视产业的服务平台，夯实基础、保驾护航

一是发挥"数字福建"优势，借助中国电影资料馆福建安溪数字资源中心、国家影像修复基地等项目资源，推动"影视+科技"融合创新，积极构建涵盖影视制作管理、数字制作、影视发行等于一体的影视制发云服务体系，围绕未来电影产业新技术发展方向，创新影视作品表现形态；努力实现与全球影视制作技术发展水平同步。二是加快影视产权交易平台建设，解决影视产权交易中的信息交互、版权评估和风险管理问题，为影视产品转让、影视版权交易及影视类金融产品交易提供登记、托管、挂牌、报价、转让等服务，引导国有文投基金、社会投资资金、风险投资资金等向影视产业提供投融资支持。

（二）深化文旅产业融合发展，激发活力、壮大动能

厦门借助中国智能视听大会、中国人工智能大赛、厦门国际时尚周等节事活动，推动影视和智能视听、人工智能、时尚创意产业的交叉融合；盘活园博园建筑、花卉、水上等景观资源，拓展优质天然取景地，增强园博园旅游新亮点，实现"影视+旅游"双向赋能。促进影视和旅游的深度融合，深耕特色题材圈层文化，提炼影视IP融入旅游产业，打造集生态度假、观光旅游、科普研学与影视拍摄功能于一体的影视旅游综合体。

（三）增强文化旅游产品的影视特色，延长链条、完善服务

近年来，对旅游周边商品的挖掘度浅低且严重滞后，极大地限制了鼓浪屿旅游业的发展。鼓浪屿的旅游特色产品依旧停留在手工作品及美食层面，与影视内容关联度低，未能充分利用影视文化资源打造的旅游产品。旅游周边产品能有效结合影视文化与旅游地特色，是一种生动的宣传符号。因此，鼓浪屿旅游业需结合影视文化元素，开发旅游创意产品，以提升旅游产品的附加值。例如再现剧中场景，利用影视元素制造带有鼓浪屿印记的纪念品，或贩售剧中同款等。

旅游产业的边界较为模糊，但我们不容忽视其对于周边产业的包容和融合。[①] 虽然影视作品对于鼓浪屿风景区的宣传推广作用在一定的周期内达到了理想的成效，但是综观整个产品市场，可以明显地发现，影视旅游产业链的上下游以及影视作品相关的周边产品，均未实现充分开发与整合，导致影视作品对旅游景区的影响力难以深入与

[①] 尚婉洁：《产业融合视角下影视业助推旅游发展路径分析——以云南普者黑为个例》，《河北旅游职业学院学报》2021年第26期。

持续。鉴于此，鼓浪屿风景区应以"影视旅游"为核心，充分开发文化创意、摄影写生、场景体验等周边服务，整合产业链的上下游，将周边相关产业盘活，延长整个产业链条，将已有的自然资源优势转化为市场优势，深入推进影视产业与旅游产业实现联动发展。

（四）借助"粉丝经济"与影视 IP 造势，整合营销、创新思路

新媒体时代下催生出"粉丝经济"与"网红经济"的全新发展模式，其为旅游产业的发展带来了巨大的红利。这和全新的模式同时也推动着营销方略的巨大变革。相较于传统的营销思路，旅游景区要有将宣传营销前置的意识，打造优良的传播矩阵并在项目建设、产品开发的前期做好宣发工作。借助知名的影视 IP、综艺 IP，塑造鼓浪屿风景区全新的旅游形象；同时，在拍摄初期还可以借助知名 IP 的影响力和号召力影响受众的旅游偏好以及目的地选择，吸纳一批热衷者转变为鼓浪屿的潜在旅游受众，圈存景区专属的私域流量，提高游客对于景区的好感度和忠诚度，实现"粉丝经济"的效益。在此基础上，还需要借助传统媒体、短视频平台、社交媒体等多种传播渠道，注意线上渠道与线下渠道的适度纡合，让优美的自然风光和淳朴的民俗风情广为人知，为景区提前锁定客源基础，助力景区未来发展。

五　结语

影视文化和文旅融合可以实现双赢合作。影视文化产业已然成为我国社会经济发展和文化文明进步的催化剂，优秀的影视作品不但能够直接刺激消费，还能对社会文化生产起到助推作用。近年来，我国影视行业高度商业化，影视 IP 逐渐丰满，产业链愈发成熟完善。在此情境下，在文旅产业融合的过程中，可主动与影视业联合，寻求与其展开合作的机会，借助影视的大众传播效应，进行全方位的旅游文化整合，从而全面打造旅游地品牌，整合营销传播渠道，实现双赢。

同时，影视文化可以为文旅产业融合注入新动能，开辟新增长点。从文化角度看，影视与旅游的融合不仅为鼓浪屿旅游发展打造了生动的文化名片，同时对鼓浪屿的旅游产业更新及高质量发展起到推动作用。"入戏"旅游正是当前文旅融合趋势下有代表性的新业态，而影视文化与旅游产业融合的最核心逻辑，其实正是以影视文化与当地文化为核，去赋能提高旅游地的附加价值；同时以旅游为窗口，更好地带动文化传播。毫无疑问，影视文化与旅游产业的融合通过提升影视 IP 的流转和增值能力，将进一步推动文旅融合，践行文化使命。

鼓浪屿文化遗产数字化运营框架与路径

卢　凌　骆　阳　李　渊　张怡新*

摘　要：本文从鼓浪屿文化遗产历史形成、现状及分类入手，分析鼓浪屿文化遗产数字化运营框架与路径。试图构建"鼓浪屿数字化运营"层次，在满足鼓浪屿相关方信息化运作需求之后，进一步虚拟化出线上鼓浪屿，在虚拟世界还原、重构鼓浪屿历史国际社区风貌，以形成一个有深度感知体验、有运营闭环、有财务盈利能力的数字鼓浪屿。最后，提出鼓浪屿数字化行动路径建议。

关键词：鼓浪屿　数字资产　数字化运营　文化遗产

一　鼓浪屿文化遗产的历史形成

鼓浪屿历史国际社区是世界文化遗产。鼓浪屿古时名"圆沙洲"，地处九龙江口、厦门岛西南部，与厦门岛一水相隔。正如世界遗产大会文件所述，鼓浪屿见证了清朝晚期的中国在全球化早期浪潮冲击下步入近代化的曲折历程，是全球化早期多元文化交流、碰撞与互鉴的典范，是闽南本土居民、外来多国侨民和华侨群体共同营建，具有突出文化多样性和近代生活品质的国际社区。

现在的鼓浪屿作为旅游热门目的地，游人如织、管理有序。但申遗成功不是终点，而是起点；其意义不在过去与荣誉，而在未来与发展。

二　鼓浪屿文化遗产的分类

联合国教科文组织世界遗产委员会将世界遗产分为文化遗产和自然遗产，文化遗产又分为"文物""建筑群""遗址"三类。鼓浪屿的文化遗产广义上应涵盖建筑、音

---

* 卢凌，厦门复兴东方基金管理有限公司副总经理、投研总监；骆阳，厦门市领航科技有限公司董事长；李渊，厦门大学建筑与土木工程学院教授、博士生导师；张怡新，中国科技大学厦门校友会副会长。

乐、文学艺术、科教文卫、宗教、名人、侨台、国际社区等。既应该包含实体的街区、建筑；也应该包含非物质的音乐、文学、美术；还应该包含国际社区各种制度以及创造构建以上种种的各类人物。

因此鼓浪屿的遗产更像个有机体，不同遗产类型更像是人体中的系统，类型之间关联共生。对单个遗产类型进行保护应是基础的要求，比如对建筑的修缮，对鼓浪屿艺术家音乐、美术作品的宣传等。更前瞻的做法是对这个"有机体"进行数字化运营，让整个鼓浪屿重新"复活"。

三　鼓浪屿数字化现状及问题

1. 鼓浪屿信息化主要部门

厦门市鼓浪屿-万石山风景名胜区管委会（以下简称"鼓浪屿管委会"）主要负责鼓浪屿文化遗产、风景名胜资源保护利用和管理。下设鼓浪屿世界文化遗产监测中心，负责协助主管部门做好鼓浪屿世界文化遗产地的监测、科研、宣传教育、档案建设，资源的保护、利用、管理，以及鼓浪屿管委会信息化建设等方面的技术性、辅助性和事务性工作。

2. 鼓浪屿信息化现状

（1）鼓浪屿管委会政务网，Web 网站形式，主要用于信息公开、互动交流。

（2）文化遗产、道路监测系统，用于景区监控、人流监测、协助治安防控。

（3）鼓浪屿世界文化遗产网，Web 网站形式，主要功能是让访问者了解鼓浪屿申遗知识、欣赏鼓浪屿景色风光、领略鼓浪屿历史文化魅力。

（4）景区内各个景点实体内的信息化系统及网站，如历史文化陈列馆中的信息化数据及展示、故宫鼓浪屿外国文物馆的网站。

现阶段鼓浪屿信息化的主要体现是网站、监控系统、一些基于 Web 和手机 VR 的尝试。技术应用基本是现在的主流方式。

3. 现阶段鼓浪屿数字化（信息化）的问题

（1）信息化系统的建设缺乏统一的规划，源自不同业务部门的需求，易形成重复建设、数据孤岛。比如岛上的旅游监测系统与公安的监控系统，均有摄像头监测、监控功能，却难以联合协同。

（2）系统建设的项目制与系统的演进、融合相矛盾。现阶段系统建设是按项目实施，由需求方提出明确需求，技术方开发交付。业务部门的需求自然是为解决当下实际的信息化问题，而信息化系统建成后很难突破功能及技术的限制。比如功能的增加、新技术对应用的叠加。长期开发又可能受到预算的限制。

（3）缺乏信息化到数字化演进的观念。认为信息化建设是管理或者宣传的辅助手段，而非主要方式。这在信息社会的初期是正确的，但随着网络社会发展的深化，以提高生产运营效率为目的的信息化将演进成以生态重建为特征的数字化。数字化是对数据、应用、连接、思维、体验的生态重建。现在某些领域数字化已经较为深入，以电商、微商为代表的数字经济已经对线下商业形成了替代；以微信为代表的网络社交已经代替了传统的电话交流。

（4）缺乏数字化运营的观念。认为数字化等同于信息化，只是基于现有需求对系统进行招标、开发、交付、使用、运维。数字化运营基于数字化生态的构建，数字化生态涵盖数据资产、系统、应用、管理方、参与方，各个方面互相作用交织形成数字化生态，并处于动态演进中。数字化运营是对数字生态进行运营管理，需求具有原发性、动态性、复杂性，不是单一明确的需求。因此需要系统有可扩展性，同时需要一个市场化的运营主体，是一个能造血的机制。

四　虚拟鼓浪屿的数字化运营构想

1. 5G 及数字化趋势

随着科技进步、技术更新，更多的技术手段可以用来加强鼓浪屿的信息化建设。近年来信息化作为提高效率最主要的方式在社会各领域快速渗透。而且其意义及作用也正在经历从"协助工作"到"优化流程"再到"构建场景"的转变。

这种转变是由正在进行的全球第五次科技革命催生的。具有代表性的是中国率先建成"5G 高速公路"，数据传输速率的拓宽意味着数据、信息运送能力指数级的增加，意味着之前不成熟的技术应用有机会快速崛起，比如 VR、AR、XR、高清建模，意味着计算和显示的脱离已经开始。

数据、信息、智慧是递进关系，是人类的虚拟资产。数据是最原始的材料，通过加工处理形成人能够理解的信息，人脑通过吸收和处理信息形成智慧。处理数据就是计算，显示信息就是应用。在 5G 之前，处理和展示基本是在同一介质（计算机、手机）内，可以将之理解为网络虚拟世界的原始社会（相对于实体世界）。在这个原始社会里，设备处理数据主要给设备持有人使用，然后逐步出现了"信息交换"（类比商品交换）。5G 后，虚拟世界开始过渡到对信息的分工制造与规模制造，同时物联网让信息制造形成了产业内分层流动。计算与显示的分离从形态上体现为计算需求、计算中心（提供算力，类比电力）、计算结果显示三者物理分离，通过 5G 通信来连接。

可以预见在不远的未来，显示屏幕有两种趋势，第一种是越来越大，家庭中会出现整面屏幕墙，因为通信高速公路将支持从数据计算中心到屏幕的端到端快速传输。第二种是越来越小，VR、AR、XR叠加智能眼镜将产生交互方式的大变革和浸入式体验。这两种都能产生越来越接近真实，甚至超越真实的体验。

信息虚拟空间衍生于实体空间，原来是实体空间的从属，目的是提高效率、协助工作、优化流程。当浸入式体验时代到来时，信息虚拟空间的重要性进一步提升，场景的构建不限于线下（社交、商业）活动的模拟，可能扩展到更广阔的领域。

2. 虚拟鼓浪屿运营构想

"鼓浪屿数字化运营"应是分层次的，首先，满足鼓浪屿相关方信息化运作的需求；其次，通过数字化手段对文化遗产进行存档保护；最后，进一步虚拟化出线上鼓浪屿，在虚拟世界还原、重构鼓浪屿历史国际社区风貌。让鼓浪屿以一个"有生命的有机体"呈现在大众面前。

当鼓浪屿信息化建设完备到一定程度，信息化运营便成为关键。因为人在信息虚拟空间中能完成所有精神活动，甚至能在一定程度上协调物理活动。届时如何管理"虚拟鼓浪屿"、如何规范"虚拟鼓浪屿"里各种角色（潜在游客、游客、商户、居民等）的行为、如何通过虚拟鼓浪屿本身的运营获得收益并反哺虚拟空间的建设，将成为更需关注的问题。

信息虚拟空间还能突破实体时空的资源边界，能将有限资源放大甚至无限化。比如能突破空间资源的界限，实体中的故宫鼓浪屿外国文物馆是有面积限制的，线上的博物馆能同时将同类的在北京故宫的展品集成进去。比如能突破时间资源的界限，在短暂时间内体验鼓浪屿的四季变化，甚至不同历史阶段的风貌。还能衍生出虚拟空间独有的资源和资产，比如虚拟鼓浪屿可以给虚拟商业、虚拟游戏、虚拟社交等不同类型应用提供接口，收取虚拟资产授权费用，而这些应用的数量上限理论上是无限的。

在虚拟世界里，数据和接口可以复用，资源可以倍增，同一类型应用可以共存、并行、动态地接入、考核、淘汰。比如游戏应用，可以通过合作引入针对不同年龄群体、不同种类的游戏（动作、角色扮演、休闲等）。只要符合准入条件（有版权、对虚拟及实体鼓浪屿长期发展有益），同意使用规则、付费条件，即可授权准入。一开始授权其低版本数据，游戏开发运营商即可开发、测试、运营相关的游戏。可以按一定周期、根据游戏运营效果（有益性、受欢迎程度、盈利性）进行考核，对考核优秀的运营商提供高版本更新数据。

再以电商为例。在虚拟鼓浪屿上，AR、VR、XR电商能轻松突破实体商铺资源的稀缺性。可以在不同的应用空间里根据需求引入各类电商商户。比如可以在自营的虚拟空间里将老字号、文创产品、特色商家按照实际空间位置虚拟化，同时可以引入厦门、福建的其他旅游目的地特色商品商户进行联合营销宣传。在游戏应用的虚拟空间里则可以根据用户群体属性引入更有针对性的商品品牌。

再以广告运营为例。随着虚拟鼓浪屿用户数量增长，广告价值显现出来。在不同的应用场景、不同的空间位置可以设置不同的广告。

从模式上分析。只有市场化地突破地域限制选择应用合作商，并且设立灵活的考核淘汰晋升机制，才能让应用本身被市场接受，用户愿意为之付费。只有基础数据资产和接口足够完善并具备升级机制，才能吸引世界级的应用运营商参与并为之付费。

财务上，从上面叙述可知，虚拟鼓浪屿本身具备盈利性，且对鼓浪屿乃至厦门的发展有益。鼓浪屿管委会现在的运营型财务收入主要来源于轮渡收入及景点门票，岛上的经营收入主要归商家。新冠肺炎疫情之前，鼓浪屿每年接待 700 万～900 万人次游客，新冠肺炎疫情期间游客骤减，收入锐减。虚拟鼓浪屿运营能大幅增加鼓浪屿运营收入，同时能让更多的未到过鼓浪屿的人领略鼓浪屿的美景与文化，能将更多的潜在游客转化为真正的游客。

五　虚拟鼓浪屿数字化系统框架构想

1. 鼓浪屿文化遗产的数字化运营，需要有清晰的系统框架

框架要满足各方面用户的需求：政府管理的需求，居民和商户的便利性及经营的需求，（潜在）游客游览、学习的需求，未来虚拟空间参与者的需求。这个框架还应结合科技发展趋势，具备扩展弹性。

2. 系统框架之内，应该有以下信息化子系统

政府的管理系统：集成景区监测、人流监控、各部门便民网上办事流程、重要设备物联网监测。

景区的游客服务系统：景区介绍、导览系统，门票预订购买系统，3D 实景街区系统。

以上系统是在现有科技环境下对现有需求的完善、对现有系统的补充，可以整合成信息化综合管理平台。

3. 系统演进的终极目标应该是建立"虚拟鼓浪屿数字化系统"

"虚拟鼓浪屿数字化系统"可以分为三层结构：数据资产层、接口层、应用层。

（1）数据资产层是将实体鼓浪屿的有形及无形资产数据化。有形资产的数据化关键是对鼓浪屿整岛、街区、建筑物进行数据收集。应用测绘技术获得精确的地理信息，

通过无人机空中拍摄、地面高清摄影手段获取鼓浪屿建筑物图像信息，通过图像建模等手段收集原始数据。对受保护的建筑物单体实行 BIM 级别的数字构建。数据收集应跟随最新的科技手段和分辨率循环进行，区分低版本数据和高版本数据，为后续接口层和应用层预留不同的版本数据解决方案。

　　无形资产的数据化复杂一些。第一步是将音乐、美术、历史人文故事分类存储；第二步是将这些历史人物及故事在鼓浪屿虚拟空间内场景化。比如通过历史文献对人物的面貌、身材特征进行 3D 建模，给人物的性格赋予参数，制作历史人物的语言、行动特征数据库。这样可以将历史人物及故事这些无形资产生动地虚拟化，形成虚拟人物资产。后期可以根据应用层面的需要嵌入不同的应用并收费。

　　（2）接口层类似于构建一个 FAAS 层，打包底层数据、配置访问权限，同时根据5G 特征优化数据链路，为应用层提供数据、对象、流程等的接入服务。底层数据资产存储是静态的，接入层要负责预测应用层的需求，整合一个个静态的数据资产（对象）、生成片段场景或者片段流程缓存，再根据片段场景或片段流程对通信链路的需求绑定合适的链路。

　　（3）应用层是各种应用的集合，应用层通过接口层访问底层数据。在应用层中为不同类型的应用设置不同的容器，同一个容器中的应用对数据有相同的访问权限和访问规则，体现了公平性。应用层的管理规范是虚拟鼓浪屿运营及商业逻辑的体现。

六　数字化运营行动路径建议

　　（1）建议设立鼓浪屿管委会数字化运营委员会，解决数字化规划问题。该委员会成员由鼓浪屿管委会成员、专家顾问团队组成。

　　（2）建议建设信息化综合管理平台。可以参考南京颐和路数字化平台，以智慧街区管理为基础，结合实际管理需求，采用最新的数字孪生技术，通过多媒体、物联网、AI 算法等多种手段，实现街区数字化、管理可视化、服务智能化、移动应用化。

　　（3）建议发起设立鼓浪屿数字化运营有限公司（以下简称"运营公司"）。运营公司以混合所有制运营鼓浪屿数字资产，解决数字化实施问题。由鼓浪屿国有资产管理机关及在旅游方面有运作经验的本地国企担任控股股东。在建设数字资产平台的同时，引入其他带资源的战略投资人（比如 IT 系统商、游戏公司、电商公司）。将运营公司作为市场化独立主体，董事会下设战略与投资委员会、提名委员会、绩效薪酬委员会等。战略与投资委员会可以与鼓浪屿管委会数字化运营委员会重合。董事长由大股东（鼓浪屿国有资产管理机关）任命，总经理及其他高管经提名委员会提名，市场化甄选。以市场化的薪酬吸引人才，执行绩效考核淘汰机制。

（4）建议运营公司以科创板上市为目标。进入资本市场有利于运营公司独立法人制度的完善，有利于市场机制的建设，有利于运营公司业务竞争力的加强。有控股权的混合所有制不会导致国有资产流失，反而会因为法人治理的完善、市场化机制的引入让运营公司步入良性发展，把蛋糕持续做大，股东获得更大收益。

（5）建议行政管理者角色从"管资产"转变为"管资本"。另外，运营公司同时具有互联网公司属性，内部运营机制与国企、其他类型企业完全不同，组织结构需要扁平化运作，产品（数字化资产的生成）及研发需要快速迭代，运营和市场需要紧贴市场。产品、研发、运营、市场像一辆车的四个轮子，同时启动、互相快速交互、迭代前进。这也需要团队在战略框架下有独立运作的空间。腾讯之所以能孵化出微信是因为马化腾给张小龙充分的自主权，否则当时若纳入庞大的腾讯体系、接受其企业文化，张小龙的微信团队便会快速淹没在腾讯的组织文化体系中。一个互联网企业尚且如此，可以看出企业的自我革新是困难的，有时候政府股东只要制定战略并设置负面清单、明确边界然后以财务投资人的角度去"无为而治"，企业反而能产生更大效益。这或许也是现在国有资产管理改革从"管资产"到"管资本"的用意。

（6）建议运营公司独立核算、前期投入、适时融资。量化评估投入期所需投入，投入期指从运营公司成立开始，建设数据资产平台及接入层，到应用层所产生的收入覆盖前期投入成本。投入期结束进入盈利期，运营公司便可以良性发展起来。运营公司经营须独立核算，不采用财政拨款方式，运营公司的股东在设立时注入足够投入期运作的资本金。可在盈利期前后逐步开始引入行业/战略投资人，一方面对业务进行加强，另一方面也补充资本金。

（7）建议厦门市率先建立数字鼓浪屿 XR 应用研发中心。VR、AR、XR 技术无疑是未来虚拟世界交互方式的入口，其广泛应用依赖眼镜及显示技术、应用开发、通信基础设施的发展成熟。经过多年发展，眼镜已轻量化到用户可以接受的程度，价格也降到了中低端手机水平（2000 元左右），眩晕问题已经得到较好的解决，5G 的建设让VR 高速率传输成为可能。接下来几年，XR 交互方式的探索和应用的丰富是最重要的科技趋势，其意义不亚于手机对 PC 的"替代"。在这种情势下，XR 眼镜尚未普及，XR 应用的用户相当少，率先实现 XR 应用是具有高性价比的投资。少量的创新即能吸引大量用户，获取用户的成本低。

（8）建议按三层结构建设"虚拟鼓浪屿"。三层结构为数据资产层、接口层、应用层。先从鼓浪屿文化遗产建筑进行切入，结合 VR、BIM、3D 技术进行建筑档案留存，迭代建立数据资产层。

（9）建议建设"虚拟鼓浪屿"时引入国内外 IT 互联网领域顶级企业作为战略投资人。建设数据资产层阶段的投资人宜以国内互联网巨头或新型互联网公司为主，此时"虚拟鼓浪屿"运营效益还未显现，这类投资人会有兴趣参与并在技术、运营、市场流量上给予帮助支持。在应用层开始运营阶段，可先引入代表性的 VR、游戏、电商、视频等领域的国内外优秀公司成为股东，起带动应用。

（10）建议建立应用运营方考核机制。运营公司作为平台的搭建人、规则制定人，应以最低门槛引入各种类型的应用。类似 AppStore。设置负面清单，比如不能有危害国家安全的宣传、不能有色情内容，由专门部门进行检测，有违规即惩罚。同时对合规运营的应用进行考核，达到考核条作则赋予更大的权限。

（11）建议探索数字化遗产的知识产权保护模式。鼓浪屿世界文化遗产的主体是实体建筑及遗迹，对其数字化本身就是保护措施。但数字化后这些遗产不是冷冰冰的使用频率不高的存档数据，在虚拟鼓浪屿模式下这些数据可以被企业高频使用、创造价值，这便具有资产属性。这类数据资产较容易被复制，如何对其进行知识产权保护是个新课题。可以先采取授予著作权的方式进行保护。另外，形成这一"著作"的原始数据搜集方式是不是也能保护？如何保护？比如无人机拍摄获取鼓浪屿的全景图并建模，这一行为属于搜集原始数据进行加工处理，是否也能进行保护？现阶段厦门采取的方式是 2020 年起施行的《厦门市民用无人驾驶航空器公共安全管理办法》，对在厦门使用无人机行为进行管理规范。办法主要从维持社会治安和安全的角度出发，而不具备数字化遗产知识产权角度。探索数字化体系下的法律配套体系具有前瞻性、未来普适价值，这在信息社会中不可或缺，建议由厦门市知识产权局牵头，鼓浪屿文化遗产保护专家及知识产权法律专家一起开展相关工作。

200 年前的鼓浪屿还是荒无人烟的岛屿，100 年前的鼓浪屿已是独具特色的国际社区，现在的鼓浪屿是世界文化遗产地、中国最著名的旅游目的地之一。希望不远的将来，源自实体鼓浪屿的虚拟鼓浪屿能再现鼓浪屿百年前的风貌，重塑鼓浪屿在科技时代的意义。

吴瑞甫先生年谱初稿（上）

谢　泳[*]

摘　要：吴瑞甫出生在厦门同安县的世医家庭，少年学医，中年中举；早年参加同盟会，暮年又主编《同安县志》。他一生医学著作等身，是厦门人所熟悉而又知之不深的人物。本文在大量第一手资料的基础上，条分缕析，通过著作、书信等史料，阐幽发微，以编年谱的形式，详尽地记述其生平，对人物进行尽可能全面深刻的研究，以资为地方人物研究提供参考。此处所刊为上半部分。

关键词：吴瑞甫　年谱　厦门　《同安县志》

一八七二年

吴瑞甫生于厦门同安区同禾乡石浔村，世居同安县城后炉街，世代医家。名锡璜，字瑞甫，号黼堂，别署乎塘。

一八八四年

本年在同安双溪书院作文《睅睅胥谗》，全文如下：

　　极拟饥劳之象，形诸目亦宣诸口矣。夫睅睅已不堪矣，况胥谗乎。谁使若此两者，而已显为著乎？晏子于是告景公曰：昔当厉王之世，道路以目，此为禁其谗，故反形诸目也。乃有谗不能禁，而目亦遂皆谗以俱来，并且谗不一谗，而欲谗者，无不悉形诸目焉。此则已言俱厉，已于今而显呈其象矣。夫今之师行粮食，何竟有目不忍见，有耳不忍闻，而使之弗食弗息乎？弗食则其饥之也至也，绝粒已久，眸子亦觉其无光，不且贸贸然来，难寄隐情与扬目。弗息则其劳之也。甚矣，筋力久疲，欲言难觉其难出，不且惨惨日瘁，难见振臂而疾乎，然而坐视艰

───────────
*　谢泳，山西大学中国社会史研究中心教授，研究方向为中国现代文学及中国现代知识分子问题，兼及厦门地方文史研究。

虞，其难甘心也。饥劳交迫，久悲瞻视无人，焉在愤极怒生，不传余恨于眉睫，然则坐罹困顿，犹将惨怛奋乎也。食息难安，久悲控告无所，焉在愤极怒生，伤心惨目，能无胥动以浮言，夫不有睅睅乎？裂眦而视，几同抱歉目送，窃意困厄难堪，姑以睚眦而报其残虐，夫不有睅睅而谗乎。张目而乎，俨若负冤切齿，谁知虐残久困，史以谤詈而浅其隐情，侧目而视，亦复信口而乎。变态无常，几若不解声容之乖戾，而要惟饥劳交用，故声若言貌，悉见形状之乖张，怒目相嗔，亦复恶声相向，貌言互用，已亦不知仇隙之何深？而要惟食息难惟难艰。故笑貌声音，实见形容之俱厉，睅睅有在谗先者，语言未出，已见怒貌毕张，而彼此同符，又自不觉声情之激越，睅睅有在谗中者，谤谦方来，即见嗔目相视而后先一致，几若不觉睚盱之辄生，睅睅有相观而然者，既谗亦相观而然也，彼见此之睅睅而谗，而一问其何以睅睅，何以谗将不睅睅而谗者，亦不能寂然矣。盖闻而震骇，即非身受者，亦代为不平，而不睅睅胥睅睅，不谗胥谗矣。睅睅有受虐而然者，即谗亦受虐而然也。此见彼之睅睅而谗，而自顾其亦此睅睅，亦此谗，将此睅睅而谗者，亦不约自同矣。盖转相效尤，举凡身受者，亦无不惟肖，而欲睅睅胥睅睅，欲谗胥谗矣。呼庚睨酒，斯人具有同情，则告诉无门，聊为扬眉吐气，饮泣吞声，夫人均此难忍，则诅祝相望，讵能低首而下心，夫君也而使之如此，民其不作慝乎？

试得纶羽扇（得纶字五言六韵）

　　讨贼君胡胄，先生岂等闲。

　　携知团扇羽，戴是一巾纶。

　　数万纷挥际，三分掌握间。

　　白翎名相度，乌角大儒颜。

　　觉而无双品，如他见几班。

　　公能持重柄，扶汉最相关。

　　机绪自清，容嫌有造作气。诗未雅适。①

一八八六年

本年奉父命学医，博览历代医书，精研思考。

一八九〇年

本年中秀才。

---

① 此文据厦门龚洁先生提供复印件释读。

一九〇三年

本年中举。

一九一〇年

本年参加同盟会。

一九一八年

本年为同安乡先辈明陈如松《莲山堂文集》作序，序文如下：

邑之西北有莲山焉，峰峦耸翠，绝肖莲花，吾同之名胜也。山川钟灵秀之气，其间必有杰士畸人以德行，文章垂为世范，或假物以传，或其人传并其地而亦传。故宋周茂叔以爱莲著为说，明陈如松即以"莲山"名其堂，而皆有德行文章可名于世。盖贤人君子之取义于莲，异世同符，有如是夫。白南先生处有明之季，其时仕途芜秽，奔竞成风。先生独能守正不阿，孳孳焉以民隐为念，上官之喜怒均非所计。服官数年，若萧山，若太仓，若河源，若信宜，至今犹盛称先生之吏治弗衰，其清理廉退，功德在民，有如此者。以观近世士大夫夤缘干进，贿赂公行，凡可以博长官意欲者，虽百计营求，不惜为小人卑鄙之行，甚且祸延苍生，亦有所不恤。前后不过数百年，抑何贤不肖之相去乃不可以道理计耶？今读先生《莲山堂集》，渊懿古懋，一种朴诚之气流露行间。又每于小中见大，言外见意。盖以世道人心为重者，不谓之纯乎古文而不可也。

戊午首夏，余将游西湖，陈君延香出先生集问序于余，云将请陈君敬贤备资刊刻，以广其传。余自愧谫陋，何足以序先生之文，顾念乡先辈以有功世道人心者著为文集，其功德在民，即其文章亦应垂诸不朽。是必有鬼神呵护，方仅留此断简残编，藉二君以永共传者。后人善读古书，诵先生之文，对于先生之廉退高风，必能敦崇之，以为世范，于世道人心必非小补。用特书共事，以告来者。

民国七年四月　邑后学吴锡璜序于杭州西湖之新旅馆。①

一九一九年

本年作《文瑞楼重刊圣济总录缘起》，全文如下：

我国医学，肇始轩岐，继尔《伊尹汤液经》，又继尔有《伤寒》《金匮》《中藏经》《甲乙经》，至唐孙思邈始著《千金方》，王焘又类集唐以前诸方书为《外

① （明）陈如松撰，陈峰校注《莲山堂文集》，厦门大学出版社，2018。

台秘要》，徐灵胎称此书为博大精微，陈修园为其论宗巢氏，方多秘传，为医门之类书。尚已。考其书，卷分四十，计一千一百零四门，以为博则诚博矣。然非潜心有得，先熟于《伤寒》《金匮》《本草》经疏诸书，实不免有泛滥无所适从之处，则是书犹非善本也。宋政和间，著《圣济总录》，书凡二百余卷，都二百万言，论简而赅，方博而要，大率就汉以下各方籍，撷其精华，弃其糟粕，以成此书。而今读其原序，恍然于当时之作总录，原以急世用而救民疾，则是书已将颁诸天下，著为令典。所惜靖康祸起，简策播越无存。考《内阁藏书目录》云：《圣济总录》二十六册，不全。元大德间重校，莫详姓名。当时未尽通行于世，已为金元所有。故虽再刊于金大定，三刊于元大德，而以山川遥隔，世界未通，卒未由藏诸御内以垂医鉴。又何怪其湮没难稽也。洎乎明清二代，是书尤益散失，按之杨士奇、张萱所录本，及清程林之购求残帙，仅得三本，后再补苴缺漏，尚阙一百七十三卷至一百七十七卷。以煌煌四库全书，网罗天下载籍，犹未免缺而不全之憾。彼医学名大家，究何从得完全之书而参互考证耶？乃知方书所引用之圣济方，不过凤毛麟爪，吉光片羽之遗耳。欲得是书而博览之，亦戞戞乎其难哉！文瑞楼主人，以是书为我国国粹学，不惜重赀，觅之数年，始得元大德四年集贤学士焦养直所刻本，将付石印，以飨于各医界，问序于余，余惟我国医学虽非由科学而来，而经验之宏，药品之多，为五洲冠。是书包罗富有，于治病各科，有条不紊，医学家得此书而习之，不难穷原竟委，为原原本本之学，则表彰是书者，其有功于医门不少矣。余研歧黄家言，不下数千卷，是总录仍目所未睹，以散佚之书，犹得因文瑞楼之保存国粹，以广其传，盖医门之幸事，而非可以类书目之也，爰序其缘起如此。

中华民国八年　闽同安吴锡璜序于春申江上

本年校正宋代重要医学著作《圣济总录》，刊印此书的一则广告如下：

《圣济总录》一书，为宋政和奉敕撰刊颁行天下，奉为金科玉律久矣，著为令典。书凡二百卷，文二百余万言，论简而精，方博而要。凡食治针灸、汤醴、渍浴、按摩、熨引、导引、砭石，无不兼综条贯。伤寒吐血、肺痨、儿科、妇科、外科，尤为特色，洵我国数千年来独一无二之巨著。十三科医学最完全明备之书。惜靖康之变，版毁无存，四库全书收载纂要，指以未睹原书为憾，则其书宝贵可知。本庄以是书为我国国粹学，特不惜重赀，始得元大德四年集贤学士焦养直所刻本函付石印，以飨医界。吾国医学虽非由科学而来，而经验之宏，药品之多，为五洲冠。是书包罗富有，于治病各科，有条不紊，医学家得此书而习之，不难穷原竟委，为原原本本之学。本庄又请闽中儒医吴瑞堂先生详加校勘。凡有志研究之医学家及热心爱国之卫生家，无论何项疑难杂症，既可引症用药，又可祛病保身，诚不可不备之要书也。兹将总目披露于后。其余子目繁富，难以备载。用上等中国连史纸精缮石印，业已出版，分订六十册，精装六函，为普及计，发售特价，定价二十八元，特价洋十六元六角，外埠函购加邮费六角，存书不多，欲购请速。

一九二〇年

《中西温热串解》由上海文瑞楼刊行，线装六册，前有苏万灵序言一篇，吴瑞甫自序一篇。文瑞楼书庄推荐语如下：

> 书为闽同安吴瑞堂孝廉撰述。书凡八卷。先生系现代闽中儒医。生平评注医籍，著作等身。精研东西洋医学医理，博稽考定，不遗余力，是不特于东西学说，多所折衷，即我国学说，经先生从实验中推勘者，靡不簇簇生新。确有实效，视汉唐以下旧注医籍，从模糊影响中揣测者相去奚啻霄壤，真我国治温热独一无二之精本。医学家能读此书，临症以治温病，自有得心应手之妙。（全书六册布套，价洋二元四角）

此书后收入王致谱主编"民国名医著作精华"丛书，有刘德荣、金丽点校排印本，由福建科学技术出版社 2003 年出版。

一九二二年

《中风论》由上海文瑞楼刊行，线装二册，前有苏万灵、陈延香序言各一篇. 吴瑞甫自序一篇。文瑞楼书庄推荐语如下：

> 闽同安孝廉吴锡璜撰，是书为熊叔陵原本，福建长乐名医陈修园鉴定。立论语语精粹，以治中风大症靡不药到回春，吴瑞堂先生经屡试神验，又积其平生所阅历、治效，大加删补，撷中西学说而会其通，举凡脏腑功用，脑病源流，与夫经气、宗气、卫气、营气，均能探源立论，且与中风看护法、辨证法、施治法、善后法、外治法，无不体会入微，洞中窍要，洵中国独一无二治中风之善本也。凡讲贯中西医者，能家置一编，以之临症处方，自有大验。用中国连史纸精印装订二册，定价大洋八角。

本年《中西脉学讲义》由上海文瑞楼刊行，线装一函两册，书前有苏万灵序一篇，吴瑞甫自序一篇。文瑞楼广告说明：

书为闽同安吴黼堂孝廉撰述。孝廉先代皆以医名，先生又以名儒兼精医理。窃惟脉学者，诊病之源，至关紧要。先生以诸脉书多非善本，及取前代脉学各方籍，择其精切有据足征实用者，参之西说以会其通。举凡常法、变法、新久病法及察脉各玄机，大率皆旧诀所未见及之。本书于微妙中益参微妙，精致中更求精致，其视旧诀细切与否，实验与否，读者自能言之。及书成，因名之曰《中西脉学讲义》，不谓脉诀而谓脉学，因近世各省医学校以次成立，将与新医校讲新脉学也。此书一出，脉学必有定论，不致如前之家自为说也。其有裨益我国医学之前途，岂鲜浅哉！用上等中国连史纸精印装订两册，定价大洋八角。

本年8月12日《江苏全省中医联合会增刊》"医籍考"专栏，推荐《中西温热串解》，全文如下：

旨在贯穿中西温热学说，盛道中医之论治神奇，大有扬中抑西之意，其书先以论辩详载脉证、舌苔，中间搜采余师愚、叶香岩、薛生白诸人学说，自为注释，以中医不用验尿器及寒温表等为病，末附西药如阿斯必林类，综其归趋，以中说为重者也。

一九二三年

主编《同安县志》。

本年12月在上海《神州医药学报》第二卷第三期刊《论中医为国粹学》，全文如下：

中华以四千余年古国，医籍未经秦火兼之历代名贤根据阐发，人数众多，病情亦奇变，药品出产取多用宏，直驾五洲而上，盖极完全之国粹学也。《内经》《伤寒》多以六气传变立论说，似笼统而辩证，用药界限谨严，经方效如桴鼓，久于其道者，靡不交口艳称，此乃世界公论，非一人之私言也。浅识者流，动辄谓中国医学无定论，其实乃市上摇铃辈胸无墨汁，故人自为说，著述家又各分别门户，炫异务奇，故议论常有不同之点，倘知穷原竟委之学，则一病有一病之主名，一病有一病之主方，安在其无定论耶。鄙人生长海滨，家藏中国医书千余卷，东西洋医书数十种，勤求古训，梳栉今书，已三十年，于兹乃悟中国医学大略分为三派，王焘外台金坛六科，李时珍之纲目，沈再平之尊生博而寡要，仅可作医门之类书，可无论已，若程云来、魏荔彤、张令韶、张隐庵、柯韵伯、徐灵胎、陈修园、成无己、黄坤载、喻嘉言辈，皆从《伤寒》《金匮》研究，而出为医门之正法眼藏，后之人称之为伤寒派，谅哉，其为国粹学也，外此又有温病派，则叶氏倡之于先，章虚谷、王孟英、吴鞠通、吴坤安、邵步青、雷少逸辈相继阐发于后，此一派南方多用之，盖时病均要之书也。疫病则张凤逵之《伤暑全书》，戴麟郊之《广温疫论》，吴又可之《温疫论类编》，刘松峰之《说疫》，孔以立鞭辟入里之书，至薛立斋、赵养葵、张景岳、冯兆张与夫傅青主之男科，倡为补阴补阳之说；陈修园、黄坤载颇恶之，此一派虽采择繁富，仅可节取其长，若以之治外感病，未有不杀人于俄顷者，此盖源流不清，聪明误用，名山著述，转为祸世之阶，未可以是为中国之医学病也。夫中国之医，通天地而参气化，故精于此道者，大率能辨生死于指端，起沉疴于俄顷，自汉迄今，名医辈出，其治病也，药到病疗，历历可数，盖国粹之学，如日月经天，江河行地，一入精微之奥，便可操之纵之，为所欲为而又界限分明，辨证处方，备极细，且有时以和平轻淡之品，愈人奇疾，超妙入神，不可思议，此无他，我国医学最古，人民最众，试验最多，成效最著，故能见信于社会如此之深且切也。世人不察，动谓东西医学近十年来之进步一日千里，遂据天演优胜劣败之例，谓中医必日就式微，不思西学即甚东渐，而中医之国粹学必依然存在，盖中医之衰，乃国家之不提倡其事，故虽毫无学问者，仍得悬壶市镇，无怪其为人所轻视，至若学习既久，体认独真，以愈疾病，若操左券，故医学未振兴不足惜，而徒知长他人之志气，则可惜；药物未精良不足惜，惜而使外洋药物学输入以益中国之漏卮，则可惜，参用东西医不足惜，而不及早合全力以整理，反使中国人民生命尽操纵于外人之手，则更可惜。古语云：众擎易举，独力难支。凡我同志，须抱保存国粹之心，急起直追，虚怀采纳，博古通今，讲求秘法，删古籍之繁芜，吸中东西各学说之精华，共相厘订，书成请政府颁行，以贡于我国医界，此则仆所有志而愿与深于医道者共勉之。

一九二五年

《奇验喉证明辨》（全称《新订奇验喉证明辨》）由上海文瑞楼刊行，线装一册，书前有苏万灵短序一篇，吴瑞甫自序一篇。后收入"福建历代名医著作珍本丛书"，有陈玉鹏、温建恩、刘德荣校注排印本，线装书局 2011 年出版。

本年 3 月 10 日出版（第十五期）第二卷第三号《绍兴医药月报》刊出《介绍吴氏

〈中西脉学讲义〉》，全文如下：

> 此书系台湾吴濑堂先生撰述。择其精确有据，足征备用者，参诸西说，以会其通。举凡常法变法，新久病法，及察脉各立机，大率皆旧诀所未见之作。鉴别甚精，体例亦善，足为近今中医学校教授之善本也。总发行所上海文瑞楼，定价每部大洋八角。

同期刊出《吴瑞甫先生来函》，全函如下：

> 廉臣老兄先生有道：日前奉到《医学月报》十三本《广温热论》，全部各照收。弟竭两昼夜之力拜读。巨著于辨证梳栉窈要，洞达病情，已足入吴坤安之堂而成其哉，允为温热症确当不易之善本。至讲求诊舌及分类审症，处方精切入微，确系从临症阅历实验研辨而出，尤足压戴麟郊、张凤逵、周禹载辈，更不足言矣。然先生仍归美于戴陆二公，浑厚精明，两擅其胜，真令人钦佩无既，（中略）。然贵报开章宣言书，经有言及惜弟未之见谬，以为请耳。承示不弃，欢慰何及，此后如有疑义，应即驰书请教。大著除《感症宝筏》《广温热论》外，尚有其他之出版书否？张寿颐先生《中风斠诠》，笔锋犀利，言皆深入，自此书外，尚有再出版否？恳教我为幸。至云家传秘方，寄刊贵报，固所甚愿，弟现正编辑十三科所有验方，多觊列其内，敝会后月又拟刊发杂志，兼之弟纂修敝邑县志，瞬将完成，日间诊症，几无暇暑，夜间又从事笔墨，合五湖医学说，大加厘订，愿长力短，无足为讳，编纂余闲，倘有新知，应即备论说及验方寄上，藉以附骥，即弟亦大有荣施，未审尊意以为然否？耑此先行奉复并颂著安　弟吴锡璜肃复
>
> 　再者，编纂医学讲义，非读书多，临症熟，万难当此重任。我国医学繁难，非读书十余年，临症十余年，具有学识经验者，难资熟手，锡璜才力钝拙，勤勤勉勉，近四十年，造就亦仅有限，倘就此时集合海内最高之医学人才，研究体例，分门纂辑，书成又互相参考折衷，以求其确当，则后起习医者，成材较易造就，正未可量。阁下以老成硕望，似宜出牛耳，锡璜虽简陋无文，亦当竭绵力以随诸君子之后，彼西法以劫药治病，累用酷毒物质者，当不能与我争衡，然乎否耶商之，锡璜再上。

本年第二卷第四号《绍兴医药月报》刊出福建同安吴锡璜《新编急慢性传染病之商榷书》，文章开篇说：

　　余于去年应上海文瑞楼主人之请，编辑十三科，分审症、处方、集验类。今春三月，适编传染病，忽奉绍兴名医何廉老以书来，谓将与兰溪张寿颐泰兴杨如侯盐山张寿甫诸先生，同编急慢性传染病讲义，俟书成请教育部存案，为医校之课本。嘱锡璜开始建议，登绍兴日报，以与全国诸名医共相讨论。锡璜自问学浅才疏，深恐未能负荷，然事属创举，应竭力提倡，以引起人民普通之新知识。

同期刊有《吴瑞甫先生来函》，全函如下：

　　廉臣老先生道鉴：月前承命编急慢性传染病商榷书，经于月杪由邮递上，谅鉴察，登诸报端以就正于如侯、寿颐、寿甫、思潜诸先生矣。似此分门是否有合，先生必能周行示我也。所寄贵报十四五两期，均收到。此后，尤望接续寄来为幸。本拟速汇报资，因近日敝友叶青眼君，阅贵报甚为惬赏，嘱弟介绍，报资已交在弟处，此人乃清之廪贡生，其阅报将由今年正月算起，其住址可写寄厦门镇两关佛化青年会转致叶青眼先生，便可收接。厦地他医亦有到弟处借阅贵报者，或再订购亦无一定，后期定即报资荡晋也。杨如侯先生《灵素生理新论》，下语精实，见地超卓，足可谈医。兄前书所言之高思潜君，聪明颖异，卓卓不凡，但其立论偏重西说，将来编辑时，如能中西并重，以中医学为主体，以西医学为参证则妙论精思，足树一帜，益令弟佩服弗尽，愿先生向其参酌可耳。读贵报如侯先生函曾云，鼠疫古无是症，将仿紫阳补经之例补入。锡璜意以为紫阳经为其错简耳。如疫症，大抵随气候为转移，古无今有，并非阙略，又专用补者？吴又可及刘松峰曾与乾隆间急救奇痧方，其症类皆方书所未有，但叙述源流，便于体例有合，无所谓补也。即以鼠疫论奇痧方，有老鼠痧一症，其形黑唇紫肿疼咽喉痛，与西人言百斯笃为黑死病，大略相类。考赵州师道南《天愚集》云，赵州有怪鼠，白日入人家，伏地呕血死，人染其气，无不立殒，即道南亦以怪鼠病死，可见此疫发生，在我国已近百年，但不甚耳。俞曲园笔记云，同治初，滇中有大疫，疫将作，其家鼠无故自毙，或在墙壁中承尘上，人不及见，久而腐烂，人闻其臭，鲜不疫者，病皆骤然而起，身上先坟起一小块，坚硬如石，颜色微红，扪之极痛，旋身热谵语，或逾日死，或即日死，医不尽治，得活者千百一二而已。此症云南人谓之痒子瘟或谓之疙瘩瘟，究之疙瘩瘟，见于吴又可书及薛氏医案，但不言先期死鼠，恐未为合。由上各书考之，则鼠疫自昔已有，不始于香港传染病，已昭然若揭矣。杨君为国医界中之博雅君子，料通信时，不过信笔书写，倘加以考察，其缜密处诚非锡璜所及，用敢略陈梗概，以为考证之一例。锡璜传染病商榷书，不过匆匆草就，甚愿海内各医学大家讨论而驳诘之，俾得改正竣整，则感铭五内矣。总之，我辈为振兴国学计，探索研究，不厌其详，现下我国医学人材，虽所在多有，然群花异卉中定有幽兰奇草，璜意须由我六七人发起成立我国广医学会，则彼此互相讨论，当不少奇才异能奇共赏而疑共析也，然乎否？尚祈先生教我为幸

并叩　道安　弟乃泉州同安籍，介绍脉学竟写台湾两字，烦改正至盼。

本年第二卷第五号《绍兴医药月报》刊出《介绍吴氏〈中西脉学讲义〉》，上期"此书系台湾吴蕴堂先生撰述"，已改为"闽泉州同安吴蕴堂先生撰述"。本期首篇刊有吴瑞甫长篇论文《论鼠疫之预防及其疗法》，开篇说：

鼠疫一症，读师道南及俞曲园集，群谓患者多死，盖疗治之无方法，已百年于兹矣。两年前厦门此症盛行，回春医院董事开议，嘱锡璜研究防疫及治法，以付各医家试验，竟多所全活，所拟条目列左。

本年第二卷第七号《绍兴医药月报》首篇依次刊出吴瑞甫三篇论文，即《传染病之源流》《论交通便易传染之酷虐》和《对于用施德之神功济众水者之感言》，署名蕴堂。

本年在《医学杂志》（山西太原中医改进研究会主办）第二十六、二十七期刊连载《鼠疫消弭及疗法》，文前署：名誉会员吴锡璜。其中第二十六期"通讯门"刊有《本会覆吴锡璜先生书》，原信如下：

（上略）昨由敝会会长发下惠书一件及大著三种，交会研究奉覆。遵即便示会友悉心讨论。谂知先生家学渊深，中西融贯，持论则不偏不倚，著书则可法可师，济世利人，伟功硕德，至佩至感。振兴医学数条，深合敝会宗旨。特敝会地处一隅，人才缺乏，每抱心有余而力不足之感想。亟应登诸报端，俾海内同人勉力改进。近年各省设立中医学会者日益月增，而细察其困难处，总由经费不敷，不能萃集多数名医于一室，专一研精，分科编纂课本，互证中西，借宾定主，盖中医之不振，由于无统系，欲有统系，必须分科，而一科之中，讨论草创修饰完美，断非一二人所能胜任。一科如此，十数科谈何容易乎？缅想当年纂辑《医宗金鉴》之盛事，千载一时。惜彼时西学尚未输入，毋亦述，古有余，启新不足，今则解剖组织，披图烂然，往日诸注家疑虑不敢断定者，试一为推测，与我国内经如合

符节，此又千载一时也。往者力有余而时未至，今者时既至而力不逮矣。可胜慨哉！先生《脉学》一书，首先发明动脉即经，静脉即络，微丝血管即孙络之论，确切不移。盖中学论脉，首重肺部之呼吸，西学论脉，注重心脏之发动，其理则一，而浅深高下，微有不同。识者自能辨之（肺脉起于中焦，中焦受气取汁，为血液之本原，化赤奉心，心之合脉也。而疑张弛跃动，悉随肺之呼吸，则心脏发血，乃第二义矣）。《中风论》归重脑部，与张山雷君《中风斠诠》一书互相发明。《温热串解》，准今酌古，互证中西，惨淡经营，洵推国手。敢拜嘉贶，置诸会中以供同人玩索并拟聘请先生担任敝会名誉管理事，遥相赞助，匡其不逮。嗣后大著陆续出版，尤望寄下。奉缴价值不误（下略）。

本期同时刊有《吴锡璜先生致本会第二书》（第一书佚，俟查出补登——编者注），原文如下：

（上略）月前由敝院奉到贵会惠函一件，杂志二十三本。《灵素生理新论》两厚册，经由邮政发付，收条谅经呈送典签矣。捧读数书，杂志则内容丰富，《灵素生理》则沟通中外，精切不磨，佩服之至。弟所以迟未答复，因匆匆回梓，由敝院理事人代为收存。比来厦殿诵大教，谆谆焉，以编纂课本为勉励改进之图，具保存国粹之苦心，起振兴中医之宏愿，正欲稍舒胸臆，发狂夫之言以备采择。旋读绍兴何廉老书，谓已邀杨如侯、张寿甫、张寿颐诸公共编《急慢性传染病讲义》，委锡璜先行发表意见，以绍报乃初间出版，于是竭四昼夜之力，编成商榷书，赶速提前邮寄，方好登载报端，藉以就正诸有道，以便汇集众长，成为有统系之学术。此弟所以对于贵处迟迟裁答之原因，并非自甘萎懒，谅亦可蒙鉴亮。来书谓当年编纂《金鉴》，为千载一时之盛事也，若以地远一隅，人才缺乏为憾。璜以为辰邮筒便利，数万里按期可至，垓埏之间，若户庭焉。若彼此同志，千里神交，正不啻聚名流益友于一堂，又何必高朋满座，乃可赏奇析疑耶。以病情论之，方土异宜，南北异治，尤宜互相讨论，俾益动中窾要。贵会登高一呼，万山皆应，举凡医中翘楚，胥为夹袋人物，倘能于群花齐放之中，拔出幽兰奇草，以之采纳众芳，广灵异卉，则瑶草琪葩，悉属壶天世界所有，较诸昔年吴谦编纂时代，不且驾而上之焉，璜力短愿长，与贵会所主张，不啻心心相印，处此天演淘汰互争胜负之期，若不奋发精神以为轩岐生色，则千秋绝业，道脉谁延，用特驰书于何廉老恳为主持，屡接覆函谓已邀贵会杨赵二编辑等共同编纂，私心窃慰，以为得附诸君子之后，何幸如之。望值此升沉绝续之交，奋力前进，尤所馨香祷祝以求之者耳。承示谓脉首重肺之呼吸，此即脉书所云一呼一吸脉来四至，亦即《金匮》肺朝百脉之义。立说固较弟著尤精。然璜乃据内经心之合脉也其营血也二句，谓与体用十章西说论脉相符。故舍彼而从此，究之肺主气，心主血，二者为人身重要机关，脉所以能诊察病情者，在此一着。即人身所以握生死之关头者，亦在此一着。西人每谓我国诊脉难凭，正未悉此中精微之奥耳。敝书奉上，意在抛砖引玉，藉广学识，乃承过奖，弥益色厚。又拟聘璜为名誉理事，自愧谫陋，又何敢当。弟此后苟于贵会有立效力之处，亦当稍献刍荛，以为土壤细流之一助（下略）。

本年 11 月《绍兴医药月报》第二卷第十一号刊载《厦埠医学公会会长兼神州医报编辑主任吴锡璜上教育部总长请中医学加入教科书》，全文如下：

呈为医学关重，请将中医归入课程，切实整理，以保国权事。我国医学，肇始轩岐，自汉以下，名医辈出，起沉疴，愈痼疾，成效彰彰可纪。西医晚出，挟其药物之残毒，器具之精良，因我国内景诸图说，偶有一二谬误，遂不免寻瑕诋隙，有睥睨中医之势。不知我国开国最早，四千余年之阅历经验，久印在吾人脑髓中，法奇方效，通变灵活，已为全国医学名大家所宗仰，其所以脏腑绘图略有错误者，因自古无剖割人体之例，脏腑无从亲见，此无足为讳也。若言其功用，则素问灵枢诸学说，西医皆不能出其范围。考现代山西杨百城所著《灵素生理新论》及锡璜所刊《中风论脏象注解》，可知大概。以西人悉心剖割，诩为独得之奇，而我国四千年前之经论，已概括无疑。然则，我国非医学废坠也，国家未设专科，而真能以医学名家者之不多见也。今且以中医学之宜加入教科者，为我大部一一陈之。

医学为国权所系也，西人医学，乃国家首重其事，竭力提倡，精益求精，故对于卫生检疫各方法，纯以国权行之，总而言之，不过发明微菌学耳。微菌关于时疫之传染，及花柳病肺病皮肤病之媒介，此虽中医所缺，然苟地方创设医校，有显微镜以资考证，自不难收划一整齐之效。若论时疫治法，则西疏而中密，麻疹天花痘赤痢肺炎咳温热病中之肠窒扶斯，用中法施治，效愈西法，可无论矣。即以最近之百斯笃论，自香港发生，蔓延数省，港中医梁建樵与西医同在医院治疗，收效实胜西医。故至今中医得在香港挂牌开业。据西医学说，谓百人中愈者不过二十人，锡璜在厦门回春医院订方救治，多所全活。院董周殿薰、黄征庸以活血解毒汤，熬膏施送，服者十愈七八。届今犹口碑载道。中西医法，孰短孰长，无难立辨，此中医学之宜加入教科课程者，一也。

中医为全国性命所关也。迩年以来，外国商务膨胀，海上权、关税权，多为外人所包揽，然此不过吸收利益耳。今若中医不加入教科，而全注重西法，势必以四百兆民命，尽操纵于外人之手，税权为所包揽，已足制中国人死命，若医药亦为所包揽，且并危及中国人生命，以中国生殖繁庶，即急起直追，就习惯之中医法，切实讲求，犹恐不敷所用，西医正在试验时代，信如学部章程，仅知注重西医，是不特抛弃国权，且恐削足就履，以神明裔胄，供他人作试验品，不大可哀之甚乎。此中医学之宜加入教科课程者，二也。

中国人之用中医，为信用习惯所关也。中医学经数千年之久，社会久已信从，如以为陈迹不合时用，何以今日华人之信中医，犹胜西医万万，况中西之血质不同，地方之水土各异，考《素问·异法方宜论》云：东方之域……治宜砭石，西方治宜毒药，北方治宜焫灸，南方治宜微针，同在亚洲，按症论治，尚有不同之点，而谓一舶来品，遂可推行尽利，虽极谫陋智识，亦知为窒碍难行。矧据西医论证药物未能全愈者，每云改换水土，则疾病之风土异治，昭然若揭，此按之信用习惯，中医学之宜加入教科课程者，三也。

中医药之灵验，为世界所公认也。西人用药，每分毒药剧毒二种，即非毒药，而化学品功用过大，用偶不中，害亦随之。我国昔时亦喜用毒药，故周礼有毒治病，十去八九之文。自汉以下，医学日有进步，试验日精，往往能以轻药愈重病，玩徐之才轻可去实之义，可知大概。清叶天士擅长此法，在江浙遂大著盛名。锡璜行医近四十年，于此道亦颇有体验，况考患病者十人，大约六七人可轻药而愈，一二人宜慎重用药方愈，间有一二难治，或不治者，虽用药未必能愈，微论中西治法，大抵皆然。锡璜阅历多年，又见有中医不能治，请求西法者也。其医院有一呕吐症，用西药最有力量之止吐药，四十余日不愈，后用小半夏汤立愈。盲肠炎，欧西概用切开术，而多危险，甚至顷刻丧命。野津猛男，学于德国，竟反对切刀术，先用戊己汤，后用桂枝加大黄汤，愈至数十人，每艳美中医，逾分叹服，谓不用切刀术而可全愈。锡璜对于此症，先用没药止痛，后用五香丸常服，不数日而告痊。其它杂症，经外国医院辞不治者，再为治疗，每每获愈，厦门社会中，类能言之凿凿，明效大验如此，以见古圣相传之心法，至精至粹。此中医学之宜加入教科课程者，四也。

诊脉法足为全球之冠也。查西人诊脉，每用脉波计法，所引以察病，仅曲线之高下，及指下所分之大小疾徐，得粗遗精，本不足道。读德诊脉法及东洋汉医之丹波元简一书，其远逊于我国脉书，讵可以道理计，不知诊脉以神不以迹，其中曲折微妙之处，精于脉学者，自能别有会心。我国老医，遇有重病，辄能辨生死于毫芒，此道得也。考脉书者若李濒湖《脉学》，张石顽《诊宗三昧》，郭元峰《脉如》，大抵卓荦可传，据以断病，每每切中。若以我国脉学为本，而更辅以腹诊听诊打诊及察病各方法，必尤精实，此中医学之宜加入教科课程者，五也。

药物之试验日精也。查西医药，每取剧烈之品，谓其功用颇大也。我国药品，草木尤多。制方大法，大抵本天时气候，及人身脏腑体质之偏胜递从以立法，类能吻合切中，不可思议。盖人身之病，除疫症梅淋炎肿外，大率由脏腑体质之有伤胜而起，以草木秉性之偏，治脏腑体气之偏，巧思吻合，自然所投辄效。若西人则注重微菌，而以杀菌为治，其以显微镜检查未悉者，则曰原因未明，不知病尚在气，菌于何有，专事杀菌，欧氏内科学且以为非善法，谓一病而或检胃液，或验血质，或抽肺水，或察脑浆，纵病菌明了，而其人已困顿不堪，况我国习西医者，器具未必完全，则检病动尤简略，就令查得何菌，而用杀菌之药，病仍愈发愈重。锡璜曾与习东洋医之最有经验者，共同临症，见其所检病菌，确有证据，意以为必能愈病，比服药，竟至苦况不堪。再用中法，乃以次瘥可，则微菌学虽精，转不如屡试屡验者之确有把握。此就药品经验言中医学之宜加入教科课程者，六也。

外科之经验宏富，足资博考也。查外科自剖割绑扎肠洗消毒外，西医多不及中法之精。我厦陈邦荣，昔以外科名，欧西万医生与之友，叹为绝技。过玉书在上海，凡外国病院调治不愈者，经其诊治，虽危重多就瘥。考西医治肿病，或用草菊麦麸，煮热蒸发，或用剖割，以泄脓血，收效恒多。然一遇疔毒，每每伤其生命。盖我国治疔，最忌讳用火，即刺割亦多贻害。锡璜曾见一陈姓，于脑后弯角发毒，延外国医至，用麦耘熨之面大肿，额上皮肤遂起泡，发热神昏，一夜而死。厦商某额角生小疮，请外国医至，仍用熨法，漫肿发泡之形，令人望而生畏，越日遂亡。盖面部忌熨，疔蠹忌火。我国外科书言之最详。其它若蜂窝发崩砂流注，西医所视为困难者，照沄施治，按日可疗，其它种种经验，不胜枚举。此中医学宜加入教科课程者，七也。

据此七端，皆锡璜等数十年阅历经验，方能确知真际。我国医学名大家，其学问尤长，贯通中西者，所在恒有，即其间有抱尊中抑西之见者，有一习西医，遂谓中医数十年后，宜淘汰无余者，先入为主，殊非正论。夫三教九流诸学说，入主出奴，尚抵排异己，何况医学。锡璜自少习医，恒荟萃中西学说，悉心体会，且时常与西医讨论，今临症几四十年矣。见夫中西医法，互有短长，如伤寒温病，用中法则取效较捷。西医谓必须三四周期方愈，此未及中医也。牛痘能消天花毒，然一遇天花，则束手无策，坐以待毙，此未及中医也。白喉至恶涎闭塞气道，必须用切刀术，方能救死生于俄顷。若用中医，必至贻误，此不及西医也。然一遇喉溃喉蛾喉疔喉蝶，西医仍束手无策，此不及中医也。胃痛盲肠炎，西人用安脑，暂快一时，或用切刀术，诸多危险，而中医能以药愈之，此不及中医也。脏积水肝瘤胆石，用中法则全然不效，且未识为何症，此不及西医也。肾囊病西医治法最精，然遇肠坠，则除剖割疗治外，无完全治法，而中医能以草药愈之，此不及中医也。产科学西医手法灵敏，而医讲理胎前产后各症，亦见精妙。跌打伤骨，甚者西医锯其骨，遂成废人，而中医绑扎敷药，可使复元。总此数端，中医学宜入教科，当无疑义。今者各省中学毕业日众，专门之学，医科亦其一也。宜由大部提倡，集全国有学问有经验之大医家，先以编辑讲义为入手办法。锡璜前曾寓书于浙江何廉臣，请其邀杨百城、张寿甫、张寿颐诸先生，共同讨论，分门汇辑。书成，请大部审定，以作课本。其微菌学产科学绷带电气疗法等，一概采用西法，自臻完善，际兹振兴伊始，敢请钧部令行各省，由地方官饬由医会，切实推举中西淹贯之人材，查其有著作者，谕令缴部察阅，并共同厘订医学，分若干门，为编辑先行。呈部察核。其编辑人数，甄别惯列，设通讯处，俾得互相考证，举凡卫生检疫，与内科之对病疗法及外科各灵敏手术，切实研求，其进步当未可限量。案关整理中医计划，于国权大有关系，谨就管见所及，陈请钧部，统祈采择施行，于医学前途，不无裨益。此请　教育总长章

一九二六年

本年陈桂琛《己丑生得子唱和集》刊行，线装一册，有吴瑞甫序文及贺诗二首。序文如下：

　　盖闻麟绂鹿胎，表圣人之瑞应，凤毛麒骨，夸神相之英奇，崧之生也非偶，岳之降也不凡。是故弄璋有庆脱房，群占王良造父，卜星宿之孕灵；申伯吕侯，萃山川之毓秀；徐陵未产，凤集其肩，魏肇初生，雀飞入手，徐勉则弱龄表异，李泌则稚慧同称。谅哉！国民所生无忝矣。乃者余友陈丹初先生，以征兰之瑞，启毓桂之华，跨灶有才，见推耆宿，充闾足喜，竟誉妙龄，依草落花，共献邱迟之笔，镂心刻骨，齐添李贺之词。《己丑生得子唱和集》所由作也。懿夫，瑶环启秀，博庄武之欣心，富贵升卿，缅虞经之积德，才望洽宾朋之誉，实堪卜门第之荣，联吟花萼甲乙集，赓续于樊南，助兴江山丁卯集，揄扬于务观，固已座客骊探，高堂燕喜，写儒林之韵事，缵祖考以重光已。先生以己丑生其子，以癸亥生揽揆，已有佳辰，承喜弥堪爱日，粤稽古昔名流，谢殿撰以己巳生，詹寺丞以壬

午生。近考漳泉文献，蔡相国以戊寅生，许会魁以庚午生，其所生之年即其迈迹之年，唱酬为乐，步竹里之后尘，赠答兴歌，谱兰陵之别调，行见后先辉映，共推命世之英，并教乔梓成荫，同蔚济时之彦，用缀芜词，以弁篇首。丙寅仲夏愚弟吴锡璜瑞甫氏谨识

贺诗二首：

> 年逾而立得娇儿，胜彼袁枢有阿迟。
> 他日芝兰同竞秀，最良还要认双眉。

> 二女同居二女生，频年懊恼未添丁。
> 与君方齿吾犹少，转慰山荆与小星。
> 同安吴锡璜　瑞甫

一九二七年

《吴黼堂评注陈无择〈三因方〉》由上海文瑞楼刊行，一函线装八册，书前有吴瑞甫自序一篇。文瑞楼出版广告如下：

> 宋淳熙陈言著《三因极一病证方论》，分为十八卷，其说分为三因：一内因，一外因，一不内外因也。四库全书称为条理分明，方论简要，为世推重，久乏刊行，医学家往往以善价觅求而不易睹。闽中吴黼堂先生又以中东西学说，随各门逐条评注，气化形质，阐发入微，为医门别开生面。又于古人不治症，补经验方法，洵医林精本也。庄觅得家藏抄本，用上等中国连史纸，精缮石印，有志中西医学者，幸望先睹为快焉。装订八册，订价二元。

吴瑞甫校订的这部宋代医书，在当时非常难得，经由这次校订后，才有更多读者获睹此书，实为中医界功德无量之事。此书收入台湾"中国医药丛书"，有1991年台联国风出版社据文瑞楼影印本。

一九二八年

作《同安县志后序》，全文如下：

> 古者外史掌四方之志。厥后陈寿作《三国志》，扶风又作《十志》，是即志书

所自防也。吾同志乘，自嘉庆三年后迄今无续修者。民国五年，省志局陈拾遗将修省通志。省议会以各县志历久未修，则省志无从产出。询谋金同，众议允治。而吾同之设局采访亦遂积极进行。顾年湮代远，文献无征。兼之兵燹水灾，藏书家诸多遗失。商量旧学，又寥落如晨星。邑之老成硕学，遂虑弗克负荷。锡以众议交推，不得不搜罗尽致，勉为其难。凡四历寒暑，而书始成。以地方多故，他务未达，书成而中止。岁在丁卯，林君学增尹是邑，叠奉省政府催办志书，兢兢然以未及印刷为憾。用特聘苏君万灵等，精心校阅，发书手誊录，以付印刷。并托胡君炳章在上海负监印之任，而此书乃底于成。余惟志书以观风俗、施政教也。古之太史采及捎轩，而后风俗有所设施，法禁有所从出。至今日而国体变更，中外大通，政治民风亦随之改革，趋时者遂不免矫枉过正，并尧舜禹汤文武周孔之心传，亦将弁髦等视。呜呼！保存国粹之谓何？后顾茫茫，隐忧滋甚。窃谓物质文明之学，乃各国富强所基。大势所趋，亦不得不变通以尽利。若尧舜禹汤文武周孔之声教，正人心风俗所以维持于不敝，顺之则治，逆之则乱。即先知先觉如孙中山亦云："《大学》修齐治平等语，任东西洋哲学家都未见到。"其崇奉圣学为何如？近世言庞道杂，荒经侮圣，青衿佻达，时有所闻。试问舍圣学而外，将何以为标准乎？纂是书，务在通古今之变，得中外之宜。既不敢偏执成见，贻顽固之讥，亦未便附和时风，致风俗人心有根本动摇之患。所列四十二门，大都准古酌今，贻为先几之导，非鳃鳃焉徒详一邑之文献也。有抱移风易俗之愿以行其政教者，尚无河汉斯言。

中华民国十七年十月总纂吴锡璜瑞甫氏谨识

一九二九年

创办厦门医学传习所。

本年在《厦门医学传习所月刊》第一至四期连载《药物论》。

一九三〇年

任厦门中央国医支馆馆长，同时发起创办厦门国医专门学校，自任校长，大力培养中医人才。吴瑞甫自编讲义《伤寒纲要讲义》《诊断学讲义》《卫生学讲义》《四时感症》《中医生理学》《中医病理学》《传染杂病学》等，此外还主编《厦门医药月刊》《国医旬刊》等医学杂志。

一九三一年

为许禄铭《石床题咏》作序。未见。

一九三四年

《啸风月刊》第五、六期刊嵩庐文章《读同安志》，文章说："新同安志出版后未久，即有人指其谬点，据编者所知，四年前厦门《思明报》及《民钟报》上所刊薛澄清等评文，是明证也。当时编者亦曾加入讨论，于该志体裁深致不满，今嵩庐先生此文，对于该志史实，更多纠正。"如卷三十《人物录》孙全谋、张保仔、伊秉绶等人有所辩证。

本年7月，《国医旬刊》创刊，吴瑞甫任编辑主任，编辑梁长荣、陈筱腾、林孝德。厦门特别市市长林国赓祝词"医学津梁"，厦门图书馆余超祝词"国医复振"。本期刊出吴瑞甫发刊词及《考正历代医学家之名称》《内科学讲义·绪言》二文。

本年《国医旬刊》第一卷第二期刊吴瑞甫《敬告我厦各医药界》。曾大方祝词"医学之光"，郑永祥祝词"光前启后"，国民党中华海员特别党部厦门区党部祝词"阐扬国医学术"。本期刊有《吴瑞甫医例》："门诊一元，出诊四元。路远递加，拔号加倍。改方六角，丸方四元。通函论症四元，家事清淡不论。"

本年《国医旬刊》第一卷第三期刊吴瑞甫《论中西医宜互相参究不宜作无益之争论》。厦门无线电工程学校祝词"国医精华"，思明县码头业职业工会祝词"医学先导"。

本年《国医旬刊》第一卷第五期刊吴瑞甫《论考医》。另有《答石痴君》："曩阅《神州月报》，以保君寿相一语，哓哓致辨。仆固喜人攻讦者，盖攻讦则我得闻过，而真理愈出，是吾师也，特别欢迎。所惜石痴君，未识君子之义耳。考《尔雅》，自皇王以至府尹，皆君也。君字所包甚广，《易》：家人有严君焉，父母之谓也。依字义皆谓之相耳。石痴君谓保君寿相，只好随溥仪大卖神通，毋乃所见太小乎。至谓国医系与西医对待之名词，此犹知其一，未知其二。为问西医，曾有未毕业，而可谓之医乎？仆之拟议及此，乃遵国家法令，犹孔子所云今用之，吾从周之意也。未知石痴君，以为然否。"

本年《国医旬刊》第一卷第六期刊吴瑞甫《四时感症绪言》。

本年《国医旬刊》第一卷第七期刊吴瑞甫《再论考医》。

本年《国医旬刊》第一卷第八期刊吴瑞甫《论天花痘不宜求诊于洋医》。

本年《国医旬刊》第一卷第九期刊吴瑞甫《论二阳三阴确的实验并非玄虚之学说》。

本年《国医旬刊》第一卷第十二期刊吴瑞甫《疹麻专科绪言》。

一九三五年

本年《国医旬刊》第二卷第一期刊吴瑞甫《拟设厦门医学图书馆以昌明医术利益人群》，全文如下：

> 医学一道，难言之矣。除常法而外，其余一切难治之疾，大率非旁稽博考不为功。顾今之医者，因陋就简，稍读歌诀，辄诩诩然自命为医，问以伤寒之如何

传变，不识也；问以温热暑湿之病因如何，初中末法之手腕如何，不识也。甚且不谙文义，不晓药物之性味如何，功用如何，但记数十品之药名，便公然临症，以人命为尝试。呜呼，以此为医，无怪国医之信用破产，一落千丈也。虽然物极必反，剥极必复，前此医学，政府听习医者之自生自灭，毫不加以试验，以至腐败至于今日。加以东西医之讲求，日新月异，且以各国政府之实力为提倡建设学校病院以资实验，是以蒸蒸日上。以视我国之涉猎方书，便自命为医者，实不无相形见绌之处，因愧生发，即无政府之设施，我医学家尤当竭力以整理，俾炎黄学术得大放光明于世界，此医者之天职也。今者中央国医馆业经设立矣，整理国医之规则，立法院亦经通过矣。医专之学校，且以次催办矣。顾各处教材甚难，且值民穷财尽之秋，筹款创设，亦非易易。凡我医界，正宜苦心焦思，推贤让能，勉尽天职，以探讨国医之实际，表章国医之学术，除目不识丁，或文义不顺，及医学无常识，应为淘汰之列者，固不必论，至于学问优长，经验宏富者，正宜一德一心，相助为理。遴选地方之优秀人才，切实传授，俾学成可为世用，则今日之急务也。顾我国医术，自炎黄以降，则周秦汉魏，学说最精，近人于温热杂病，尤多所发明，届今医专创设国医馆，考订学术，吾人又有参加之机会，第讲求此道者，非博通众书，必难以广开风气，精进学识，则医学图书馆之筹设，在今日尤为切要之图，曩者一般莘莘学子，或囿于见闻，无从考证，或限于经济，无力购书，加以专校凡中大学毕业者，均得入此讲习，以近世中东西医学有志之士，正在极力发明，审时度势，尤宜博通中外，集合众长，俾固有医术，得发挥而光大之，方足以应社会之需求。且学成以后，对于军医及海上检疫权，暨地方防疫种种善举，与夫后日之医校，应如何精进，尤非博通中外不为功。是则医学图书馆之创设，为培植完全科之人才而设，为医学家广开风气，令知世界之变迁而设，为后进之优秀人才，既通晓国医术之粹美，且得以东西各国较短系长，以共臻于完善之域而设，则后顾无穷，振兴有日，此则本支馆筹建医学图书馆所应负之责任也。

同期刊吴瑞甫《所望于厦门官绅商学》，全文如下：

医非小道也，非通乎天地之故，性命之微，万不足以当此重任。以我国论，轩岐时代，以君相而提倡医术，周公制礼，设官以专理其事，唐之六典，宋之局方，亦君若相所创设以惠民者也。自宋儒以医为小道，与农卜并称，致明清以来，国家不重其事，不思卜以决疑。古者事关军国恒赖之，关于易理，岂小道哉！若农则为天下大利所归，读月令一篇登谷登麦，省耕省敛，其关于劳农之典，靡不备至。至医而与农卜并称，亦可见其为生人日用之所必需，以一身系天下之安危，一旦身罹疾病，脱非有医者为之拯救，天下大局，或至有不可问者，医系于国家之重要如此，故近东西各国，莫不以国力为提倡，盖谓强种即所以强国也。国府诸公，审时度势，知昌明医学，亦为国家之要政。用特设国医馆，以专理其事。我厦去年支馆专校，亦经奉政府命令，次第设立，草创之初，诸凡未备，幸董事长黄世铭先生筹画补助，主得以次第设施。近更有设立医学图书馆，及建筑医校院之议。顾我厦旧有竹仔河回春医院一所，乃邑之慈善家洪腾凯等，及中医学会诸人，所苦心经营而设立者，本系私人物业，煌煌契据，管理经五十年之久。曩者路政处周醒南，利令智昏，任意夺卖，欲卖与华人，华人不敢承接，乃卖与英国籍民许文才，经中医公会登报声明，而周醒南置若罔闻，又经提出上诉，至今尚未能解决。当时呈中亦均声明该院将改为国医学社，而周醒南均置之不理，胆大妄为，惟利是视，诚不解民国官吏而有此怪现象也。今者国府之注重医学，已实事求是矣。催办各省县之设立专校，亦将次第举行矣。厦门为闽之精华所处，通商巨镇，尤为外人之观瞻所系，邑之官绅商学，宜何如合力相襄助整理以为各县倡。况近岁以来，人口日多，颠连困苦，时有所闻。国医会有慈善性质，与西医之专务营业者不同，则整理尤不容缓。乃者董事长对于建筑医校医院及图书馆，已有竭力募捐之议，所最抱憾者，回春固有之医院，被其毁折，而且变卖，本医专同人，曾索全图以观，公地已被前路政处变卖殆尽，所存者仅公园中一二旷地，以之设立医校，良为适合，就公地谋公益，计无有善于此者。否则有地而不设施，与废地等，且与人民有何裨益，窃愿为我厦之官绅商学，借箸筹之。

本年《国医旬刊》第二卷第五期刊吴瑞甫《论振兴医学之困难》。

本年《国医旬刊》第二卷第六期刊吴瑞甫《论今日医药界宜多阅医报以开通风气议》，全文如下：

时至今日，科学繁兴，士农工商之事业，遂不得不大加改革，乃创设之时代，非蹈常习故之时代也，以格学日精，物产日富，遂致世界日趋于争竞，矜奇炫异。凡可以垄断营私，网罗利益者，靡所不用其极，机器学兴，而日农日商，都可以制伏人之死命，水有铁甲船、潜水艇，陆有坦克车、唐克车，空中战有飞行机、烟雾弹、硫磺弹、毒菌弹种种，凡诸利器，愈出愈奇，都可以制敌人之死命，侵略野心，有加无已。届今而万国经济，异常恐慌，失业者动以万计，此无他，机器夺人工，则购买力竭；积极备战，则税务繁苛，而生产力竭。倘我国人能早自觉悟，不用洋货，合上下整理农工商要务庶商业得以振兴，而国家之利源日拓，以修内政，以固国防，诚目前之急务也。政府诸公有见及此，励精图治，积极进行，航空军政、救济农村诸要务，百般俱举，所惜农工商业仅具雏形，而医为应用科学，自汉至今，历代发明，几于无所不备，所少者剖割学耳，乃亦欲舍己从人，以重大性命，操纵于外人之手，诚所不解。乃者执政诸先生，已竭力提倡，设国医馆于首都，各省县设分支馆及学校，亦经次第举行矣。凡我医药界之有学识有经验者，亦均能出其所学，以其崇论阅议，阐发轩岐张孙之蕴奥，以诱掖后进，即药物学亦有新理解之发明，是从事于医药学者，宜何如广阅医报，以增广医药之学问，独惜我厦医药界，竟置若罔闻，并不以优胜劣败为虑，岂甘受天演之淘汰耶，抑或为财力所限，未能广购医报耶。本旬刊订阅者大有一日千里之势，全国医报，均有交换，本年拟择尤刊载，以饷馈于阅报诸君，愿我医药界注意及之。

同期刊《中委陈立夫先生题词》如下："知己知彼，始足以言胜人，医学亦然，故中医宜研究西医之学，再以科学方法，整理中国医药，则他人之长，我无不具备。我之所长，人不能及。然后中国医药之学，可为世界冠。余深信我国数千年所积之经验学问，定可予吾人以创造之机会也。题奉《国医旬刊》。"

本年《国医旬刊》第二卷第七期刊吴瑞甫《诊断学绪言》。

本年《国医旬刊》第二卷第九期刊陈果夫题词"中国医药必须科学化"。

本年《国医旬刊》第二卷第十期刊史悠经《吴瑞甫先生六秩晋四寿庆征文启》，全文如下：

吴锡璜先生，字瑞甫，号黼堂，籍同安县，先世皆以儒医称世家焉，传至先生十四岁时即精研历代医籍，参汇东西学说，博稽考证，不遗余力。岁甲午邑侯钟德门病疾饮八载，喘促不能卧，耳先生名，延聘施治，先生为之处方，十六日而久病痊愈，访知先生世代均粹于医，特奖七世名医匾额，由是医名大噪。当先生弱冠时，以县试第一名捷黉门，越年食饩，未几复宴鹿鸣。伯兄锡圭，乃兄鸿枢，均先先生举于乡，伯兄麟书，胞弟锡琮，均游泮水，合邑称盛。而先生益自谦抑冲虚，肆力于文章学术。其兼管双溪书院，增广月课，文风丕振，清末筹款建筑学校，增添学舍，莘莘学子得以广厦咸依，先生之力也。时政府正举行新政，先生同乃兄煌枢办理地方自治传习所，诱掖后学，一门桃李，遍栽闽南。朝旨饬同安县简，促先生赴桂省候补以知县任用，目睹清政不纲，遂淡于仕进，力却之。

以儒者不为良相，当为良医，于是挈眷迁厦门，深以济物利人，莫出于医一端，益致力于中西医学原理，探本穷源，合一炉而冶之。以尔来中风病日多，中医谓之中风，西医则谓脑出血，抑何相歧之甚，先生取熊叔陵《中风论》原本正之，深谓中医所谓中风，言其病象也，西医所谓脑出血，言其受病处也，引据景岳全书，治风先理血，血行风自灭。撷中西学说，以会其通，举凡脏腑功用，脑病源流，阐发入微，足为后学津梁。生平注医籍，著作等身，精研西医学说，多所折衷，即中医学说经先生从实验推勘精微，靡不簇簇生新，视汉唐以下旧著医书，模糊影响揣测者何啻霄壤，著《中西脉学讲义》《温热串解》《删补中风论》《评注陈无择〈三因方〉》，又删正《名医类案》，多所评骘，上海文瑞楼主人聘先生校勘《圣济总录》，刊印行世。先生既擅岐黄，尤长史学，总纂《同安县志》，体例虽本于省志，而严谨则过之。郑成功开府思明，有明忠义之士，悉归之，据金厦两岛，以抗清师，同邑人物最盛，而皆明之旧臣，旧志以关于鼎革，记载从略，新志目三十七门，弗计及此，先生独搜罗尽致，以发潜德幽光，而悉以思明州人物录系之。夫郑氏以复明号召天下，始终本明正朔，系以思明者，即春秋公在乾侯之例，亦即《紫阳纲目》尊蜀汉为正统之遗思，虽志书与正史有别，而体例斟酌完善，自非长于史学者不能。至于列传，弗为沿讹袭谬，独从汉赵岐《三辅录》之例，邑令林学增称其最为卓见。盖国体既变更，则志书体例亦当随之而变易，列传以别于本纪，既无帝王本纪，安有所谓列传，本此以记载人物，庶几准古酌今，有所矜式。又慨中国医药兴替，关系国家盛衰，民生裕困，民国十四五年间创疫厦埠医学公会传习所，编辑讲义，多所发明；民国二十年中央国医馆成立，各省市县设立分支馆，群推先生长思明国医支馆，旋奉中央命令，创设厦门国医专门学校，培植医药人才，躬自编纂各科讲义，坐拥皋比，讲授要旨，焚膏继晷，兀兀穷年，各州县人士之有医学常识者，多跋山涉水均以得从先生游为幸，凡此皆先生立言之卓卓彰著者。本年夏历四月一日为先生揽揆良辰，年符卦数，而气体象乾，天行永健，爰拟华封三祝，邀哲嗣树萱、树潭、树诸谋为祝嘏，先生则谓当此国势阽危，何得为此无谓之举，坚辞不肯，不许设礼堂。然同人等心难释然，遂擅为议定，摒除虚华靡费，藉文字因缘以祝金刚不坏，敬祈海内外当代文豪，锡以诗文词等，作为颂祷，汇成一册，仍将成册刊印寄赠，当亦诸君子所赞许也，谨启。

陈培锟、柯荣试、洪鸿儒、余焕章、黄庆元、黄庆庸、杨廷枢、杨遂、李禧、韩福海、李伯端、余少文、周幼梅、陈桂琛、柯征庸、陈颐堂、谢铭山、郭大川、杜保祺、郭有家、陈清渠、洪蒨鸥、廖海屏、吴蕴甫、吴克明、郑鹤亭、吴德三、林孝德、陈筱腾。受业林锡熙、余小梅、陈影鹤、廖碧溪、林秋瑞、郭斐成、黄淑顺、黄尔昌、陈佩瑶、李礼臣、张子贞、黄奕昌、吴庆福、刘义尊、李在宽、孙博学、杨太龄、黄瑶卿、许廷慈、史悠经、林穗贞、黄成龙、许国粹、潘翀鹤、傅赓声、汪应龙、施玉燕、林学琛、李进宝、翁清吉、刘腾蛟、曾秀华、张志民、陈清溪、蔡奕川、陈昶方、蔡仲默、翁遹恭、叶浩然、王筠梅、朱清禄、林玉琨、魏庆清、洪文富、吴沧庆、郑耀经、吴钟廉、刘俊英、林甫源、林甫清、杨秀钦、郭天南、林康年、黄逸鹤、卢树根、陈德深、刘筱明、洪文壬、吴序斗仝启

惠赐诗文词佳作请寄：厦门厦禾路厦门国医专门学校收（笺纸函索即寄）

以下是部分征文。

瑞甫先生六四寿庆

奇方肘后着手生春门盈桃李寿世寿身
人物有志推陈出新甲策伦年永祝大椿

居正拜祝

瑞甫先生六秩晋四志庆

星官有天医，儒林有经师。
经师精医理，良相功同奇。
科名如拾芥，鹿革早谱诗。
富贵如敝屣，骥足不受羁。
具得马郑识，乡土志所遗。
传遍扁和术，桃李花满枝。
吾愿东山寿，常作霖雨施。

蒋鼎文

瑞甫先生六十晋四荣庆

延陵弈叶播芳馨，美荫长垂种德亭。
乡赋题名翘隽选，黉宫造士发新硎。
引年喜叫先天易，扣齿闲参内景经。
邑乘手编堪寿世，渊怀看取券修龄。

陈绍宽

瑞甫先生六秩晋四大寿

医术文章两擅长，先生春抱世争传。

从游门下皆名士，定有新诗祝未央。

良辰揽揆启初筵，正值清和四月天。

笑向皋比来鞠卷，羡公身是地行仙。

陈肇英

瑞甫先生六秩晋四大庆

室衍丰饶，家道笃厚。

积善有征，得以长久。

麟子凤雏，听韶行筋。

春阳和煦，曰寿无穷。

陈立夫

瑞甫先生六旬晋四大庆

喜逢佳节庆天祺，摩勒铜盘亥字题。

丹笔新编彰义烈，青台妙术汇中西。

树栽桃李春风遍，地近蓬莱瑞色齐。

寿世寿人还自寿，悬弧朗月照双溪。

朱文中

瑞甫先生六秩晋四寿辰

惟仁者能享乔松之寿

彭养光题

瑞甫先生六十有四大寿

午夜医星射斗枢，卷韝鞠卷舞衣纤。

双胎手辑兰台范，道子毫挥橘井图。

小草家江成械楔，长桑神水胜醍醐。

父书能读看儿辈，悦耳清音起凤雏。

福建省国医分馆全体敬礼

瑞甫先生馆长六十晋四寿庆

良相功犹匹大夫，风尘未易遘俞柎。

宁馨鼎峙三株树，初度筹添八卦图。

都下近闻谈季子，海滨今复见淳于。

鹭门黉序多桃李，吾道从兹喜不孤。

刘　通

瑞甫先生馆长六十有四大寿

延陵家世有传经，肘后真方善解铃。

南极星临头未白，上池水洗眼常青。

海隅纸为成书贵，门外车多问字亭。

舞彩文郎皆卓荦，齐颜一笑看趋庭。

陈天尺

瑞甫先生六秩晋四寿庆

荀陆未相识，握管究平生。

展颂登文启，贤书共成名。

清时多丧乱，君以岐黄鸣。

抗志为良医，抉奥诏群英。

文献存金厦，忠义崇延平。

娱情山与水，敝屣簪与缨。

君今六十四，我亦白发盈。

中原数耆旧，惆怅不胜情。

艾作屏

瑞甫先生六秩晋四寿

衰世群轻学，好学必逸才。

况复传世泽，甘心隐草莱。

利济功既安，著述力更恢。

知己淡仕进，兴教储人才。

读史观前代，纂志贻后来。

乡邦物望归，名流咸尔推。

愧非大手笔，愿事黄金台。

老当日益壮，祝君晋数怀。

黄元秀

寿吴瑞甫先生（调寄采桑子）

良医自古如良相，七世名垂，学贯中西，天惠斯民一老遗。名篇不朽思明录，桃李依依，翠叶披离，想见皋比拥坐时。

南普陀桑门常惺

黼堂道长六十晋四

吾道先进，才侔岐黄。

新旧兼擅，实综厥长。

既著医籍，津梁后学。

复创专校，国粹发黄。

婆心仁术，何逊扁仓。

硕德耆年，永寿而康。

释右文

本年《国医旬刊》第二卷第十一期刊黄瀚《吴黼堂先生六十晋四双寿序》，全文如下：

传曰：仁者寿。仁何物乎？仁之一字，古今诠释诂解，无虑千万言，而惟恻隐之心，一言最挚。夫仁必尽寿哉，而寿之理寓焉。称仁既莫如恻隐之心，而恻隐之具于其心，加厚于其人人。且被及人人者，又莫如操方术之医士，医术之精与不精，心之虚与不虚，然莫不以起沉疴，生死人为职志。目所接，颠连羸顿之形，耳所闻，呻吟恻楚之声，悲悯之念，时时往来方寸中，于是恻隐之心，日以加厚，是其人也。仁之厚，寿之理，有不寓焉乎哉。吾友，吴黼堂先生，世儒世医之家，逮其兄若弟，蝉联游泮水，登乙科，亦莫不湛深医学，先生更于舞勺之年，即潜心于是。聪敏之才，可兼数辈，辞赋文章，下笔娓娓，动数千言，人谓先生儒而医。无宁谓先生志于医，力于医，辞赋文章，其余绪也。故著述表表者，若校勘《圣济总录》二百卷，《评注陈无择〈三因方〉》一十六卷，《中西温热串解》八卷，删补熊叔陵《中风论》，删正《名医类案》诸编，于东西学多所发折衷，洵医林精粹，久已刊行于世矣。至总纂《同安县志》，都四十二卷，发凡起例，卓有特见。世道更张，益淡仕进，而于建校造士，地方自治传习等事，又力任不逮。忆厦岛未更邑，思明属同安县之嘉禾里，清光绪庚寅科试，岛学使取入学宫弟子员三十二人，余添与是选，先生年未弱冠，冠其曹，踰年食饩，癸卯领乡荐，然从事医至今，仍无时或息，日则奔波颠连羸顿呻吟恻楚间，为之针砭，为之调燮，夜则讲授国医专门学校，出其心得，以灌输后学，推其恻隐之心，纳诸百十门弟子之怀，百十门弟子，又广先生恻隐之心，自加厚于其人人，且被及千数十百之人人，驯是而薪炉火传，其仁故不大乎？其得寿之理，不益信哉？推是理也，先生今逾耆硕，而耋而耄，而期颐，可操券待，为汉李充也可，为商篯铿亦无不可，但亦不过年齿之寿耳，其传诸书，垂诸后，足以灌输数十百世后学，纳此恻隐之心，于数十百世私淑弟子之怀者，精神之寿，乃莫知纪极矣。闲读曲礼，医不三世，不服其药，解者多以父子祖孙相承三世为言，或则以为必通《神农本草》《黄帝内经》暨《针灸脉诀书》等三世书，先生之门，钟邑侯德门，榜以七世名医矣，后参究中西会通贯串抑奚只三世相承，通三世书已哉？周方伯莲恒语人，吴籋堂今之扁鹊，盖任兴泉永道时，曾目睹杨提督岐诊事。提督出巡洋期，夫人病亟，延先生诊治，决起，旬日疗，转力戒出巡，犹之生虢太子而告齐桓侯也。提督兹不悦，行抵省垣，果病殁。先生世居同安县城，寓沪寓厦，罕宁家，嫂夫人俭勤持门户，无内顾忧。今年首夏朔，先生揽揆良辰，哲嗣树萱、树潭、树诸等谋所以卷轴鞠卺者，先生却之，及门弟子谋所以献浆而酬爵者，先生又却之，乃欲以文寿先生，而请于余。予不文，顾念向者同入学宫三十二人，曾几何时，凋零殆尽，岛中独余与先生两人在，余瓠落一无所长，不足以颂扬先生，亦欲藉申区区积愫，用弗克辞，操斧班门，不值先生一笑也。

愚弟黄瀚顿首拜撰

愚弟庄序易顿首拜书

愚弟陈培锟、洪鸿儒、黄庆元、黄庆庸、余焕章、余超、周幼梅、陈美和、柯征庸、吴蕴甫、吴德三、吴克明、郑鹤亭、谢铭山、郭大川

受业林锡熙、余小梅、陈影鹤、林秋瑞、廖碧溪、郭斐成、陈佩瑶、黄淑顺、黄尔昌、李礼臣、许廷慈、杨太龄、李在宽、吴庆福、张子贞、黄奕昌、刘义尊、孙博学、黄瑶卿、史悠经、李进宝、施玉燕、傅赓声、许国粹、林穗贞、黄成龙、潘翀鹤、汪应龙、林学琛、翁清吉、翁迺恭、陈昶方、陈清溪、曾秀华、刘腾蛟、张志民、蔡奕川、蔡仲默、叶浩然、吴钟廉、吴沧庆、魏庆清、林玉琨、洪文富、郑耀经、刘俊英、刘筱明、陈德深、黄逸鹤、郭天南、林甫清、林甫源、杨秀钦、林康年、卢树根、朱清禄、吴序斗、王筠梅、洪文壬仝拜　祝岁在旃蒙大渊献余月朔

以下是贺寿文字。

瑞甫先生六秩晋四荣庆

祝拟华封耆英盛会

年符易象硕德长春

于右任

瑞甫先生六秩晋四寿辰

学得养生主，斯能享大年。

灵枢探秘奥，金匮发真诠。

济世同良相，思明景昔贤。

南山欣献颂，遥祝九如篇。

居王

瑞甫先生六秩晋四荣庆

春驻蓬莱筹添海屋

门盈桃李望重乡间

孔祥熙

黼堂先生六十晋四诞庆

修真鹭屿有高贤，金匮奇方七叶传。

早向广寒标姓字，却来陆地作神仙。

茅君家学渊源远，葛氏门积桃李妍。

恰值行年符卦数，自强不息祝延年。

王用宾

瑞甫先生六秩晋四荣庆

德盛文缛

焦易堂

瑞甫先生六秩晋四大庆

八八义图卦象新，华堂祝嘏倍精神。

岐黄济世原非易，福慧如公自有真。
论史情能推义烈，回生术亦擅兹仁。
于今鹭岛成仙岛，胞与为怀处处春。

章杭时

瑞甫先生六旬晋四荣庆

海屋筹添福履充，六旬晋四日方中。
利人利物功勋普，良相良医事业同。
著作等身推积学，李桃满院沐春风。
康强纯嘏由天锡，吉语常侔郭令公。

潘公展

瑞甫先生六旬晋四大庆

优游季重老南皮，文采风流又识时。
班马长才推柱下，长庐绩学拥皋比。
鹭门眷属添佳日，鹿野科名薄旧时。
节是清和年大芦，三株齐与颂颐期。

李世甲

瑞甫先生六秩晋四荣庆

文章早岁动名场，讲学双溪道益光。
恬静已辞求仕路，慈祥独著活人方。
及门桃李看承荫，绕砌兰苕美挺芳。
正值清和时节好，满堂花翰与称觞。

林国赓

瑞甫先生六秩晋四大寿

杖乡无计客南州，湖海文章壮少游。
彭泽功名轻百里，史鱼直笔信千秋。
雾深红杏归何晚，灯晕青囊读未休。
莫问良医与良相，还他名士旧风流。

刘光谦

165

瑞甫先生六秩晋四大庆

抱负平生喜自期，不为良相便良医。

稀年已近身犹健，史学专长誉早驰。

桃李闽南夸后秀，文章海内拜师资。

尊垒设悦喧初夏，话到吴公有所思。

沈觐康

瑞甫先生六旬晋四荣庆

寿比南山

周敬瑜

瑞甫先生六秩晋四弧庆

节届天祺启寿筵，万家崇拜活神仙。

医通中外超卢扁，识贯古今胜固迁。

舞彩瑶阶皆俊秀，称觞绛帐尽英贤。

遐龄恰喜符周卦，为进冈陵颂一篇。

余　超

本年《国医旬刊》第二卷第十一期刊《前医学传习所所长吴瑞甫启事》，全文如下：

　　迳启者：厦门医学传习所，由董事周殿薰、洪鸿儒等创办于民国七年，均拟订章程，呈由汪道尹、史厅长、姚县长呈省批准立案。当时由翁纯玉、周少云、蔡惟中等主任讲员。鄙人并不干预其事。经已传习多年，以地方多故中止后，由绅士洪鸿儒、周殿薰等再筹划款项，赓续进行，仍由医学公会开会修改章程，会同董事会佥议，公准鄙人为所长，仍具呈杨前厅长存案，追后毕业并具名籍，送杨厅长呈请备案。乃近有含沙射影之徒，藉称派别，故造四个月毕业蜚语，《江声报》《鹭声报》均有登载，似此毫无价值之言，而亦登诸报端，殊不可解，业经备函，由《江声报》更正，诚恐淆乱各界听闻，谨再具启，以免为其所惑。

本年《鹭声医药杂志》第二卷第二期（第六号）刊《再与国医专门学校校长吴瑞

甫先生书》，全文如下：

> 吴校长台鉴：前书谅已鉴览，先生胡弗自作答，而使贵校所谓学生会也者，卖弄听明，答非所问耶？当时何人与先生面约交换讲义，言犹在耳，先生岂忘之耶？抑事未经贵学生"前闻"，先生未敢有所"大违众意"耶？此同人所不解也。若云敝所每月仅四日讲解，贵校每月有二十四夜教授，便不值得交换，似乎太不合理，因敝所每月有六十页精印讲义，未必少于每夜一纸油印讲义。且敝所实事求是，固未敢张大其词，而自称为专门学校也。持此为不交换讲义之理由，殊难自圆其说。贵校学生大多数为"大中学校毕业"，此等语只好执村夫而告之，或使色骇舌矫，若敝所同人，即不敏，实不敢有所动于中。请贵校学生会，以后不必一再提起。先生欲振兴闽南医学，无任钦仰，敝所近水楼台，获益当较漳泉各县为先，惟愿于各县所贴招生布告，须明书专门"夜校"学校字样，庶免远道学生误会，徒劳跋涉，亦以见先生之诚实不欺。贵校以讲义漏泄，罚银五元，此盖出于与贵校有关系人之口，是否确实，先生抚心自问可也。同人胸次，固甚坦白，不敢隐讳，幸勿为罪！至以前书为"任意诬蔑，殊多不合"则同人尤不敢承认。因前书实情真词恳，毫无傲慢也。此后若有所赐教，请先生亲自执笔，莫再令贵校学生僭越。因彼等少年气盛，常言之过激也，书不尽意，伏惟为国医学术自珍。
>
> 国医研究所启

本年《鹭声医药杂志》特刊号刊出苏随驶《与吴瑞甫先生论缓脉》，李达道《读〈删补中风论〉质疑》，陈玉仁《求教于吴瑞甫老先生者》，胡为雨《证吴瑞甫〈温热串解〉谬误之一斑》。

本年苏州出版的《寿世医报》第一卷第五期刊常熟《国医杂志》总主编赵子刚《祝吴瑞甫先生六四荣庆》，祝词如下：

> 瑞甫先生六四莚开，筹添海屋，抱济世立说之才，瞻南极星辉之彩，子刚不才，聊进数言，以祝长庚之颂。
> 蓬岛烟雨阆苑春，九重笺奏附金函。
> 铜盘酒在丹砂炼，南极星联作寿杯。
> 紫毫粉壁题仙籍，玉树阶前五色芝。

本年《寿世医报》第一卷第六期刊武进钱今扬贺诗《祝厦门吴瑞甫先生六秩晋四

荣庆》，全诗如下：

> 天生闽峤一仙翁，卦数年符气体雄。
> 桃李盈门称化雨，岐黄累代播仁风。
> 名山史笔精忠著，瀛海遗编学理通。
> 时值清和看莱舞，长房缩地美壶公。

吴县陈章《厦门吴瑞甫先生六四荣庆》，全诗如下：

> 清和时节麦秋天，海屋添筹颂大年。
> 华诞纯阳同四月，青囊济世亦神仙。

> 四座春风化雨长，栽培桃李满门墙。
> 岐黄累叶书香继，卦数欣符寿且康。

> 良医良相本同功，怀抱先儒文正公。
> 更以立言归大德，期颐获寿自无穷。

> 宏愿尧天矢寿人，著将妙手尽成春。
> 人心自古天心佑，纯嘏由天锡尔身。

> 荆州但愿识先生，学术文章仰大名。
> 万丈光芒耀南极，天医星接老人星。

> 史笔医编付枣梨，博通今古贯东西。
> 名山尤有千秋业，寿世功高莫与齐。

吴县陈起云《吴黼堂先生六秩晋四荣庆》：

> 吾寿吴夫子，欢迎祝寿诗。
> 寿星耀南极，寿母降西池。
> 寿世传名著，寿人仰国医。

宏开仁寿宇，眉寿介期颐。

本年《寿世医报》第一卷第八期刊梅县陈一苇贺诗《祝厦门吴瑞甫先生六旬晋四荣寿大庆》，全诗如下：

凤闻闽省有遗贤，濂洛薪传理自然。
道德文章兼国手，总修县志笔如椽。

家学源渊独美君，名医七世信超群。
采芹食饩攀仙桂，棠棣斐声处处闻。

悬壶乃值麦秋天，八卦循环又复乾。
借得耆翁诗一句，祝君眉寿似增川。

公门桃李满三千，讲义新编独占先。
八八年华齐祝嘏，寿诗高唱写云笺。

江苏吴县倪梦若诗《敬祝吴瑞甫先生六四荣庆》：

题诗祝寿古风存，宴乐筵开酒满樽。
自古善人多吉庆，兰孙桂子喜盈门。
人生五福先言寿，南极星辉齿德尊。
是叟真为无量佛，优游杖履乐天元。
愈到晚年节愈坚，筵开六四画堂前。
恭维万寿无疆祝，龙马精神健似仙。
著作等身效前贤，中西融化独任艰。
愧吾旷学无华笔，贡献俚言附玉联。

本年《寿世医报》第一卷第十期刊梅县萧梓材贺诗《吴瑞甫先生六秩晋四荣庆志喜》：

至德如君最可师，名山著作弃官卑。

荆围鏖战中秋月，花县荣旌七世医。

桃李三千才若孔，松椿六四卦符义。

星辉南极清和节，梅水临水献寿诗。

吴县杨梦麒《祝吴瑞甫先生六秩晋四荣庆》：

锦堂花簇日初长，华祝遥申献绿筋。

跌宕文章追屈宋，神明医理善岐黄。

欣看桃李群英萃，始信松筠晚节香。

愿得壶中春不老，好教后学奉津梁。

广东翁源第五区中医研究所刘仙琴《恭祝吴瑞甫先生六秩晋四良辰寿辞》：

吴公道德著乡邦。

瑞气蔼华堂。

甫耳大名堪景仰。

先世业岐黄，至公益肆力南阳，医术媲扁仓。

生平好学，博古通今善文章，游泮水，掇芹香，廪饩补，举张邦，伯仲先后鹿鸣宴，昆季青襟尽联芳。

六经诗史根柢，堪作后学津梁。

秩序分明阶级，步趋现未周行。

晋爵加官非所望，思明归隐潜藏。

四诊回生真无忘，同安县令颂扬。

良相非所愿，愿为医之良，学校专门传习，教育多方，县志总纂载笔，潜发幽光。

辰比譬如星拱，医界齐颂陵冈，及门上寿趋跄，哲嗣拜寿捧觞。

敝社邀德荣诞，同人祝嘏歌狂，愧无蟠桃之献颂，聊借毛颖以荣彰，爰为之喜庆，歌曰：祝公多福兮，福降无疆；祝公多男兮，男尽贤郎；祝公多寿兮，寿而富，亦寿而臧；康且强，强更康，窃比于我老彭。

本年秋季，香港中华医学会出版《国医杂志》第二十期刊出何佩瑜《瑞甫先生六秩晋四荣寿纪盛》诗六首及其他祝寿诗文，全部如下。

何佩瑜《瑞甫先生六秩晋四荣寿纪盛》诗六首

其一

美公七世是良医，利济功深实可师。

作善降祥天必佑，知君上寿享期颐。

其二

泮水方游宴鹿鸣，堪夸难弟与难兄。

一门俊秀书香盛，闾里争看衣锦荣。

其三

公曾兴学董双溪，丕变文风赖耳提。

广育英才添学舍，芳名泐石永留题。

其四

史学由来有特长，搜罗潜德发幽光。

详修邑乘捐讹谬，严谨原堪继紫阳。

其五

新旧医潮积习深，公能知古复知今。

学无国界何须别，融贯中西费苦心。

其六

医药兴衰系国家，年来不振总堪嗟。

赖公创设专门校，续绝存亡信可嘉。

苏玉昆二首

其一

一门鼎盛续书香，难弟难兄萃一堂。

共美簪缨绵世泽，应知华国有文章。

双溪兴学留殊绩，邑乘修编见特长。

寿域宏开充喜气，此公矍铄杖于乡。

其二

名医七世有真传，家学由来若广渊。

温故知新求博识，涵今茹古费穷研。

专门创设英才育，讲座亲登伟论宣。

志切寿人兼寿世，祝君眉寿广如川。

李燧初二首

其一

真儒抱道器珍藏，良相良医志不忘。

砥行既推崇孔孟，立言尤阐发岐黄。

桂兰满砌承欢庆，桃李盈门得意扬。

太璞能完为士贵，形神全也寿而康。

其二

八八春秋既杖乡，八闽毓秀集华堂。

八仙道证蟠桃熟，八世真传翰墨香。

八卦三连乾运健，八方多颂国医良。

八音齐奏莱衣舞，八韵新成祝寿长。

梁朝浦《瑞甫先生六秩晋四荣寿赋此补祝》诗一首

知公道德与文章，学术由来多发扬。

医国医人功最巨，寿民寿世实堪彰。

敬闻大庆庚申颂，但愿康宁历久长。

桃李满门成荫日，先生能不喜洋洋。

梁家维一首

素仰才华射斗牛，宏深著述义良周。

群英赖育功劳重，秉性仁慈意态悠。

灿烂乡云垂玉岛，融和瑞草满瀛洲。

精神体魂兼康盛，上寿期颐可与俦。

本年 10 月《伤寒纲要讲义》刊行。福建私立厦门国医专门学校讲义，由其子吴树萱、吴树潭和侄孙吴庆福整理，铅印线装一册。书前有林向今（国赓）题词，陈韵珊、洪晓春、杨人拱、余少文短序各一篇并"参校门人姓氏一览表"。此书有台湾新文丰1985 年影印本。

一九三六年

本年 2 月《寿世医报》第二卷第二期刊陈应期《祝厦门吴锡璜先生六秩晋四荣庆》，全文如下：

华封叠祝，上颂三多，洪范九畴，群陈五福。猗欤，麻哉！年何高，而寿何长欤？推原其故，殆有厚泽者，乃庸厚报。具大德者，方享大年，此固非造物之有私，而钟毓之独厚也。洪惟吴公锡璜老先生，于民国二十四年，夏初一，寿诞庆祝六四，蟠桃应献三千，花甲一周，添重二，义经八卦，数恰大同。鄙人忝属神交，屡蒙指教，躬逢筹盛会，寅开北海之樽，顶祝遐龄，申颂南山之句。遥忆夫先生之原籍，同安县属，思明迁居，弱冠则名题雁塔，科试则宴饮鹿鸣，举乡先有锡圭鸿枢之伯兄，游泮复有锡琮麟书之昆仲，哲嗣却植三树，孙男竞秀多枝，济济一堂，称极盛焉。曩者，钟德门，邑侯奖匾，七世名医高悬；清末叶，恩绍加官，候补知县辞却，只惟是担任双溪书院，栽成一脉斯文，月课公评，风声远播。后则学校建筑，款项筹赀，学生则改良研究，造诣则优等观成，其立德为何如耶！兼之立宪变法，协同乃兄煌枢，办理地方自治，附设中医公会传习，并立国医学校专门。教人为医，即教医以医，实则教医以医医，医医乃可为医，其立功又何如耶！至于文学史学，两擅其长，中医西医，一炉而治。观其总纂同安县志，发表思明州人，笔削经定，奉大明正朔之书。褒贬惟严，独从汉赵岐之灵，以及中西脉学辨明，温热串文解释，其余《中风论》，则删补之，《三因方》，则评论之，《名医案》，则正续之，《圣济录》，则校勘之，煌煌旬刊，卓卓著书，其立言更何如耶！佥曰：太上三不朽，也不过如是云云。况又思明国医支馆，咸推先生为馆长，培养医药人才，编纂医药讲义，取消秘默，恪守公开，意至美，法至良也。噫，盛矣！先生其为万家生佛矣。期自维谫陋，敢贡谀词，愧兔趋之莫遂。堂上介眉，效兕觥之是将，莚前祝嘏，将来杖国杖朝，上臻耄耋，寿民寿世，定卜期颐矣。范文正公有言，不愿为良相，愿为良医，按此两语，不啻为先生写照矣。爰缀数行，上寿称觞，望先生而祝之，曰：俾尔寿而富，俾尔寿而臧。康健。康健。万寿无疆。万寿无疆。

本年2月《寿世医报》第二卷第四期刊广东萧实宾贺诗二首《厦门吴瑞甫先生六秩晋四寿庆》，全诗如下：

第一吴峰撷泮芹，更探桂蕊步青云。
万家生佛胥崇拜，七世名师特冠军。
活国活人怀陆贽，良医良相慕希文。
年华六四迎风祝，孟夏花前借酒醺。

曾摘芹香璧水涵，秋风桂蕊更高探。

皋比坐拥专门学，鹿洞师承哲理谈。

馆长寿征逢八八，华封人共祝三三。

春来桃李都成荫，七世名至道既南。

本年 6 月，《卫生学讲义》刊行。此书是吴瑞甫在福建私立厦门国医专门学校的讲义，由其子吴树萱、吴树潭和侄孙吴庆福整理，铅印线装一册。书前有林国赓题辞，后有吴锡琮、余少文序言各一。余少文评价此书："以哲理卫生冠于篇首，次则融会古今中外诸卫生学说，折衷至当，欲读是书者养成高尚人格，锻炼健全身体以保国而强种，粹然儒者之言，其功非浅鲜也。"其子吴树萱在书后跋语中认为此书："多融会中东西学说及诸子百家磨练而成，而注重于道德之卫生。此书出，以之作学校课本，于世道人心不无裨益。"此书 2018 年以《吴瑞甫家书》附录重印。

吴瑞甫是传统中医，但对现代西医医理也有研究。该书虽然多讲生理卫生，但同时也涉及自然卫生、起居卫生等，实际已具现代环保意识，只不过没有用此名词。同时吴瑞甫也具现代公共卫生理念，他在《公众之卫生》一文中指出："个人卫生，家庭之事也；公众之卫生，社会之事也。无公众之卫生，纵一家庭间清洁消毒，事无不举。到疫疠盛行期间，终必受累，可知卫生断非个人所能为力。近世交通便捷，铁路轮船，往来如织，虽数万里之遥，传染病蔓延甚易，则对于公众卫生，其必加意严防，周密设备，以保人民之安全者，尤刻不容缓。所以公众卫生者，乃以进人民于健康，谋社会之福利，而地方得以系荣。"吴瑞甫对现代防疫观念及建立相应制度也有周全考虑。通观全书，可看出 20 世纪 30 年代一个传统中医全面的现代知识。

本年《诊断学讲义》刊行。此书是福建私立厦门国医专门学校的讲义，由其子吴树萱、吴树潭和侄孙吴庆福整理。1936 年铅印线装一册，讲义前有"参校门人姓氏一览表"，标明各门人负责章节及门人姓名、字号、籍贯及当时住址，保存了当时门人的详细史料，此书有台湾新文丰 1977 年影印本，但未印此表。

本年《四时感症讲义》刊行，此书是福建私立厦门国医专门学校的讲义，由其子吴树萱、吴树潭和侄孙吴庆福整理，1936 年铅印线装一册，前有陈影鹤、李礼臣短序各一篇。此书有台湾新文丰 1980 年排印本。

一九三七年

全面抗战爆发。

一九三八年

本年日军占领厦门，吴瑞甫避居鼓浪屿，寓泉州路 172 号。

本年作《为日寇占领厦门有感而作有序》，全诗如下：

民廿六年，日寇占领厦门，厦市被炸，地方惊惶万状，纷纷迁徙，市上屋宇倾颓计百余所，乡村及炮台附近炸毁尤多。余于廿七年正月即搬移鼓浪屿。越四月而日寇登陆，奸淫掳劫，靡所不至，洵厄运也。余在鼓浪屿虽幸免于难，然日寇闻余生平严谨，颇有声闾里，先迫予任维持会长，余不就。旋欲任余以海军秘书，余婉词却之。最后由日议会议决，再欲任予以市长，余倘不就决派兵拘掳。有知者为予言，予于秘密中先搭英安徽轮赴星，得脱险。越三日，果派干员及军士二名、通译一名，到余寓搜查。余于第五日已抵星洲。追维往事，有感而作。

蚩尤吐雾昏且黑，弥地漫天不可测。

天生黄帝任诛锄，巨恶穷凶终惨恻。

夫何小丑敢跳梁，赤县神州肆攻击。

妖氛毒焰到闽疆，竟在鹭门相忿阋。

我时避乱赴洞天，老发已如白门皙。

搜罗竟致引汉奸，竟欲使予共休戚。

段干昔日且逾垣，国仇未报忍附敌。

面缚衔璧似许男，声罪用刑不失的。

呼嗟乎！天道无知而有知，杀人魔王安所适？

愿教大义各深明，无使人民罹锋镝。①

本年作《孙府君廷纶家传》，全文如下：

岁在戊寅，厦门陷于寇，余避乱鼓浪屿，足不履厦地者年余，历五月，以鼓浪屿不可久居，爰买棹赴星洲。友人为余言，孙子世南，精于书法，余心想其人而未瞻其丰采，越数月而世南来，一见如旧相识，听其言，盖新学中之有道德者，古人所谓一见如故，历久如新，余于孙子世南有默契焉。余居星二年，世南以其先尊行述，乞余为作家传，以扬光嫩。余笔卷久荒，愧不能导扬感德，然其先人有美而不表彰，非礼也，又何故以不文辞。谨佩陈如左：

君姓孙，讳廷纶，字子经，又字菴祥，吾邑庠生，吾闽之厦门霞溪人也。其高祖讳全谋，以军功显，官广东水师提督，世袭荫骑都尉。祖云鸿，袭职，官江

① 厦门图书馆编《厦门轶事》厦门大学出版社，2004，第329页。

南福山总镇总兵，事详史馆列传及厦门志。余修同安志，亦采入，尚武功也。考长孙崇儒学，吾邑廪生，至长又能以诗书为其业，一庭之内，纬文经武，焜耀一时。盖其祖德宗功之留贻者远矣。君涵养深化，性情和蔼，通经史，善书法，为世所推，教授之徒，以蒙为基，谓为圣功所自，始其诱掖后进也。授□□勤勤恳恳，必使学者迷其理蕴而逯已，以故学者多宗之。间又兼习岐黄家言，其沾病有毛达可之遗风，为济世养生，本儒者分内事，惜其限于儒涡，以此不无遗憾耳。配叶氏，闺讳金鸾，如叶讳化成，公孙女讳来昌，公女望族也。性慈而孝，伉俪甚笃，能相夫理家政，事无巨细，必视必躬，不幸以劳致疾而卒，年仅四十有五。君生三子，长世南，次焰承，嗣舅氏，又次世奋。叶氏卒时，世南仅八岁，世奋仅三岁，中镇乏人，不获已，率诸子就养外祖家。竟不数年，君又归仙道，年才五十耳。与叶氏合葬白鹿洞之下。呜呼，天之所以报施养人，固如此其酷耶。余谓：此正天之所以玉诸子于成也。窃尝论之，遇不穷则不奋，境不苦则不甘，大麓遇风雷，则知孝子。金滕纳祝册，始见忠臣。晋李密幼失怙恃，依祖母而后成立。明商素庵少孤，得母教而成大器。千古智士达人，大率于艰苦中锻炼而成，故境遇屯亶可以窘村夫俗子，而断不足以泥智士达人乃者。世南昆仲，均以为克家令子，是则天之所以玉汝于成也。余故因其请立家传，特书以为赠之。乡愚弟吴锡璜拜撰　雪庵孙世南敬书。

陈化成年谱

何丙仲[*]

摘　要： 陈化成是我国近代抗英民族英雄，福建同安人，曾任福建水师提督。鸦片战争前夕，调任江南提督，镇守吴淞口。1842 年 6 月 16 日，英国侵略军进攻吴淞炮台，他因孤军援绝，最后以身殉国。2022 年是陈化成为国牺牲 180 周年，本年谱是根据咸丰二年刻本《表忠录》等中国近代史资料，以及台北故宫博物院的历史档案编纂而成，以纪念这位爱国先烈。

关键词： 陈化成　福建水师提督　吴淞炮台

清高宗乾隆四十一年　丙申　1776 年　1 岁

陈化成，乳名步蟾，讳化成，字业章，号莲峰。世居福建同安县丙洲乡（今属厦门市同安区西柯镇丙洲社区）。清乾隆四十一年三月十二日未时诞生于本宅。曾祖父名钦（谱名徽钦），业儒，有隐德。祖名青云（谱名光佐），父名鸣皋（谱名前哲），俱邑庠生。

乾隆五十一年　丙午　1786 年　11 岁

十一月，台湾林爽文起事，攻占彰化。清廷派兵攻剿。

乾隆五十三年　戊申　1788 年　13 岁

正月，林爽文兵败被俘。

乾隆五十六年　辛亥　1791 年　16 岁

是年，传闻陈化成随其伯母蔡氏渡海至台湾，"寄居新庄头前庄"（今台湾地区新北市新庄区头前）。现今陈化成已成为当地家喻户晓的英雄人物，故新庄区辟有化成里、化成路，并建有陈化成纪念碑，以纪念这位先贤。

乾隆五十九年　甲寅　1794 年　19 岁

同安人蔡牵率众海上起事。

---

*　何丙仲，厦门文史专家，厦门郑成功纪念馆原副馆长、研究员，研究方向为厦门地方文史。

清仁宗嘉庆二年　丁巳　1797 年　22 岁

是年，加入清军水师。十一月，拨补额外外委。

嘉庆三年　戊午　1798 年　23 岁

正月在永宁伍堡等处，七月在贼仔澳洋面，攻捕盗船，拿获洋盗。八月，拨补外委。

嘉庆五年　庚申　1800 年　25 岁

蔡牵战船百余艘，义兵万余众，活跃于浙、闽、粤沿海。

十月在东澳黑水外洋，十二月在四礵外洋，擒获盗匪。

嘉庆六年　辛酉　1801 年　26 岁

水师将领李长庚在闽浙海面追剿蔡牵。陈化成得李长庚赏识，被誉有"名将才"。是年十二月，在竿塘下目洋面、白犬外洋擒获盗匪，额角被贼刀伤，验报在案。

嘉庆七年　壬戌　1802 年　27 岁

春，英国兵船来泊广州海面，六月始离去。

正月，拨补金门镇标右营左哨二司把总。

五月，蔡牵率义军 500 余人攻入大担门，继而在温州海面大败清水师。六月，渡海东进，与朱渍"粤海帮"结合，军力倍增。

十月，在横山洋面烧毁盗船，擒获盗匪蔡参等。

嘉庆八年　癸亥　1803 年　28 岁

三月，在大板之四屿洋面生擒盗首。继而追捕过浙，在浙江南麂洋面首拢盗船，擒获盗犯。

嘉庆十年　乙丑　1805 年　30 岁

是年，英国兵船随商船来华做试探性侵略活动。美国始由土耳其运鸦片到中国。

四月，蔡牵调集百余艘战船进军台湾。冬，攻入台湾凤山、府城城郊洲仔尾，控制南北通道。

闰六月，随福建水师提督李长庚在闽浙海面征战。在浙江青龙港洋面擒获蔡牵帮匪 28 名。

十月，拨补南澳镇标左营右哨千总。

嘉庆十一年　丙寅　1806 年　31 岁

是年，总统闽浙两省水师李长庚率师赴台围攻。七月，蔡牵部突围到闽浙海面继续活动。

正月，在台湾洲仔尾攻获蔡牵帮匪 12 名，就军前正法。七月在崇武外洋，八月在水澳，追获盗船、擒获盗匪，俱被奏报在案。

嘉庆十二年　丁卯　1807 年　32 岁

二月，追捕过粤。在粤洋截击蔡牵座船。亲冒矢石，两足被贼火斗烧伤。四月，在粤之目门洋面亲获艇匪多名。十一月，在浮鹰洋面拿获蔡牵帮大盗船一只，生擒、斩首盗贼多名。左手被贼枪伤。十二月，补铜山营守备。

是年十二月，李长庚在黑水洋战死。

嘉庆十三年　戊辰　1808 年　33 岁

六月，蔡牵余部重返闽浙粤海面，清廷复令闽、浙两省水师合剿。

嘉庆十四年　己巳　1809 年　34 岁

二月初三日，由兵部引见，觐见嘉庆皇帝。四月二十日，到营，实授任事。

九月，蔡牵战死。叙功无份，但他恬然置之。

嘉庆十五年　　庚午　1810 年　35 岁

七月，在乌丘外洋攻获盗贼 101 名。同月，奉檄行知调补海坛镇标右营游击。

嘉庆十六年　辛未　1811 年　36 岁

四月，林则徐、周凯同榜登进士第。

清朝官员通告外商，详述鸦片之害，要求其本国政府"严禁贩此毒货"。

嘉庆十七年　壬申　1812 年　37 岁

二月，带兵船巡逻至沙洲屿。四月，在柑桔外洋拿获匪徒多名。闽浙总督汪志伊汇奏。

嘉庆十八年　癸酉　1813 年　38 岁

五月，奉发到兵部颁给升署福建海坛镇标右营游击札。随奉闽浙总督汪志伊委署铜山营参将事。六月抵任。十月，又奉檄委署福建水师提标中军参将篆务。十一月到营接任。

六月，清廷议定吸食和贩卖鸦片罪名，并令沿海各关查禁。

嘉庆十九年　甲戌　1814 年　39 岁

正月，带领亲兵、线民密往前村社烧毁白底匪船，生擒要犯多名。二月，又带弁兵、线民往柏头乡拿获逃匪。闰二月，带兵丁雇民船往秧厝剿匪。三月，奉总督部堂汪（志伊）檄，行请补烽火门参将员缺，请先给署札。

八、九月间，英国兵船违反规定闯入虎门，经交涉始离去。

嘉庆二十年　乙亥　1815 年　40 岁

四月，给咨赴京。十一月十四日，由兵部带领引见，觐见嘉庆皇帝。蒙兵部换给札，回闽。

嘉庆二十一年　丙子　1816 年　41 岁

二月，抵任，并接管兵船巡缉。七月，奉调署福建水师提标中军参将事，十月到营。

嘉庆二十二年　丁丑　1817 年　42 岁

二月，接奉总督部堂汪（志伊）保列一等，奉旨"依议。钦此"。十月，卸署福建水师提标中军参将篆务，领咨晋京。

五月，一艘美国船非法运载鸦片在广东海面兜售，当地渔民、船户自发起来，打死美国烟贩 5 人。

嘉庆二十三年　戊寅　1818 年　43 岁

四月初九日，由兵部带领引见，觐见嘉庆皇帝。奉旨"陈化成准其一等注册。钦此"。闽浙总督董效增和福建水师提督王得禄交荐陈化成"晓畅水师""结实可靠"，宜任澎湖水师副将，但以籍隶本省，与例未符，格于部议，未获批准。七月，抵烽火门接印，任事。

嘉庆二十四年　己卯　1819 年　44 岁

是年，升任浙江瑞安协副将，旋因丁忧，仍回烽火门参将任。

嘉庆二十五年　庚辰　1820 年　45 岁

十月，奉委署理澎湖水师副将篆务。十一月抵澎湖。十二月，兼署闽浙总督颜检具奏陈化成堪升澎湖水师副将。奉旨："允准。著照例送部引见。钦此！"

清宣宗道光元年　辛巳　1821 年　46 岁

是年，清廷重申禁止鸦片之令。走私进入中国的鸦片已达 5959 箱。

道光二年　壬午　1822 年　47 岁

卸事内渡，领咨晋京。六月十九日，由兵部带领引见，觐见道光皇帝。随蒙颁给札，付遵领回闽。十一月，到澎接印任事。

道光三年　癸未　1823 年　48 岁

二月，兼署闽浙总督颜检奏调补台湾水师副将。五月，卸澎湖水师副将事，抵台接印任事。七月，蒙闽浙总督赵慎畛具奏，保举堪升福建水师总兵。八月，奉旨补授广东碣石镇水师总兵。随卸台湾水师副将事。十二月，蒙闽浙总督赵慎畛奏调补福建金门镇总兵，钦奉恩旨："允准随奉朱批，即赴新任。应陛见时再行奏请。钦此！"

是年，清廷查禁海口洋船夹带鸦片。

道光四年　甲申　1824 年　49 岁

正月二十日，到福建金门镇总兵任。

道光六年　丙戌　1826 年　51 岁

五月,台湾嘉义、彰化民众发生械斗。率部到台湾剿捕。旋因福建水师提督许松年革职,承闽浙总督孙尔准檄委署理。九月初九日在台卸交金门镇篆,接署提督印务。十一月,奏请陛见,奉朱批:"再俟三年,另行奏请。钦此!"

道光七年　丁亥　1827 年　52 岁

三月,卸交台湾镇篆,内渡仍回金门镇本任。

道光八年　戊子　1828 年　53 岁

是年,闽浙总督孙尔准疏劾巡防疏懈之水师备弁。上以化成缉犯多名,功过相抵,免其议处。

十月,因福建水师提督刘起龙晋京陛见,所遗福建水师提督篆务由闽浙总督孙尔准奏委陈化成署理。随卸金门镇篆,于十月二十八日抵厦接福建水师提督事。

是年,外国船只装载鸦片闯入厦门。

道光九年　己丑　1829 年　54 岁

四月十六日,卸事,仍回金门镇任。

道光十年　庚寅　1830 年　55 岁

正月,复奉奏委署理福建水师提督篆务,随于正月二十六日抵厦接印任事。旋接道光十年二月初四日内阁抄出部咨,上谕:"福建水师提督员缺。著陈化成补授。钦此!"闰四月十四日,接到兵部颁给札,实授任事。以厦门原籍,奏请回避。奉旨:"毋庸回避。"

冬,周凯任福建兴泉永海防兵备道,俱驻厦门。

是年,清廷颁布严禁种、卖鸦片的章程。

道光十一年　辛卯　1831 年　56 岁

奏请陛见。奉到朱批:"著来见。钦此!"遂卸福建水师提督事。晋京。六月十三日趋赴圆明园谢恩、请安。召见四次,道光帝有"身经百战,勇敌万人,宜膺重任"之奖语。十五日陛辞。八月初八日,回任。

是年,走私运入中国的鸦片有 16000 余箱。全国吸食鸦片已成风气,甚至宫中太监也吸食鸦片。

道光十二年　壬辰　1832 年　57 岁

三月,英吉利夷船一只,遭风到厦。文武会商堵逐,越三日乃去。此船即阿美士德号,英人胡夏米(Huyh Hamilton Lindsay)乘此船来我海面进行试探性侦察。(4 月 1日)阿美士德号船来到厦门,福建水师提督陈化成提出:夷船应立即驱逐,"不得逗留片刻。亦不准其一人登岸"。

闰九月，台湾嘉义人张丙、陈办等起事。十月，筹配兵船、接济药械。十一月三十日，率官兵 4000 人渡台往剿。

是年，周凯主编《厦门志》成。

是年，清廷命陈化成认真巡逻，防止夷船北上骚扰。

是年，走私运入中国的鸦片增至 21000 余箱。

道光十三年　癸巳　1833 年　58 岁

五月，因厦门、金门沿海莠民勾结贩运"违禁货物"（即鸦片），以同安县属之潘涂、官浔、柏头等乡尤为贼薮。陈化成会同兴泉永道周凯、总兵窦振彪等捣毁其巢穴。闽浙总督程祖洛奏闻。道光帝以获船数十只，而获犯只三名，恐尚有余船窝顿，复饬陈化成堵拿。

八月，为家乡丙洲的昭应庙重修，捐资 300 元。

普鲁士传教士郭士立（Charles Gutzlaff）在鸦片贩子查顿（William Jardine）的指使下，这一年乘船北上，销售了价值 53000 英镑白银的鸦片。

道光十四年　甲午　1834 年　59 岁

三月，协同镇、道，侦贼无备，水陆兼施，再次清除潘涂、官浔、柏头三乡匪巢。并将附近的陈头等八乡按户搜查，窝巢尽毁。十月，驱逐闽南海面的趸船，申禁不法之徒勾结洋商贩卖鸦片。

英国鸦片贩子叫嚷必须以武力封闭中国的全部沿海贸易。

是年，英国走私运入中国的鸦片有 21885 箱。

道光十五年　乙未　1835 年　60 岁

四月，同闽浙总督程祖洛联名奏请加强闽、浙、粤三省的海上巡防。

春，应周凯倡议，捐资扩建厦门玉屏书院。

九月，禁烟派黄爵滋发表严禁鸦片的主张，同时揭露当时广州鸦片走私组织的情况。

十一月一日，时任江苏巡抚林则徐冒雨至吴淞西炮台，督促官兵民夫修复炮台。

是年，鸦片贩子叫嚣要恢复对厦门等地的通商权利。

道光十六年　丙申　1836 年　61 岁

五月，江苏吴淞炮台移建石塘工程竣工。林则徐赴宝山验收。按：清顺治十七年（1660 年）两江总督郎廷佐在吴淞口杨家咀建造炮台。嘉庆十年（1805 年）扩修。道光十四年增设营房。道光十五年因飓风海潮侵袭，炮台墙垣及营房俱被冲塌。宝山知县毛正坦获准将炮台移建。该年九月始建，翌年五月竣工。

道光十七年　丁酉　1837 年　62 岁

英船闯进闽江口和五虎外洋，闽浙总督钟祥和陈化成派官员加以制止。钟祥饬厦门查截鸦片。

七月，周凯病逝于台湾任内。

鸦片贩子义律（C. Elliot）到广州交涉扩大鸦片贸易。是年，英国输入中国的鸦片多达 34373 箱。

道光十八年　戊戌　1838 年　63 岁

是年，与姚莹（字石甫，时调任台湾兵备道）相会于厦门，"公时已近七十，言军事慷慨激发，逾于壮夫"。

五月，英国兵船到广州挑衅。闽浙总督钟祥严饬厦门口查缉鸦片，查办官兵、百姓、舆贩吸食，不许停泊"番船烟土"。

八月，"备造清册"记载：长子廷瑛，现任金门镇标右营右哨千总。次子廷华，现任福宁镇标左营右哨千总。其三、四、五、六、七等子，年幼课读。可知，该年八月，其长、次两子尚在世。

八月，林则徐上奏议推动禁烟运动。十一月，林则徐受命为钦差大臣到广州查禁鸦片。

是年至翌年，走私运入中国的鸦片多达 35500 箱。

道光十九年　己亥　1839 年　64 岁

四月，林则徐、邓廷桢、关天培等加紧广州的设防练兵。四月二十二日（公历 6 月 3 日）在虎门海滩销毁鸦片。

八月，为《厦门志》作序，并与即将离任的兴泉永道黎攀镠共同出资为之刊刻出版。

九月二十七日，同安塔仔脚地方有夷船四只停泊多日。福建水师提督巡洋船由此经过，受夷船发炮攻击，兵丁受伤甚众。

九月，广东水师提督关天培在穿鼻洋打退英军的挑衅性进攻。九、十月间，中英双方在官涌山接连发生战事，我方获胜。

十月、十二月，多次与金门总兵窦振彪督率水师官兵在东碇岛海面开炮击退前来侵扰的外国兵船。

十二月二十四日，调任江南提督。道光帝召见时，面陈夷不足平。道光帝嘉其勇，命之任。

十二月，林则徐任两广总督，奏请加强闽、浙、江苏等沿海的防务。

道光二十年　庚子　1840 年　65 岁

五月二十七日，接任江南提督。即偕两江总督伊里布巡视吴淞、上海各营，积极"修台铸炮，沿海塘筑二十六堡"，并选闽中亲军教练江南水师，士气稍振。

莅任不入官署，即到吴淞。又不入行馆，所住帐房至不堪蔽风雨。时任江苏巡抚的福建同乡梁章钜为改制一大帐房，犹以兵帐皆敝，不忍独居新帐。

六月初十日，驰抵吴淞口，筹度形势，择西炮台要害处，依塘列帐，为守御计。调太湖、京口、徐州、安徽各路官兵听其指挥。

秋，闽浙总督邓廷桢以闽浙戒严，厦门久依陈化成为保障，请调回任。道光帝以江南尤防堵攸资，勿许。

六月，懿律（G. Elliot）率英国舰队封锁广东海口，并派兵船进攻厦门，被击退。初八日，英舰攻占浙江定海。二十四日攻乍浦，继而北上天津。

七月中，英舰至吴淞口游弋，被陈化成截击。

九月，林则徐等被以"办理不妥"为名，交部严加议处。琦善署两广总督。

十二月，英军攻占广州沙角、大角两炮台，守将陈连升等殉难。

道光二十一年　辛丑　1841 年　66 岁

正月，朝廷命裕谦为钦差大臣，赴镇海军营。

春，致书侨寓吴门的前四川按察使、大理寺少卿、同乡苏廷玉云："英夷到处猖獗，已破虎门、厦门、定海，势必窥伺吴淞。某海上攻战四十余年，风涛素习。严兵戒备，如夷来，必能破之，以张军威。设事机不测，亦必以死继之。敢为故人告！"另一封信又云："逆焰甚张。某海上攻战四十余年，如贼来必力战，可以制胜。至成败自有天定，但能为国宣力，死亦心甘！敢以奉告。"

二月初六日，广东水师提督关天培在虎门为国捐躯。

七月初十日，英军攻陷厦门。得被难家信，慨叹曰："毁家不足忧，特恨未能速剿耳！"

八月，英军攻浙江定海，总兵葛云飞等殉难，镇海、宁波相继沦陷，裕谦投水自尽。中旬，大风雨，加紧备战不敢稍懈，值海潮大作，不肯避入高地，始终与士卒同甘苦。

九月，牛鉴接任两江总督。

十月，皇侄奕经被任命为扬威将军，到杭州督管收复定海、镇海及宁波府。结果两个月多后依然大败，连慈溪也落入敌手。

十一月初，大雪数昼夜，冻匝月，极寒。踏雪巡营，与兵民如家人父子然，人称"陈老佛"。

道光二十二年　壬寅　1842 年　67 岁

陈化成亲率参将周世荣守西炮台，参将崔吉瑞、游击董永清守东炮台，徐州镇总兵王志元守小沙背，宝山县由知县周恭寿率兵守备。督部昼夜巡防操练。

二月二十二日，时任江苏布政使李星沅在当天的日记中记载："陈提戎化成，水军宿将，曾随李伯诛海寇，今年六十八岁矣。隆冬犹着单裤，登高如夷。两年来驻吴淞口，只一帐房，与弁兵共卧起。绝不言劳，志守端正。"

三月初八夜，上海火药局失火爆炸，陈化成料为奸民纵火，迅速检查吴淞火药局，得免遭受破坏。

四月，英军攻陷乍浦，三十日驶抵吴淞口。陈化成积极添设炮位，掘置壕沟，申明纪律，并激励周世荣等将士英勇杀敌。

五月初一日，英国大小舰只 20 余艘直逼吴淞口。陈化成祭纛誓师，勉兵弁以忠义，继之以泣。初五日，奕经密令牛鉴"权宜羁縻"。初七日，牛鉴派人携带礼物前往英舰，被拒。

五月初八日（公历 6 月 16 日）卯时（上午 6 时），英军以战船 7 只，运输舢板数十艘侵犯炮台。陈化成手执红旗登上炮台指挥向英军发炮，击中两舰。一时双方炮、箭雨集。两江总督牛鉴此时适乘坐轿子统兵至小沙背，被英舰发现，遂开炮轰击。牛鉴见状骇奔，王志元之徐州兵随之溃败，英军于是乘机由东炮台登岸，袭击西炮台。守备韦印福、千总钱金玉、许攀桂等皆战死。危急中，周世荣劝陈化成逃脱，陈化成拔剑叱之曰："庸奴，误识汝！"时陈化成见孤军援绝，乃解印绶，令部下赍送松江郡城。英军登岸后，洋枪炮弹大作，陈化成坚持秉旗督战，中弹受伤，"颠复起，犹手燃巨炮"。最后被飞炮击中，"炮折足，枪穿胸，血流卧地"。护卫亲兵刘国标负之走避苇塘中，陈化成高呼："天不灭贼乎！"创重，喷血死。

五月十一日，英军陷上海并掠之。十二、十三日，英军遍索陈化成遗体，悬赏"献者予番饼五千枚"。

五月十八日（一说殉难后十数日），嘉定知县练廷璜募死士觅得陈化成忠骸，"怒目而视，身受铅子百余粒，有洞胸贯胁数处"。为之殓于嘉定县武庙。

五月十九日，礼部尚书恩桂等奏："奉谕旨：加赏银一千两，由江苏军需局给发，并于殉难处所及该原籍各建专祠，由臣部（按：即礼部）行文各该督抚遵照办理外，应请照一品官例给与一次致祭银二十五两，全葬银五百两，遣官读文致祭，祭文交该衙门撰拟，并照例入祀京师昭忠祠。"后有朱批："著与谥。"旋赐祭葬如例，谥"忠愍"。

六月，英军攻占镇江。

七月二十四日（公历 8 月 29 日），清政府被迫签订屈辱的《江宁条约》。

九月十二日，葬陈化成于厦门金榜山之阳（此据神主牌位所载。苏廷玉撰墓志铭为道光二十三年九月十二日。）

陈化成初娶吴氏，继娶曾氏，侧室康氏。子七人，其中抚养者二人，长廷瑛，福建水师千总；次廷华，浙江钱塘水师都司，皆先公卒。兹据怡良等查明具奏，陈化成亲子陈廷芳着承袭世职、荫骑都尉，陈廷菜着赏给举人，准其一体会试。廷芸曾氏出，廷荃、廷蔚康氏出。女一，适举人吴江孙宫璧。孙五人：振声、振兴、振作、宜贞、振世，着俟及岁时，由该督抚给咨送部引见。

移民、家与现代化

——评《重返故国成异乡》

姬高歌[*]

摘　要：《重返故国成异乡》（*Coming Home to a Foreign Country：Xiamen and Returned Overseas Chinese，1843-1938*）一书采用跨国视角，强调厦门作为移民枢纽的重要地位，并以厦门为观察对象，审视返乡移民与"家"的独特关系。该书的最大贡献在于重新审视海外华人的身份认同，强调其身份的流动性与可变性；同时该书还超越地理与行政边界的限制，将厦门置于环南海区域中予以考察，为归国华人研究增添了新的区域性视角。

关键词：归国华人　厦门　环南海　移民　《重返故国成异乡》

区域间的人口流动向来是近代史研究的一大重点，无数研究针对移民活动引发的文化、社会、经济等影响而展开。传统移民研究以推拉理论为中心，将迁入地与迁出地作为移民活动的两大重点研究对象。[①] 在此背景下，南洋理工大学助理教授王纯强（Ong Soon Keong）的新作《重返故国成异乡》（*Coming Home to a Foreign Country：Xiamen and Returned Overseas Chinese，1843-1938*）[②] 强调厦门作为移民枢纽的重要地位，并以厦门为观察对象，审视移民与"家"的独特关系。

王纯强在康奈尔大学获得博士学位，师从著名汉学家高家龙（Sherman Cochran），其研究取向一直专注于海外华人，本书是其近年来研究的凝练之作。作者的祖先在20世纪时由厦门移民至新加坡，作为海外华人的一员，作者对于厦门和"家"有着更为切身的体会。笔者将在下文中介绍本书的核心观点与本书的主要内容，并指出本书在研究方法与研究视角上的贡献。

---

[*]　姬高歌，厦门大学历史系硕士研究生，研究方向为中国近现代区域社会经济史、东南亚华人史。

[①]　该理论认为，"推力"和"拉力"是影响人口迁移的两大因素，前者促使移民离开原居住地，后者吸引怀着改善生活愿望的移民迁入新的居住地。

[②]　Ong Soon Keong, *Coming Home to a Foreign Country：Xiamen and Returned Overseas Chinese，1843-1938*, Cornell University Press, 2021.

理论与概念

本书的核心观点立足于"中介之地"概念。前文提到，推拉理论常常被用于移民研究。在推拉理论模式下，讨论往往聚焦于迁出地和迁入地这两个地理概念之中：迁出地如何迫使人们离开以及迁入地如何吸引人们定居。两极化的讨论忽视了迁出地和迁入地之间的联系，也忽视移民活动是一个连续且不断变化的过程，在此基础上很难构建一个完整的移民网络。近年来有学者对这一理论进行重新审视，孔飞力（Philip Alden Kuhn，1933-2016）在《他者中的华人：中国近现代移民史》[①] 一书中提出了"通道—小生境"模式：移民从祖居地带来的技能与资源便利了他们在海外的生存，金钱、商品与信息的流动使移民的祖居地和现居地保持着紧密的联系。这一模式的提出使得移民活动两端有机地结合在了一起。在"走廊"的概念之上，冼玉仪（Elizabeth Sinn）提出了"中介之地"（in-between place）概念："把孔飞力描述的意象加以扩大，我们可以看到数以百计乃至千计的'通道'，由家乡延伸至世界各个目的地国家，而香港就是这些通道的枢纽，亦即'中介之地'。"[②] 移民活动并不是简单的从 A 点迁移到 B 点，它十分复杂，可能会经历无数次的中转、暂居甚至迂回。当采取这样的视角看待移民进程时，中介之地的地位便凸显出来。中介之地为移民活动提供便利的条件，吸引人们从此处出发前往海外，也方便海外的移民与家乡保持联系。[③] 冼玉仪"中介之地"的概念有效完善了对移民进程的认识。

王纯强延续了对于中介之地的讨论，认为厦门也是如冼著中香港一般的中介之地。厦门为想要离开家乡的移民提供了许多资源与机制，还为移民提供了各种与家里维持联系的途径。厦门既不是典型的移民发源地，也不是受移民青睐而选择定居的地点，但它是移民网络中的一个重要节点，几乎是闽南人移民南洋的必经之地。作者利用中介之地的概念，将厦门纳入中国移民史的宏大叙事之中。[④]

但厦门之所以成为本书的议题，还因为它吸引了大量归国华人在此处定居，这些人的祖居地并非厦门，却将厦门认定为自己的"家"，并乐于改造它。在讨论这些归国

---

① 〔美〕孔飞力：《他者中的华人：中国近现代移民史》，李明欢译，江苏人民出版社，2016。
② Elizabeth Sinn, *Pacific Crossings: California Gold, Chinese Migration, and the Making of Hong Kong*, Hong Kong: Hong Kong University Press, 2013, p. 136.
③ Elizabeth Sinn, *Pacific Crossings: California Gold, Chinese Migration, and the Making of Hong Kong*, Hong Kong: Hong Kong University Press, 2013, p. 9.
④ Ong Soon Keong, *Coming Home to a Foreign Country: Xiamen and Returned Overseas Chinese, 1843-1938*, Cornell University Press, 2021, p. 5.

华人时，作者并没有将其假定为传统的旅居者形象：对中国始终抱有依恋并时刻渴望回到故乡。相反，作者延续了王爱华、洪美恩、陈珮珊等学者的讨论，认为华侨的身份是流动的，甚至是可操纵的。[①] 当他们已经有过海外旅行经历后，便不能作为"纯粹的中国人"返回了，海外旅行开阔了他们的视野，对他们的自我认同和与中国之间的关系产生了深远的影响。[②] 归国华人利用他们在海外获得的知识、财富甚至国籍在厦门进行活动，为自身谋利益、改善城市景观，以及将厦门重新定义为"家"。

由流动的身份认同出发，作者认为"家"也不是一成不变的。家对移民来说并非特指祖居地一类的地理位置，而是包含了移民的家庭、情感、生活方式等的一个概念。家的位置是可变的，只要一个地方能够满足移民的种种需要，能够给予他舒适感、安全感和可控感，这个地方就可以成为他的家。[③] 使用具有流动性的"身份"与"家"概念，作者从新的角度理解归国华人选择定居厦门而不是祖居地的原因，以及他们改造厦门的种种活动。作者强调人与地之间的灵活关系，凸显移民活动的变革性影响：不仅影响移民者本身，也影响移民者经过的地方。[④]

内　容

本书同时关注厦门与归国华人。论述了厦门的人和商业，加之他们通过口岸建立的机制与联系，如何促进了闽南人的海外活动，以及归国华人如何反过来帮助厦门改造城市景观并促进这个港口城市的发展。根据关注重点的不同，本书分为两个部分，第一部分包括第一章至第三章，梳理17世纪至20世纪上半叶厦门的发展，展示厦门在移民网络中的重要地位以及移民对港口城市转型的影响。第二部分涵盖第四章至第六章，关注归国华人在厦门的活动，并进一步探讨移民的身份认同以及移民的家这两个主题。

第一章"定义厦门"，介绍厦门近代以前的情况。四面环海与峰岭耸峙的地形使福建生民较早地开始形成一种面向海洋的商业思维。南宋以来，福建海上贸易迅速发展，随

[①] Aihwa Ong, *Flexible Citizenship*: *The Cultural Logics of Transnationality*, Durham: Duke University Press, 1999; Ien Ang, *On Not Speaking Chinese*: *Living between Asia and the West*, New York: Routledge, 2001; Shelly Chan, *Diaspora's Homeland*: *Modern China in the Age of Global Migration*, Durham: Duke University Press, 2018.

[②] Ong Soon Keong, *Coming Home to a Foreign Country*: *Xiamen and Returned Overseas Chinese*, *1843 - 1938*, Cornell University Press, 2021, p. 12.

[③] Ong Soon Keong, *Coming Home to a Foreign Country*: *Xiamen and Returned Overseas Chinese*, *1843 - 1938*, Cornell University Press, 2021, pp. 13 - 14.

[④] Ong Soon Keong, *Coming Home to a Foreign Country*: *Xiamen and Returned Overseas Chinese*, *1843 - 1938*, Cornell University Press, 2021, p. 187.

着明末私人贸易的兴起和漳州月港的废弃，商人们开始寻找适合非法贸易的隐蔽港口，厦门因其地理位置和郑氏家族的经营成为新的海上贸易中心。移民活动伴随着贸易进行，无数厦漳泉地区的人涌入厦门，搭乘运货舢板前往南洋，大量的人口在厦门流动。

第二章"开放商贸"，作者阐述厦门作为通商口岸开放后，西方商业在厦门的发展情况。厦门作为通商口岸开埠后，外国商贸没有如西方人预想中那样飞速发展，市场惯性与本土商人的激烈竞争让西方人在厦门的影响力和市场占有率渐趋萎缩。厦门没有如上海一般发展大规模制造业，而是依靠生产东南亚华侨需要的闽南特色产品，以及进口满足当地居民和归国华人购买需求的商品来维持经济繁荣，走出了通往成功的另一条道路。①

第三章"便利移民"，讨论作为闽南移民网络中介之地的厦门。闽南地区有大量的廉价劳动力和较低的人均生活水平，厦门成为通商口岸以后，大规模苦力贸易与移民浪潮便开始出现。与大量移民活动相匹配，厦门的移民机制与机构也渐趋完善，两者相互促进，吸引越来越多的人经由厦门前往海外，也使当地的移民产业越来越繁荣，这个港口城市变得越来越依赖移民。

第四章"操纵身份"，聚焦于归国华人在厦门的身份与活动。清朝晚期，各种政治力量的竞争在厦门创造了一个流动的环境，让归国华人能够利用他们的"异国性"与"本土性"在多个政权的间隙中为自己争取利益。② 厦门的特殊性为归国华人提供了便利，这吸引了许多归国华人选择在厦门定居，把厦门当作自己的家。

第五章"改造厦门"，考察归国华人如何利用他们的金钱、知识和见识来影响20世纪早期的厦门城市重建活动和城市景观。作为"家"和投资的地方，厦门受到海外归国华人关注，他们开始投入资金对厦门进行现代化改造，极大地改善了厦门的城市环境，提高了居民的生活水平。

第六章"成为家"，本章以李清泉和林文庆为例，探讨家与祖国及华人的关系。李、林二人都曾定居在厦门，并且对厦门投入相当的资金与精力，最终厦门却没有成为他们的家，他们回到了海外。当海外华人选择家时，与祖国的情感连接并不一定总是能起决定性作用，他们更看重这个地方是否足够舒适和安全。"家不是他们的起源地，而是他们的目的地。"③

---

① Ong Soon Keong, *Coming Home to a Foreign Country：Xiamen and Returned Overseas Chinese, 1843 – 1938*, Cornell University Press, 2021, p. 60.

② Ong Soon Keong, *Coming Home to a Foreign Country：Xiamen and Returned Overseas Chinese, 1843 – 1938*, Cornell University Press, 2021, p. 97.

③ Ong Soon Keong, *Coming Home to a Foreign Country：Xiamen and Returned Overseas Chinese, 1843 – 1938*, Cornell University Press, 2021, p. 192.

意义与贡献

本书围绕着厦门和归国华人这两个议题展开，论述了厦门如何促进闽南人的海外流动，以及归国华人回到厦门后如何改造这个城市。笔者认为本书对移民史研究的贡献也分别体现在这两个议题上。

对海外华人身上"中国性"的讨论并不是一个新鲜的议题，20 世纪 70 年代以来，以王赓武为代表的学者开始重新审视"华侨"一词。10 世纪以来便开始在海外侨居的华人，一直被视作"弃民"或"流民"，直到 19 世纪末期才被冠以"华侨"之名。"华侨"一词的出现富含政治意味，政府希望通过这一称呼表达对海外华人的认可，唤起他们的民族意识与爱国之心，从而帮助解决国内纷乱的局面。① 这些讨论也说明，海外华人的"中国性"可能并非与生俱来且保持不变的。王纯强认为将海外华人定义为华侨，除了重新确认他们为中国人外，实质上也同时强调了他们离开中国的事实，海外华人被分离为一个次民族群体。②

20 世纪 90 年代以来，离散（diaspora）一词开始逐渐应用于海外华人研究中，离散群体的特征是保持着对祖国的向往，同时他们又拒绝被同化，保持与当地社会的微妙边界。③ 在海外离散的华人族群可能经历了几代的变迁，新生一代已经完全没有了与祖国真实的接触，但通过祖辈的叙述与习惯的传承，始终保有故土记忆与对华人的群体认同。强调离散华人（Chinese diaspora）与离散视角（diasporic perspective）并不是将中国去中心，而是探索中国身份与文化因时而异的可能性。④

本书论述中虽然没有使用离散华人一词，但王纯强延续了对于海外华人"中国性"的讨论，并且认同离散华人概念所包含身份的流动性与可变性。与孔飞力认为海外华人"从来没有真正离开过家乡"⑤ 不同，作者强调华人不仅"离开过家"，并且海外生活重塑了他们的身份，改变了他们与祖国的关系。当海外华人归国时，海外的经历已经改变了他们的见识、想法与能力，他们与本土居民区别为了不同的群体。

当我们不再将海外华人看作天然具有向心力的，而是拥有独立意志的群体，就能

---

① Wang Gungwu, *The Chinese Overseas: From Earthbound China to the Quest for Autonomy*, Harvard University Press, 2000, p. 54；陈非儿：《离散华人、时空社会学与中国近代史研究——评陈珮珊〈离散华人的祖国〉》，《史学理论研究》2020 年第 6 期，第 134 页。
② 王纯强：《约莫是华人："华侨"与海外华人的边缘化》，《华人研究国际学报》第 9 卷第 1 期，第 61 页。
③ Rogers Brubaker, "The 'Diaspora' Diaspora," *Ethnic and Racial Studies*, Vol. 28, No. 1, 2005, pp. 5-7.
④ 陈非儿：《离散华人、时空社会学与中国近代史研究——评陈珮珊〈离散华人的祖国〉》，《史学理论研究》2020 年第 6 期，第 137 页。
⑤ 〔美〕孔飞力：《他者中的华人：中国近现代移民史》，李明欢译，江苏人民出版社，2016，第 45 页。

够更好地理解归国华人在厦门乃至中国其他地区的活动与选择。他们会从实用角度出发，为了谋求更大利益而在条约港操纵身份，利用自己的多重国籍获利；会为了经济机遇以及让居住环境更舒适而参与救乡运动和城市改造；也会选择他们认为最安全也最舒适的地方作为自己的家。对祖籍地的熟悉感让他们感到舒适，对他们的决策产生一定影响，这也是许多海外华人选择回国的原因。但是定居地环境和个人考量起了更大作用，让他们决定定居在厦门，或者如同李清泉和林文庆一样，最终回到了海外。王纯强提供的这一视角无疑更加完善了我们对于海外华人与归国华人群体的认识，也为我们研究海外华人活动增添了新的方向。

本书还为看待厦门提供了新的区域性视角。厦门历来地处中国版图的边缘，远离政治中心，又靠近南洋各国。这样的地理环境使厦门自贸易兴盛以来，就与中国沿海各地以及周边各国保持着密切的往来。当我们使用传统的中国视角去理解厦门时，往往会遗漏了厦门与其他国家之间的互动，从而无法对厦门的地位与作用形成完整的认识。要解决这一问题，必须跨过地理与政治的边界，形成一种区域的视角，将厦门置于环南海区域中去考察。1983 年，吴振强在《厦门的兴起》一书中提出了"厦门网络"这一概念。① 吴振强提出，在 1684 年清政府解除海禁之后，一个以厦门为中心的沿海贸易网络逐渐成形，闽南商人是这个网络的经营者，其范围可用《厦门志》中的一句话加以概括："北至宁波、上海、天津、锦州，南至粤东，对渡台湾，一岁往来数次，外至吕宋、苏禄、实力、噶喇卩。"② 吴振强的厦门网络构建了一个区域性的图景，尽管以国内贸易为主，但依然看到了厦门与东南亚的贸易互动并没有完全局限在中国疆域内。

在使用区域性视野看待厦门上，戴一峰采用"地域经济圈"视角，提出了南中国海经济圈概念，包含厦门、广州、香港、台湾以及东南亚的马来亚、荷属东印度、菲律宾与暹罗等节点，其中厦门是一个重要的节点，是福建商人从事跨国贸易的一个重要基地。③ 依托于南中国海经济圈，不断来回贸易的闽商构成了区域与节点相重合的南中国海华商跨国网络，并且随着 19 世纪中期以来的大规模移民潮，逐渐演变成了由移民网络、金融网络、企业经营网络、商人组织网络等多种跨国网络构成的复合网络。④ 水海刚在该视角的基础上，以近代南中国海为例具体讨论了该网络中的移民活动，并

① （新加坡）吴振强：《厦门的兴起》，詹朝霞、胡舒扬译，厦门大学出版社，2018。
② （清）周凯：《厦门志》卷十五，鹭江出版社，1996，第 512 页。
③ 戴一峰：《近代环中国海华商跨国网络研究论纲》，《中国社会经济史研究》2002 年第 1 期，第 73 页。
④ 戴一峰：《近代环中国海华商跨国网络研究论纲》，《中国社会经济史研究》2002 年第 1 期，第 73 页。

且指出移民活动与华商网络的相互促进作用。① 环中国海华商跨国网络突破性地采用跨国视角看待厦门与周边地区的贸易往来，将厦门置于南中国海区域之中审视，能够更加全面地观察厦门的经济发展与商人流动。

而本书的讨论延续了对于跨国视角的使用，没有将厦门的历史作为纯粹中国的或纯粹地方的故事来讨论，同时还为我们提供了看待厦门城市现代化的新视角。② 19 世纪以来大量的移民活动让移民产业盈利颇丰，并且成为厦门的支柱型产业。大量海外闽南人对家乡特色产品的需求形成了广阔的海外市场，让厦门倾向于生产和销售他们所需的商品。移民活动改变了厦门的经济发展，厦门成为一个十分依赖移民和海外华人的城市。20 世纪由归国华人主导的城市重建，更让他们得以遵循自己的想法来改造这个城市。近代以来厦门的发展，与海外华人及他们在海外的经历有着莫大的关系。综合以上的论述，本书在结论中提出了一个大胆又富有说服力的观点："厦门的现代性不是由中国或西方决定的，而是由海外华人决定的，他们的现代性观念是与欧洲东南亚殖民地调和的产物。"③

本书的论述有力推动了厦门的区域史研究，细化了对于身处区域中的厦门发展的认识。强调了厦门在移民过程中的作用，也提高了厦门在移民史中的地位。在研究香港、广州、汕头等与厦门具有相似情况的地区时，本书提供了更多的思路与方向。而在研究厦门这个闽南城市时，本书在前人基础上提供了广阔又开放的视角，让我们对厦门的发展产生更多思考。

---

① 水海刚：《移民与环中国海华商跨国网络的互动——以近代南中国海为例》，《山西师大学报（社会科学版）》2005 年第 5 期。

② Ong Soon Keong, *Coming Home to a Foreign Country: Xiamen and Returned Overseas Chinese, 1843–1938*, Cornell University Press, 2021, p. 193.

③ Ong Soon Keong, *Coming Home to a Foreign Country: Xiamen and Returned Overseas Chinese, 1843–1938*, Cornell University Press, 2021, p. 190.

图书在版编目（CIP）数据

鼓浪屿研究. 第十六辑 / 潘少銮主编. -- 北京：
社会科学文献出版社，2022.12
ISBN 978-7-5228-1071-3

Ⅰ.①鼓… Ⅱ.①潘… Ⅲ.①社会科学-文集 Ⅳ.
①C53

中国版本图书馆 CIP 数据核字（2022）第 215777 号

鼓浪屿研究　第十六辑

主　　编 / 潘少銮

出 版 人 / 王利民
责任编辑 / 黄金平
责任印制 / 王京美

出　　版 / 社会科学文献出版社·政法传媒分社（010）59367156
　　　　　　地址：北京市北三环中路甲 29 号院华龙大厦　邮编：100029
　　　　　　网址：www.ssap.com.cn
发　　行 / 社会科学文献出版社（010）59367028
印　　装 / 三河市龙林印务有限公司

规　　格 / 开　本：787mm×1092mm　1/16
　　　　　　印　张：12.25　字　数：241 千字
版　　次 / 2022 年 12 月第 1 版　2022 年 12 月第 1 次印刷
书　　号 / ISBN 978-7-5228-1071-3
定　　价 / 85.00 元

读者服务电话：4008918866